날마다
온몸으로
성찰하기

날마다 온몸으로 성찰하기

1판 1쇄 펴낸 날 2015년 12월 5일
1판 2쇄 펴낸 날 2016년 5월 20일

지은이 박영재 발행인 김재경 기획·편집 김성우 교정·교열 이유경 디자인 최정근
마케팅 권태형 인쇄 해인프린팅

펴낸곳 도서출판 비움과소통 서울시 구로구 구로동로 206, 1층 전화 (02)2632-8739
팩스 0505-115-2068 이메일 buddhapia5@daum.net 트위터 @kjk5555 페이스북 ID 김성우
홈페이지 http://blog.daum.net/kudoyukjung 출판등록 2010년 6월 18일 제318-2010-000092호

ⓒ 박영재, 2015
ISBN : 978-89-97188-88-8 03220

책값은 뒤표지에 표시되어 있습니다.
잘못된 책은 교환해 드립니다.
이 책은 저작권법에 따라 보호받는 저작물이므로 무단전재와 복제를 금지하며,
이 책 내용의 일부를 이용할 때도 반드시 지은이와 본 출판사의 서면동의를 받아야 합니다.
불교 또는 동양고전, 자기계발, 경제·경영 관련 원고를 모집합니다.

※ 법보시용 불서는 특별보급 합니다.

날마다 온몸으로 성찰하기

넉 달간의 집중 참선 수업

지은이 박영재

서강대 교수/선도회 법사

비움과소통

차례

들어가는 글   6

1부 초심자를 위한 첫걸음
    1장 성찰을 위한 이론편 ·· 12
    2장 성찰을 위한 실천편 ·· 85

2부 성찰태도 익히기
    3장 넉 달 간의 집중 참선 수업 ···································· 118
    4장 성찰의 삶 지속하기 ·· 189

3부 사례: 성찰 여정 사십년
    5장 선과의 만남 이전 ·· 266
    6장 선과의 만남 이후 ·· 283

나가는 글   362
후기   366
부록   371

> 들어가는 글

    필자는 조부모님 때부터 천주교를 믿던 집안에서 2대독자로 태어나 어머니의 극진한 사랑아래 형편없는 마마보이로 성장했습니다. 그러다 중학교 1학년 때와 고등학교 2학년 때 담임선생님들께서 물리학을 전공하셨던 인연 때문인지 또는 순수한 호기심 때문인지, 우주宇宙를 이해하고자 1974년 3월 서강대학교 물리학과에 입학하였습니다.

    대학 입학 직후 물리학도로서 물리학을 배우는 과정에서 학문과 인생人生에 대해 심한 갈등을 겪을 무렵 독서를 즐겨하다가, 1975년 8월 법정 스님께서 번역하신 <숫타니파타>(정음사)를 접하고 석가세존의 인간적인 체취에 매료되어 세존께서 걸어가신 길을 해결의 실마리로 삼고자 1975년 9월에 불교동아리인 '혜명회'의 문을 두드렸습니다.

    곧이어 1975년 10월 18일 선도회 초대 지도법사이셨던 종달宗達 이희익 선사禪師님의 문하로 입문해 참선參禪 수행을 병행하였습니다. 그 후 10여년이 흐른 어느 날, 마침내 전문직인 교수라는 생업生業과 나를 찾아가는 수행修行 여정이 둘이 아닌 '생수불이生修不二'의 길임을 통찰하였습니다. 그리고 1990년 6월 스승이신 종달 선사 입적 이후 선도회 제2대 지도법사 직을 승계하며 오늘에 이르고 있습니다.

그런데 그 과정에서 형편없던 마마보이가 선 수행을 통해 당당하면서도 겸허하게 삶을 살아가고자 애쓰고 있던 어느 날, 문득 저의 삶을 되돌아보다가 종교를 초월한 선 수행 체험이 고뇌하는 이 땅의 젊은이들에게 효과적으로 도움을 줄 수 있겠다고 판단하여 여러 교수님들의 도움을 받아 1999년 3월부터 서강대학교 교양과정에 '참선' 강좌를 개설하였습니다.

이제 그 결실로 참선 강좌 개설 이후 매 학기마다 수강생들을 지도하면서 쌓은 지금까지의 성찰 노하우를 바탕으로, 종교를 초월해 자기성찰의 삶을 살아가려는 초심자 분들께 나침판 역할을 효과적으로 해 낼 수 있도록 '날마다 온몸으로 성찰하기'라는 제목으로 책을 엮어보았습니다.

만일 이 책을 읽은 분들 가운데 한 분이라도 크게 발심發心해 일상 속에서 자기성찰 수행을 치열하게 이어가며, 마침내 통찰과 나눔이 둘이 아닌 '통보불이洞布不二'의 가치 있는 삶을 살아가게 된다면 저로서는 더 이상 바랄 것이 없겠습니다.

구체적으로 '초심자를 위한 첫걸음'인 제1부에서는 초심자 분들이 일상 속에서 성찰을 이어가는데 꼭 필요한 도움말들을 제1장 '성찰을 위한 이론편'과 제2장 '성찰을 위한 실천편'으로 나누어 다룹니다. 덧붙여 지식적으로 더 알고 싶은 분들은 요즈음 좋은 관련 참고문헌들이 셀 수 없이 많으니 이를 참고하시면 됩니다. 이어서 '성찰태도 익히기'

인 제2부에서는 제3장에서 현재 서강대 교양강좌인 '참선' 강의에 대한 개요와 '넉 달간의 집중 참선 수업'을 수강한 학생들의 성찰 체험기를 다룹니다. 제4장에서는 일상 속에서 성찰의 삶을 지속하기 위한 효과적인 제언提言을 다룹니다. 마지막으로 제3부에서는 구체적인 성찰 사례로서 올해로 만 60세가 되는 필자의 '성찰 여정 사십년'에 대해 말씀해 드립니다. 먼저 5장 '선과의 인연 이전'에서는 필자가 선을 만나기 이전 철들어가면서 쓰기 시작한 일기장에 담겨있는 성찰의 글들을 중심으로 소개해 드릴 것입니다. 마지막으로 6장 '선과의 인연 이후'에서는 스승 종달 선사 문하에서의 선 체험 과정과 함께 지금까지 여기저기에 기고했던 성찰의 글들을 다루고자 합니다.

참고로 비록 저의 전공분야인 물리학이 아니더라도 각자의 전문 분야에서, 또한 비록 서로 종교는 달라도 각자 자기 신앙 안에서 이 책에 담긴 성찰 지침을 따라 자기성찰의 삶을 날마다 끊임없이 실천해 간다면, 누구나 세속의 잣대에 초연하게 남은 생애 동안 통보불이의 멋진 삶을 이어갈 수 있을 것입니다. 물론 종교와 종파를 초월해서 성찰을 위한 다른 수행의 세계도 마찬가지겠지만, 특히 저처럼 간화선 수행을 하고자 하는 분들의 경우에는 반드시 자신과 코드가 맞는 스승 문하에서 참구하고 있는 화두에 대해 철저히 입실점검을 받으며 수행을 이어가야만 한다는 점을 강조합니다.

끝으로 필자로 하여금 세월을 부리며 당당하게 삶을 살아갈 수 있도록 15년에 걸쳐 온몸으로 일깨워 주신 종달宗達 선사님과 한평생 한결같이 종달 선사님을 헌신적으로 뒷바라지 해주신 선모당禪母堂 사모님, 바쁘신 가운데에서도 두 차례의 독대 점검과 수차례에 걸쳐 서신 점검을 해주신 숭산崇山 선사님, 늘 한뜻으로 함께 해주신 선도회의 노사님들, 그리고 시공을 뛰어넘어 필자의 오늘에 직간접적으로 기여하신 동서양의 영적 스승들의 법은法恩과 재가니 출가니 하는 분별없이 동서양의 출가승인 동시에 기꺼이 선도회 법사로서 함께하고 계신 천달天達 서명원 신부님과 통방정곡通方正谷 스님, 선도회 법사님들 및 회원 여러분, 제호題號를 써주신 장천章川 김성태 선생님, '참선'을 포함한 교양강의를 통해 진솔하게 성찰과제들을 제출한 수강생 여러분들 및 원고를 꼼꼼하게 살피며 교정을 도와주신 초성超聲 법사님과 적천滴穿 거사님께 깊은 감사를 드립니다. 아울러 비록 선 수행의 세계와는 직접적인 인연은 없지만 늘 헌신적인 아내를 포함해 오늘의 제가 있기까지 물심양면으로 후원과 격려를 해주신 모든 분들과 어려운 출판 여건 속에서도 애써주신 '비움과 소통' 출판사 관계자 여러분들께도 깊은 감사를 드립니다.

단기 4349년(불기 2559년, 서기 2015년) 11월 11일
어려움이 없는 곳[무난헌無難軒]에서 거사 **법경法境** 합장

1부 /

자기성찰에
요긴한
도움말들

1장 | 성찰을 위한 이론편

필자의 전공인 물리학의 최근 연구결과에 따르면, 오늘날 우리가 살고 있는 우주宇宙의 역사는 대폭발 이후 약 138억 년의 세월이 흘렀습니다. 그런데 만일 지금에 이르기까지 우주의 조건이 조금이라도 달라졌더라면, 특히 가장 가까운 지금의 고마운 부모님들을 만나지 않았다면, 우리는 현재 이 순간 존재하지 못했을 것입니다. 그렇기 때문에 사람으로 태어날 확률이 거의 영에 가까운 우리는 지금 숨 쉬고 있는 그 자체만으로도 신비롭고 소중한 존재가 아닐 수 없습니다. 물론 이런 존재라는 것을 과학적으로 이해하는 것과 온몸으로 체득하는 것은 별개이기 때문에, 그래서 종교와 종파를 초월해 누구나 성찰이 필요한 것입니다.

한편 지금까지 살아온 삶을 피상적으로 뒤돌아보면 후회스러운 일들도 적지 않을 것입니다. 그러나 우리들 자신을 세밀히 성찰해보면 지금까지의 삶이 필연적으로 오늘에 이르게 했음을 누구나 어렵지 않게 자각할 수 있을 것입니다. 그리고 이 자각을 바탕으로 남은 생애 동안 일상 속에서 바르게 자기성찰의 삶을 치열하게 이어가다 보면 그 어디에도 얽매이지 않는 대자유인으로서의 삶을 완결 지을 수 있을 것입니다.

그래서 이 장에서는 이론적으로 알면 일상 속에서 스스로 성찰하는 데 매우 요긴한 몇 가지 핵심요소들만을 다루고자 합니다. 한편 그밖에 두루 알면 좋은 점들은 <좌선>(본북, 2013년) 같은 입문서를 포함해 서점에서 손쉽게 구할 수 있으니, 날마다 자기성찰을 지속하면서 틈날 때마다 이 책들을 활용하면 좋겠습니다.

군더더기: 여기서 바른 성찰 태도라는 뜻은 과거를 냉철하게 돌아보며 잘못된 점을 뼈 속 깊이 반성하고 다시는 같은 잘못을 반복하지 않겠다는 서원을 하고, 미래를 전망하며 일생을 바칠 만한 가치가 있는 꿈과 목표를 세운 다음, 이의 실현을 위해 함께 더불어 있는 그 자리에서 온 몸을 던져, 지금 이 순간 하고자 하는 일에 몰입하는 것입니다.

1절 | 자기성찰을 위한 기초 핵심 3요소

초심자가 일상 속에서 자기성찰을 지속적으로 이어가기 위한 핵심 세 요소가 있습니다. 이 세 요소는 '세 분 스승께 귀의하기' [귀의삼사歸依三師]와 '입실점검入室點檢' 및 '잠깐 앉은 힘으로 온 하루 부리기' [좌일주칠坐一走七]로써, 사실 이 세 요소가 유기적으로 조화를 이루게 되면, 누구나 종교와 종파를 초월해 일상 속에서 통찰과 나눔이 둘이 아닌 '통보불이洞布不二'의 삶을 지속할 수 있습니다.

세 분 스승께 귀의하기 [귀의삼사歸依三師]

성찰배경: 바로 뒤 2절에서 자세히 다루겠지만, 동양에서는 인간과 짐승을 구별하는 기준을 정할 때 '사은四恩'을 실천하고 있는가로 판별합니다. 여기서 사은은 첫째 부모의 고마움으로서 이웃의 고마움이요, 셋째는 나라의 고마움이요, 넷째는 스승의 고마움으로서 어느 하나도 소홀히 할 수 없는 것들입니다. 그러나 이 가운데 특히 소중한 것은 우리를 지혜롭게 일깨워주는 스승의 고마움입니다. 왜냐하면 우리가 지혜로워야 비로소 부모님을 보다 지혜롭게 일깨워드리는 최상의 효도를 실천할 수 있기 때문입니다.

사실 바른 스승을 만나지 못할 경우, 우리 중생들은 어렵게 인간으로 태어났음에도 불구하고 소중한 시간을 허송세월 하다가 탐욕에 가득 찬 생生을 헛되이 마치게 될 것입니다.

그래서 제 견해로는 종교와 종파를 초월해 남녀노소, 승속을 불문하고 누구나 나름대로 각자 가장 가슴에 와 닿는 세 분 정도의 영적 스승을 마음속에 모시게 되면, 이 분들을 통해 '인생人生의 지도地圖'를 그릴 수 있고, 또한 이 분들의 생애와 비교를 통해 자신의 인생에 있어서 현 위치를 정확하게 확인하고, 수행자적인 바른 삶을 철저히 살 수 있다고 봅니다.

그 본보기로써 제가 몸담고 있는 선도회禪道會의 근본 수행 가풍家風은 단적으로 말해 세 분 스승께 귀의하는 '귀의삼사歸依三師'입니다. 여기서 삼사三師는 불교의 교조敎祖이신 '석가세존釋迦世尊'과 남송南宋 시대의 '무문혜개無門慧開(1182-1260)' 선사禪師, 그리고 선도회 문하생들과 이 시대를 함께 하셨던 '고부헌辜負軒 의현종달義賢宗達 이희익李喜益(1905-1990)' 선사禪師입니다.

참고로 일본강점기 시대의 일본 유학승으로 한국문화 풍토에서 성장한 종달 선사께서는 남송 시대에 확립된 간화선 수행 전통을 전 세계로 전파하는데 크게 기여한 일본 임제종臨濟宗의 법맥을 이어서 오늘날까지 잘 보존해오셨으며, 1965년 재가수행단체인 선도회를 조직한 이후 한평생 동안, 중국 남송 시대 무문혜계 선사의 저술로써 석가세존과 역대 조사들의 종지宗旨를 온전히 드러낸 <무문관無門關>을 제창提唱

하시며 문하생門下生들을 입실入室 지도해 오셨습니다. 참고로 무문 선사는 〈무문관〉의 도처에서 수행자들의 현 위치를 냉철하게 일깨워 주고 있습니다.

한편 예수회의 가르침을 좋아하는 천주교 신자의 경우 세 분의 스승을 든다면, 예수 그리스도, 이냐시오 로욜라 성인 및 근세에 신자들과 함께 호흡했던 존경받는 또 한 분, 예를 들어 인도 출신 앤소니 드멜로 신부님이나 현 프란치스코 교황님 같은 분을 택하면 좋으리라 생각됩니다.

군더더기: 사실, 마치 지하철역에 내려 지도 안내문을 보고 현 위치에서 어느 출구로 나가는 것이 목적지에 가장 빠른 지를 확인한 후 곧바로 목적지를 향할 수 있듯이, 세 분 정도의 영적 스승님들께 귀의하여 각자 자신에 꼭 맞는 인생지도를 그린 다음, 살아가는 순간순간 인생의 현 위치를 확인하며 각자의 가치 있는 삶을 지속적으로 살아간다면 뜻한 바를 반드시 성취할 수 있으리라 확신합니다. 덧붙여 천주교 신자이면서 선 수행을 병행할 경우 스승이 여섯 분이면 더욱 세밀히 인생지도를 그리고 이를 바탕으로 허송세월함이 없이 곧장 자신만의 가치 있는 목표를 향해 나아갈 수 있겠지요.

지속적으로 입실점검 받기 [입실점검入室點檢]

성찰배경: 아무리 '귀의삼사歸依三師'를 통해 인생지도를 잘 그리고, '좌일주칠坐一走七'이 아니라 '좌칠주일坐七走一' 하며 날마다 밥 먹

는 시간 외에 하루 종일 다리를 틀고 앉는다 하더라도 스승께 '입실점검入室點檢'을 받지 않는다면 이것 역시 무용지물無用之物입니다.

남녀노소를 불문하고 누구나 할 수 있는 선도회의 화두점검 체계는 세 과정으로 구성되어 있습니다. 초심자를 위한 첫 번째 과정은 '시작하는 사람들을 위한 화두들'입니다. 여기에는 '외짝손소리[척수성隻手聲]', '동쪽 산이 물위로 간다[동산수상행東山水上行]' 등 초심자들이 붙들고 씨름하기 쉬운 20여개 정도의 화두들로 구성되어 있습니다. 이 과정을 마치면 입실 시 스승을 경외하던 심적 초긴장 상태는 저절로 사라지게 됩니다. 그다음은 법호法號를 받은 후 <무문관>에 있는 48개의 화두들을 본격적으로 점검 받는 두 번째 과정으로 들어갑니다. 대개 이 점검 과정을 마치면 스승 없이도 혼자 지속적인 선수행이 가능한 경지에 이르게 됩니다. 끝으로 세 번째 마무리 과정에서는 <벽암록>을 포함해 조사어록에 있는 화두들을 가지고 스승과 거의 대등한 관계에서 법전法戰을 벌일 수 있는데, 이 과정을 마치면 스승으로부터 인가(印可: 학문의 경우 독자적인 연구와 교육 능력을 인정하는 박사학위에 비교됨)를 받고 '향상일로向上一路'의 성찰여정을 더욱 철저히 이어갈 수 있습니다. 또한 이때가 되면 제자들을 입실지도 할 수 있는 법사로서의 역량을 나름대로 갖추게 됩니다.

이러한 입실점검의 중요성은 <서장書狀>을 통해서도 잘 알 수 있습니다. 서장은 대혜 선사가 주로 스님들이 아닌 사대부들과 주고받은 선

수행관련 편지를 모은 책으로서 그러한 서신 교류(서신 입실)를 통해 간화선 수행 체계를 확립했다는 점에서 오늘날 사대부에 해당되는 전문 지식인들이 입실점검을 해 줄 수 있는 스승을 제대로 만나기만 한다면 간화선 수행이 매우 효과적이리라는 것은 자명합니다.

그렇기 때문에 저의 스승이셨던 종달 선사께서는 이곳저곳 장소를 빌려 참선법회를 주관하시면서, 참선법회를 할 장소는 있으나 입실을 위한 방이 없는 경우에도 입실지도를 포기하지 않았습니다. 제가 직접 목격했던 일로는, 어느 추운 겨울날 빌린 암자의 헛간에 가마니를 깔거나 시민선방의 경우 화장실 변기에 걸터앉으시면서까지 입실점검을 해주셨으며, 입적하시기 직전에 몸이 급격히 쇠약해 가는 가운데에서도 누워서까지 입실점검에 온 힘을 쏟으셨습니다.

그러자 종달 선사님의 이런 노력에 화답이라도 하듯이 제자들이 보여 준 열성의 좋은 한 본보기로는 현재 선도회 광주거점모임을 주관하고 계신 혜정慧頂 노사老師(조선대 김인경 교수)께서 대개 30초에서 1분 정도밖에 걸리지 않는 입실점검을 받기 위해 여러 해 동안 매주 토요일 비행기를 타고 상경하신 사례가 있습니다. 사실 문하생들 대부분의 이런 치열한 구도열은 오늘날까지도 지속되고 있습니다. 참고로 오늘날 간화선이 쇠퇴일로를 걷고 있는 중요한 원인 중의 하나도 이런 입실지도의 전통이 거의 사라졌기 때문입니다.

덧붙여, 무엇이 비행기를 타면서까지 입실점검을 받지 않으면 안 되도록 했는가에 대한 질문에 혜정 노사께서 다음과 같이 술회한 적이 있습니다.

"일주일에 한 번씩 스승님의 방으로 입실할 때면, 마치 온몸과 정신이 속속들이 발가벗겨지는 기분이 드는데, 반복되는 과정을 통하여 그동안 자신을 옥죄었던 온갖 욕심과 불안 및 열등감 등이 서서히 풀려나감을 느끼면서 같이 공부하는 이들이 그렇게 정답고 환하게 보일 수 없었다."

군더더기: 입실점검의 중요성은 사실 '박사학위와 인가'의 비유로 쉽게 파악할 수 있습니다. 학문의 세계에서 지도교수가 학생에게 박사학위를 줄 때의 시점이 언제냐 하면, 혼자서 독자적인 연구를 할 수 있는 능력을 갖추고, 또 이제는 제자를 받아서 제자에게 학위를 줄 수 있는 능력을 갖췄을 때입니다. 노벨 물리학상을 받았을 때 박사학위를 주는 것이 결코 아닙니다. 이처럼 스승이 제자를 인가印可하는 때는 제자가 석가세존처럼 대각大覺을 이루었을 때가 아닙니다. 즉 지속적인 입실점검을 통해 이제는 샛길로 빠지지 않고 혼자서도 철저히 지속적인 선 수행을 할 수 있고, 또 그렇게 할 수 있는 제자를 육성할 수 있는 능력을 갖췄다고 파악될 때 인가해 주는 것이지, 단지 스승 문하에서 오래 앉아 있었다고 인가해 주는 것은 결코 아닙니다.

잠깐 앉은 힘으로 온 하루 부리기[좌일주칠坐一走七]

성찰배경: 아무리 '귀의삼사歸依三師'를 통해 인생지도를 잘 그리고, '입실점검入室點檢'을 해줄 수 있는 스승을 곁에 모시고 있어도 날마다 규칙적으로 '좌일주칠坐一走七'하며 자기성찰의 삶을 이어가지 않는다면 이것 역시 무용지물입니다.

'좌일주칠'이란 선어禪語가 지닌 뜻을 유추해 보면, 우리가 잠자는 시간을 충분히 잡아도 8시간 정도이므로 깨어 있는 시간은 16시간 정도가 됩니다. 따라서 깨어 있는 시간의 1/8은 2시간이므로 2시간 정도 좌선하고 7/8인 나머지 14시간은 '주어진 하루 일과에 100% 뛰어든다(走)'라는 뜻이 됩니다. 필자의 경우 '하루 향 한 대 타는 시간 앉지 않으면 한 끼 굶는다.'라는 가풍을 한 평생 선양한 종달 선사 문하에서 매주 주말마다 입실점검과 더불어 매일 아침에 일어나자마자 '하루의 계획 및 1시간 좌선'(일상의 원동력), 저녁에 잠자리에 들기 직전 '자기성찰에 관한 독서와 하루의 반성 및 1시간 좌선'(숙면의 원동력)을 하였습니다. 이러한 간화선 수행을 지속한 결과, 10년 정도 지나면서부터 가슴에 맺혀 있던 모든 의심이 일시에 사라지고, '이른 아침 잠깐 앉은 힘으로[坐一]' 늘 있는 그 자리에서 필자가 속한 공동체(가정, 직장, 선도회)의 구성원들과 '함께 더불어' 주어진 일에 차별적인 분별심分別心 없이 '온몸을 던져 몰입'[走七]할 수 있게 되었습니다.

군더더기: 참고로 이른 아침의 좌선이 건강에 미치는 부수적인 효과를 말씀드리면 다음과 같습니다. 먼저 아랫배로 단전호흡을 하면 마치 등산할 때나 할 수 있는 내장운동이 저절로 되므로 속이 튼튼해집니다. 그 결과 1시간 정도의 참선을 마치면 장이 정리되면서 화장실로 직행해 쾌변을 볼 수 있으므로 상쾌한 몸 상태로 '하루'에 뛰어들 수 있습니다. 두 번째로 횡경막 작용이 극대화되면서 폐로 호흡할 때보다 3배나 많이 신선한 공기를 폐에서 교환할 수 있어 뇌세포에 산소공급이 원활해질 뿐만 아니라, 뇌 바로 아래 위치한 기도를 통해 역시 3배나 많

은 공기가 들락거리며 뇌의 온도를 2-3도 낮추어주기 때문에 정신을 매우 맑게 합니다. 세 번째로 지속적인 좌선은 우리 몸으로 하여금 자동적으로 알맞은 음식량을 받아들이게 합니다. 그 결과 참선을 시작한 이후 아직까지 필자의 몸무게가 2kg 이상 변한 적이 없습니다.

2절 | 네 가지 고마움[사은四恩]에 대하여

　2010년 9월경 평소 동네 근처 동산이나 공원 산책을 즐기는 필자가 당시 살던 약수동 동네 뒷산인 매봉산을 오를 때, 산 입구의 콘크리트 벽에 설치된 사각격자 사다리를 타고 잘 올라가던 담쟁이넝쿨들 사이로 함께 따라 올라가고 있는 보랏빛 나팔꽃들이 한 눈에 들어왔습니다. 한동안 멈춰 서서 감상하다가 격자사다리가 없는 주변과 비교하여 살펴보면서 디지털 카메라로 사진을 찍고, 이 글을 쓰게 되었습니다. 먼저 격자사다리가 없는 길가 바닥이나 철제 울타리 근처를 보니, 나팔꽃이 두 송이 정도 초라하게 피어있는 반면, 격자사다리가 붙어있는 곳에는 그동안 태풍과 연일 내린 폭우에도 끄떡없이, 오히려 담쟁이넝쿨과 나팔꽃이 함께 어우러져 황량하던 콘크리트 벽을 아름답게 수놓고 있었습니다. 비록 혼자서는 불가능하였지만 사각격자 사다리가 버팀목이 되었을 때, 담쟁이 넝쿨이나 나팔꽃은 더 높은 곳으로 나아갈 수 있었던 것입니다.
　한편 우리 인간 세상에도 사각격자 사다리와 같은 중요한 버팀목이 크게 네 가지가 있습니다. 즉, 부모, 이웃, 나라, 스승의 존재입니다. 그래서 이들 네 가지 고마움에 대해 좀 더 깊이 살펴보면 다음과 같습니다.

부모님의 고마움 새기기

성찰배경: 오늘날 우리는 노부모님들이 자녀들에 의해 학대당하고 있는 기사들을 자주 접해 오고 있습니다. 지난 2012년 10월 중국의 한 시골에 사는 70대인 저우 모씨가 자식들이 부양하지 않는다고 마을 공터에서 가짜폭탄을 몸에 두른 채 자폭 소동을 벌였다는 기사를 접한 적이 있습니다.

사실 부모님들께서는 간절한 마음으로 우리를 낳으시고, 기르시고 그것도 모자라 다 커서 어엿한 사회의 일꾼이 되었음에도 불구하고 사시는 동안 늘 하루하루를 무사히 보내기를 바라시며 살고 계십니다. 그런데 배우자와 자식들만 챙기고 이런 부모님을 소홀히 대한다면 그 자식이 무엇을 보고 배우겠습니까! 훗날 그 자식으로부터 그대로 홀대를 받을 것이라는 것은 너무도 뻔한 일일 것입니다. 더 한심한 것은, 죽은 조상을 위해서는 제사상을 요란하게 차리면서도 산 조상(살아계신 부모님)은 구박하는 주위 분들을 보면 그저 안타까울 뿐입니다.

동양의 미덕인 효 사상

사실 동양에서는 부모, 이웃, 나라, 스승에 대한 네 가지 고마움을 알면 인간이라 부르고, 모르면 짐승이라고 경멸해 오고 있습니다. 그 결과 어리석은 이들을 일깨우기 위한 노력의 일환으로, 예로부터 종교와 시대를 초월해 효에 관한 사상과 구체적인 사례에 관해 방대한 글들이 축적되어 왔습니다.

그 가운데 유교에서는 '오직 효孝가 모든 행실의 근원이다.' 라든지 '자식을 사랑하는 지극한 마음으로 부모님께 효도하라.' [효이애자孝以愛子]라고 가르치고 있습니다. 한편 불교에서도 비록 석가세존의 친설親說은 아니지만, <부모은중경父母恩重經>을 통해 구구절절이 부모님의 고마움과 보답하는 길을 일깨워주고 있습니다.

최상의 효도와 불효자 일깨우기

특히 석가세존께서 부모님의 은혜에 대한 최상의 효도에 관해 이렇게 말씀하셨습니다.

"사람들은 부모님의 은혜를 아무리 갚아도 다 갚지 못한다. 팔 다리를 주물러 드리고, 목욕을 시켜드리고, 대소변을 받아낸다 하더라도 그 은혜는 다 갚지 못한다. 왜냐하면 자식들을 위해 그보다 더 많은 것을 하시기 때문이다. 그러나 다 갚을 수 있는 최상의 효도가 있다. 믿음이 없는 부모님께 믿음을 심어드리고, 부도덕한 부모님께 바르게 사시도록 인도하며, 인색한 부모님께 베풀며 사시도록 보필하면서 어리석은 부모님께 지혜로운 삶을 사시도록 일깨워 드리는 것이 부모님의 은혜를 진정으로 갚는 것이다."

또한 세존께서는 불효자를 일깨우기 위한 방편도 제시하십니다. 자식들에게 버림받은 한 노인께 '고마운 지팡이'란 시를 지어드리면서 마을 한 가운데에서 읊게 하셨습니다.

"내가 애지중지 키운 아들들이 나에게서 무언가를 받을 때는
'아버님', 아버님'이라고 부르며 존대했네.
하지만 그들은 아들이 아니었네.
사실은 인간의 모습을 한 마귀였네.
지금은 나를 도둑강아지 취급하며 쫓아버리네.
지금, 나의 이 지팡이는 아들보다 소중하네.
왜냐하면 사나운 개가 달려들어도 쫓을 수 있기 때문이네."

그러자 이를 부끄럽게 여긴 자식들이 곧 참회하고 아버지를 잘 봉양 했다고 합니다.

효는 어떤 계율보다 우선한다

또한 북송의 계숭契嵩(1007-1072) 선사는 '효론'에서 출가자도 결코 예외일 수 없다는 견해를 극명하게 밝히고 있습니다.

"머리를 깎고 승려가 되었다고 부모의 부름을 받았을 때 '불제자란 핑계로 사양하고 가지 않는다.'고 하면 나는 다음과 같이 일깨워 주었다. '불제자라도 정情이 옳다고 하면 부모를 잊을 수 없는 것이다.'

사실 효는 모든 계율의 근본이기 때문에 불제자로서 효를 잊어버리면 파계破戒를 하는 것이다. 그렇기 때문에 효는 그 어떤 계율보다 우

선해 지켜야 하는 것이다."

한편 돌이켜 보니 2대독자로 태어나 형편없는 마마보이로 자란 필자의 경우, 의사이셨던 아버지께서 중3때 '남 따라 살지 말고, 네가 진정으로 하고 싶은 직업을 택하라!'고 해주셨던 조언과 제가 참선수행을 시작하고 6개월이 지난 어느 날, 독실한 천주교인으로 늘 새벽기도 하시며 아침을 여셨던 어머니께서 이를 묵묵히 지켜보시고는 "잘은 모르겠지만, 너의 변화된 삶의 태도로 보아 참선이 좋은 수행 같으니 꾸준히 지속해보아라!"고 해주신 격려가 저의 오늘을 있게 했던 것 같습니다.

결론적으로 우리 모두 자식들을 위해 일생을 헌신하셨던 부모님의 고마움을 늘 가슴 깊이 새기는 동시에, 부모님이 생존해 계신 분들의 경우 '어떻게 하면 부모님께서 여생을 편히 보람 있게 보내실 수 있을까?'라고 자문자답하면서 하루하루를 성실히 살아간다면, 효심이 있는 그대로 삶속에 배어나게 될 것이고, 바로 이 효심이 바탕이 되어 우리로 하여금 모든 이들을 역시 부모님처럼 존대하면서 함께 더불어 나눔의 실천적 삶도 저절로 살게 할 것입니다. 특히 부모님이 이미 모두 돌아가신 분들의 경우, 주위의 어려운 처지에 놓인 어르신들을 부모님처럼 힘닿는 데까지 도와드리려고 애쓰며 광효廣孝를 실천하면 좋겠습니다.

- 〈금강신문〉 (2012년 11월 23일) 증보본

군더더기: 저는 이 성찰의 글이 계기가 되어 지난 2013년 7월에 〈부모은중경〉을 포함하고 있는 〈온몸으로 읽는 지구촌 효이야기〉(본북)를 엮기까지 했으며 이 책을 교양강의 시간에 무료로 나누어주는 대신에, 독후감을 쓰게 하면서 수강생들로 하여금 '효孝'에 대해 깊이 성찰할 기회를 제공해 오고 있습니다.

이웃의 고마움 새기기

성찰배경: 두 번째는 주위 이웃 분들의 고마움입니다. 각박한 사회 속에서도 오늘의 우리가 제 구실을 하고 있는 것은 학창 시절의 은사 선생님들과 선배 분들, 직장의 웃어른과 동료 분들, 또 뒤를 받쳐주고 있는 든든한 후배 분들, 그 밖에 직·간접적으로 접하는 우리 가까이에 계신 모든 분들의 도움 때문인 것이지, 결코 우리 각자가 잘 나서 그런 것은 아닙니다.

오늘날 세계는 이웃

현재 세계 인구는 약 70억 명이라고 합니다. 한편 오늘날 사람들이 교통과 통신 수단의 발달로 시간과 공간의 제약에서 자유롭게 인간관계를 맺고 있으며, 일생동안 1단계 이웃인 약 300명과 이웃으로 지낸다는 가정아래 과학적으로 추론해 보면, 1단계 이웃을 통해 이어지는 2

단계 이웃은 그 제곱인 9만 명, 3단계 이웃은 2700만 명, 4단계 이웃은 무려 81억 명이 됩니다. 따라서 지구 위에 사는 모든 인류가 4단계까지 이어지게 되면 모두 아는 이웃입니다.

참고로 저 같은 경우, 1단계 이웃인 프랑스 출신 서명원 신부님(서강대 종교학과 교수), 평화봉사단으로 2년 동안 한국에서 의료 및 교육봉사를 하셨던 미국인 동서, 그리고 개발도상국을 돕기 위해 설립된 한국국제협력단[코이카]에 계신 선도회 인사동모임 회원 분 및 최근 인연을 맺은 (사)나마스떼코리아의 네팔 현지봉사단장인 하도겸 박사님 등을 통해 다른 분들보다 더 빨리, 더 폭넓게 두루 세계 인류와 이어지고 있다고 판단됩니다. 사실 세계는 그야말로 자타불이自他不二인 한 집안[공일가共一家]입니다.

이웃의 고마움 각인하기

그래서 만일 우리가 1단계 이웃들의 고마움을 깊이 성찰하고 뼈 속 깊이 각인한다면, 그리고 이런 고마움이 여러 단계로 이어져 전파된다면, 저절로 온 인류는 서로 정을 나누며 살게 되는 셈이 될 것이고, 반면에 등지고 산다면 모든 인류와 등지고 사는 셈이 됩니다.

사실 '오늘의 우리'가 있기까지는 학창 시절의 은사 선생님들과 선후배 및 친구들, 직장이나 수행모임 등 소속단체에서 구성원들 및 직간접적으로 접하는 모든 이웃들의 도움 때문이었으며, 만약 그런 도움이 없었다면 오늘의 우리도 없었을 것입니다..

한 보기로, 저의 경우를 돌이켜 보면, 특히 혼자 독거하던 대학원 석사과정 시절에 심신이 모두 지쳐 매우 힘든 때가 있었습니다. 이 때 대학교 동창이었던 한 친구 부모님의 배려로 이 친구 집에서 6개월간 지내면서 무사히 위기를 극복하며 나름대로 학자와 수행자의 길을 올곧게 갈 수 있게 되었는데, 이 고마움은 평생 잊지 못할 것입니다. 그리고 이런 이웃 분들의 고마움이 저로 하여금 더욱 치열하게 함께 더불어 살게 하는 원동력이 되었다고 확신합니다.

감동을 주고받는 이웃 종교의 고마움

또한 오늘날 우리는 다종교 시대를 살아가고 있습니다. 즉 불교신자라고 하더라도 다른 종교를 믿는 분들과 이웃일 수밖에 없습니다. 그러니 내 종교가 소중한 만큼 남의 종교도 존중하며 살아가야 합니다.

앞에서 언급했던 서명원 신부님은 한국에서 5년간 수사 시절을 보냈었는데 문화충격을 이기지 못하고 프랑스로 돌아갔었습니다. 그런데 그곳에서 5년을 지내면서 한국에서 교류하던 이웃 분들과 나누었던 정이 사무치게 그리워지면서 문화충격을 극복하고 다시 한국 예수회로 복귀했다고 합니다. 그리고는 다음 해인 1996년 제가 주관하던 서강대선 모임에 합류해 입문과정을 마치고 천주교의 달도인達道人이 되시라는 뜻의 '천달天達'이란 법호도 받으셨습니다. 다만 저의 도움[입실점검]을 조금 받으셨을 뿐인데, 지금도 거의 매주 한 번씩 저와 만나 긴밀히 교감을 나누시면서, 선불교 학자로서 뿐만이 아니라 선도회 국제지부 책임 법사로서, 선 지도를 통해 천주교 신자인 스위스의 저명한 뇌성마비 철학자를 감화시켜 제 연구실까지 방문하게 하셨습니다. 그리고 2015년 봄 경기도 여주시 도전리에 사단법인 '도전돌밭공동체'를 발족해 불교와 천주교를 잇는 다리 역할을 위한 대활약을 예고하고 있습니다.

또한 종달 선사 입적 이후 헌신적으로 저를 도와 선도회가 사단법인화 하며 발전하는데 크게 기여하신 조선대 미대 김인경 교수(혜정 노사)님께서는 지난 2012년 10월 종교를 초월해, 아프리카 오지에서 헌신하셨던 고 이태석 신부님의 삶에 깊은 감동을 받으시고는 심혈을 기울여 신부님의 흉상을 완성하신 후, 천주교 살레지오회에 무상으로 기증하시며 이 수도회의 이웃으로 다가가셨습니다. 그리고 지난 2012년 12월 5일 돌아가신 고 김흥호 목사님께서는 생전에 불교경전들을 두루 섭렵하시며 강의도 많이 하셨는데, 그 이유가 '기독교보다 불교가 이론적으로 잘 되어있기 때문'이라고 하셨다고 합니다.

결론적으로 우리 모두 내가 잘나서가 아니라 '오늘의 나'가 있기까지 도움을 주셨던 이웃 분들의 따뜻한 고마움이나 이웃 종교를 통해 받은 색다른 감동 등을 늘 가슴 깊이 새기는 동시에, 올해가 저물고 있는 이때 나는 올해 들어와 지금까지 이웃과 어떤 나눔의 삶을 살았는지,

만일 아직 떠오르는 일이 없다면 올해가 가기 전에 나눌 수 있는 일을 살펴 한 가지라도 실천해 보면 좋겠습니다.

- 〈금강신문〉 (2013년 1월 1일) 증보본

군더더기: 이 주제는 네 가지 고마움 가운데 하나로 앞으로 선도회 회원과 지인 분들의 생생한 체험을 담아 언젠가 〈온몸으로 느끼는 지구촌 이웃이야기〉란 제목으로 주머니속 인성계발시리즈 발간 계획을 통해 출간할 계획입니다.

나라의 고마움 새기기

성찰배경: 언론 매체를 통해서 잘 알고 있듯이 우리보다 훨씬 더 못한 나라들은 부지기수입니다. 따라서 한국에 태어난 자체가 고마운 것입니다. 그리고 우리는 이제 유엔의 중요한 일원이 되어 우리 보다 못한 나라들을 위한 기여도 점차 증대시켜 나가고 있습니다.

저는 2013년 1월의 어느 주말 오랜만에 지인들과 함께 인왕산 산행을 했습니다. 정상에 올라 잠시 쉬면서 이런 저런 세상 돌아가는 이야기를 나누다가, 당시 미국 출장을 다녀온 분의 말씀을 들은 적이 있습니다. 그 분은 미국 국내선을 탑승할 때마다 "국가수호를 위해 자원입대해 복무 중인 군인 분들을 먼저 탑승시켜드리겠습니다."라는 안내방송을 무심코 듣곤 하였는데, 지금 생각해 보니 미국인들의 삶 속에는 자연스레 국가를 위해 애쓰는 분들에 대한 고마움이 도처에 배어있음을 느끼면서, 국가의 의미에 대해 다시 한 번 깊이 성찰하게 되었다고 합니다.

또한 미국 오바마 대통령이 만사 제쳐놓고 2009년 어느 날, 새벽 4시 무렵에 한 공군기지를 찾아 막 도착한 아프가니스탄전 전사자의 유해에 최고의 예우를 다하는 모습에서 유족을 포함하여 온 자국민에게 국가라는 울타리를 깊이 각인시켰던 일과 대비해 볼 때, 우리나라의 경우 제2연평해전 후 10년이 흐른 뒤 정권이 바뀌고 나서야 뒤늦게 국토수호에 목숨을 바친 이들의 명예를 회복 시킨 일은 우리 국민에게 여러모로 뜻하는 바가 크다고 사려 됩니다. 사실 "희생의 가치를 후대에 분명히 일깨우는 것만큼 국가통합에 기여할 수 있는 것은 없다."라는 전문가의 말처럼 이 일은 정권과 무관하게 당연히 했었어야할 일입니다.

참고로 비록 최근 방위비리 문제로 전직 군 최고책임자들이 구속되기도 하고 군내 성추행 문제 등으로 어수선하기는 하지만, 제 견해로는 대부분의 직업군인 분들은 맡은 바 직분을 다하고 있기에 지금껏 남북 대치 상황에서도 대부분의 국민들은 전쟁의 공포 없이 자유로운 삶을 누리고 있다고 봅니다. 참고로 제 지인 중에 연구 관계로 알게 된, 사관학교 출신으로 확고한 국가관을 지닌 영관급 학자 장교가 한 분이 있는데, 이 분은 남이 알아주건 말건 간에 있는 그 자리에서 맡은 바 임무에 철저한 것은 기본이고, 군 발전을 위해 틈날 때마다 비록 힘겹게 부딪치면서도 좋은 의견을 상관 분들에게 건의하거나, 주말 당직 때에는 하루 종일 영내를 돌면서 돌발 사태를 미연에 방지하기 위해 최선을 다하고 계십니다. 예를 들면 화재 위험은 없는지, 건강에 좋은 배식을 하지 않고 따로 건강에 좋지도 않은 간식으로 때우려는 사병들의 건강을 배려해서 이들을 집합시켜 제대로 식사를 하게 한다고 들었습니다. 또한 영내 사병 가운데 제대 후 학업을 계속하고자 하는 경우, 저녁 때 따로 틈을 내어 자기 전공 분야의 기초과목을 강의해주기도 하는 등 근무 시간 외에도 아버지와 같은 자상함으로 사병들을 친자식처럼 보살피고 있는 분입니다. 사실 적지 않은 이런 분들이 투철한 군인 정신으로 무장하고 국가 방위를 책임지고 있기 때문에 우리 모두 편안히 각자 자기 일터에서 맡은 바 일에 집중할 수 있습니다.

그리고 우리는 국내에 있을 때는 잘 모르다가 자의건 타의건 한 번 대한민국을 떠나 살아 보아야 나라 고마운 줄을 뼈저리게 느낄 수 있는 것 같습니다. 그 한 사례로 유신 말기에 좀 배웠다고 하는 지식층들 가운데에는 이런 암울한 사회 속에서는 더 이상 살 수 없다며 미국으로 이민 간 사람들이 꽤 있었습니다. 그런데 그 가운데 정신 차리고 다시 귀국한 사례도 있습니다. 이민을 간 지 1년쯤 되던 어느 날, 초등학교에 다니는 아들이 학교가 끝나고 집에 엉엉 울면서 들어오길래 왜 우느냐고 아버지가 물었더니 아들이 "오늘 학교 수업시간에 선생님이 장래 희망이 무엇이냐고 물어서 미국 대통령이 되는 것입니다,"라고 대답했더니 친구들이 자기를 보고 크게 비웃길래 분해서 우는 것이라고 이유를 설명하더랍니다. 그때 이 아버지가 가족들에게 '좋으나 싫으나 내 아들이 대통령이 될 가능성이 있는 조국으로 다시 돌아가자!' 라고 하며, 즉시 짐을 꾸려 한국으로 돌아왔다는 실화를 들은 적이 있습니다. 지금도 여전히 미국 내 무차별 총기 난사 사건이나 경찰의 인종차별적인 과잉 진압 사건 등을 심심치 않게 접하고 있습니다.

사실 그저 피상적으로 풍요로운 나라로 알고 있는 미국에 정착하여 뜻하는 대로 풍요로운 삶을 누리고 계신 분이 과연 얼마나 될까요? 또한 이를 증명하듯이 십 수 년 전부터는 오히려 미국에서 한국으로 역이민을 오는 분들이 늘어나고 있다고 합니다. 최근 수 십 년 전 이민 가셨던 한 지인의 경우에는 해외에서 출생한 자녀의 국적회복을 위해 알아보고 있다는 소식도 접했습니다.

영적 스승들의 지혜 새겨 국가 발전 도모해야

한편 선종 최후의 공안집인 <무문관無門關>을 통해서 우리는 백성을 위하는 국가를 건설하기 위한 혜개慧開(1183-1260) 선사의 지혜를 잘 엿볼 수 있습니다. 사실 당시 중국 송나라는 엄격한 관치불교 시대였는데, 저자인 혜개 선사는 송나라 황제 가운데 가장 무능했던 이종 황제에게 바치는 표문表文에서 비록 신하승臣下僧이라는 표현을 썼지만, 결코 아부가 아니라 시대적 상황에 적극적으로 대처하며 천하가 모두 그 덕화를 입어 어진 정치를 즐기지 않는 사람이 없다고 치켜세우면서도 '황제가 통치하는 나라는 오로지 백성을 위해 존재한다!'라는 속뜻을 잘 드러내고 있습니다.

또한 마무리 하는 발문跋文에서 결국 화두를 타파한 수행자는 '간화선을 넘어' 백성을 편안하게 하는 분별없는 차별지差別智를 자유자재로 발휘해 가정과 온 나라가 행복한 '가국자안녕家國自安寧'이라는 데까지 이르도록 온몸을 던져 일깨우는 노력을 하지 않으면 안 된다는 점을 강조하며 저술 의도를 더욱 분명하게 밝히고 있습니다.

덧붙여 사실 조선 시대 연암 박지원 같은 실학자들이 '백성을 편안케 하는 일이라면 못할 것이 없다!'며 당시 조정에서 오랑캐 취급하던 강대국 청나라와의 교류를 통해 새로운 문물을 적극 수용해야 한다고 주창한 것도 같은 맥락입니다.

각자 있는 자리에서 책무 다할 때 살기 좋은 나라로 거듭나

따라서 보수와 진보를 초월해 이 나라를 이끌어가는 뜻 있는 각계각층의 지도층 인사들과 국민들이, 여당이든 야당이든 정치권에 줄을 대려는 일부 무책임한 사업가나 종교인이나 교수 등의 이해득실에 얽힌 국론 분열 행보에 더 이상 귀 기울일 것이 아니라, 우리들의 심금心琴을 울리는 혜개 선사나 연암 같은 지혜로운 스승들의 가르침을 온몸에 새기면서, 있는 그 자리에서 정신 똑바로 차리고 각자 자기 맡은 바 책무를 다하면 다할수록 서민들의 삶의 질은 그만큼 나아질 것입니다. 그리고 이렇게 될 때, 더 이상 비리에 연루된 지도층 인사들의 극단적인 자살이나 세월호 참사 같은 어처구니없는 일들도 일어나지 않을 것이며, 대한민국은 더욱 살기 좋은 나라로 거듭날 것이니, 필경 국민들은 이런 대한민국의 일원임을 고마워하면서 기꺼이 나라 발전과 세계평화에 온몸을 던져 동참할 것이라 확신합니다.

- 〈금강신문〉 (2013년 2월 1일) 증보본

군더더기: 저는 국내에서 박사학위를 해서 오래 해외 체류를 한 적은 없지만, 1987년 9월부터 1년간 뉴욕주립대를 방문 연구한 적이 있습니다. 이때 그동안 한국에서 살 때는 못 느낀 것을 크게 느낀 점은 배우기 위해서는 해외 체류가 필요하지만, 그렇지 않은 경우라면 조국만큼 함께 더불어 살면서 보람도 느끼고 편안한 곳은 지구상 그 어느 곳에도 없다는 것이었습니다. 그러니 저처럼 조국을 떠나 얼마간 외국에서 살아 보는 것도 나라의 고마움을 온몸으로 느낄 수 있는 지름길인지도 모르겠습니다.

스승의 고마움 새기기

성찰배경: 사실 우리 인생에 있어서 정말 가치 있는 것은 전직 대통령들을 포함해 지도층 인사들의 행적을 봐서도 알 수 있습니다. 우리가 현재 어떤 지위에 올라 있느냐 또는 과거에 어떤 지위에 있었느냐가 중요한 것이 아니라, 있는 그 자리에서 일생을 바칠만한 가치 있는 꿈과 목표를 세워놓고 부단히 노력해가고 있는가 하는 것입니다. 이때 이 목표 설정을 뚜렷하게 하는데 결정적인 기여를 하는 분들이 바로 종교와 종파를 초월한 인류의 영적 스승들입니다.

종교를 초월한 지구촌 이웃들의 경우, 지난 2013년 3월 천주교 예수회 출신인 프란치스코 교황의 즉위 기념 미사에 고국 아르헨티나 국민이 대거 참석하려 하자, 교황은 바티칸 주재 아르헨티나 대사에게 전화를 걸어 "비싼 돈 들여 저를 보러 오지 말고 그 돈을 가난한 사람을 위해 기부하세요."라고 당부하였습니다. 그 즉위 기념 미사를 전후해 어려운 이웃과 함께 해온 이 분의 언행일치의 모습을 보고 많은 감동을 받았습니다. 게다가 2013년 부활절 기념일에는 이에 화답하듯이 한국 가톨릭 주교들께서 소외된 이웃들이 있는 곳으로 달려가 이 분들을 위로하고, 부활 미사를 봉헌하며, 귀의할만한 스승의 본보기를 보이셨습니다.

그런데 우리 모두 잘 찾아보면 종교와 시공時空을 초월해 자신과 코드가 맞는, 귀의할만한 스승들이 도처에 계십니다. 제 경우 학문과 인생에 대해 회의가 강하게 밀려오던 20세 때인 1975년에 인연 따라 자연스레 선도회 문하생들과 이 시대를 함께 하셨던 '종달宗達(1905-1990)' 선사님께 귀의를 하게 되었습니다. 사실 저는 2대독자로 태어나 어머니의 지극한 사랑 속에 형편없는 마마보이로 성장하다가 '독화살의 비유'를 통해 석가세존의 가르침에 매료되었으며, 그 직후 서강대 불교동아리인 '혜명회慧命會'를 통해 종달 선사 문하에서 <무문관> 점검을 받으며 치열한 수행을 지속하다가 학문과 인생이 둘이 아님을 온몸으로 체득하고, 순간순간 통찰과 나눔이 둘이 아닌 '통보불이洞布不二'의 삶을 치열하게 살아가고 있습니다. 따라서 누가 지금 필자에게 가장 고마운 분을 말하라고 한다면, 당연히 그 누구와도 다른, 필자만의 삶을 겸허하면서도 당당하게 살아갈 수 있도록 온몸으로 일깨워 주신 '종달 선사님!'이라고 외칠 것입니다.

참고로 일본 임제종 묘심사파의 선승禪僧이셨던 종달 선사님은 일제 강점기 때 동경에 위치한 폐사 직전의 도림사를 중창해 주지직을 수행하시면서, 이 도량을 한국유학승을 위한 기숙사로도 활용하셨습니다. 또한 동경 유학 시절부터 절친하셨던, 시인 유엽으로 더 유명한 화봉 선사님(효봉 선사님의 사제)과의 인연으로 1953년 해인대학(현 경남대학교) 교수를 3년 간 역임하셨으며, 또한 1963년 1월 당시 종정이셨던 효봉 선사님으로부터 조계종 포교사로 임명되면서 매주 수요일마다 조계사에서 참선법회를 주관하셨습니다. 아울러 1960년대에 월간

〈법시사〉 편집장을 역임하시면서 언론문화 창달에도 크게 기여하셨습니다. 그러다가 1965년 무렵 조계사 참선법회에서 도심이 견고했던, 선도회 1호 제자인 철심 거사(현재 선도회 회장)를 만나면서 재가자도 간화선看話禪 수행이 가능하다는 것을 몸소 체험하시고, 선사께서 선도회를 조직해 본격적으로 입실점검 지도에 발 벗고 나선 인연이, 마침내 1975년 10월 당시 형편없는 마마보이였던 필자와의 숙명적인 만남으로 이어지게 된 것입니다.

그런데 불교에서는 인간과 짐승을 구별할 때 '네 가지 고마움[四恩]'을 제대로 실천하고 있는가로 판별하기도 하는데, 물론 이 가운데 어느 것 하나 소홀히 할 수 없으나 특히 소중한 것은 스승의 고마움입니다. 그 이유는 바른 스승을 만나지 못할 경우 지혜롭지 못한 우리 중생들은 마음이 있어도 나머지 세 가지 고마움을 제대로 실천할 수 없으며, 이렇게 될 때 거의 영의 확률로 어렵게 인간으로 태어났으나 대부분 소중한 세월을 허송세월하다가 헛되이 탐욕에 가득 찬 생生을 마칠 수 있기 때문입니다.

끝으로 조심할 점 하나를 말씀드리면, 비록 바른 스승 문하에서 수행했다고 하더라도 '언제까지 스승의 그늘에 안주할 것인가!' 하는 것입니다. 종교와 종파를 불문하고 필자가 접하고 있는 종교계를 살펴보면, 이미 돌아가신 스승을 너무 오래 붙들고 계신 제자들이 적지 않은 것 같습니다. 물론 제자 된 도리로 스승의 가르침을 널리 유지·계승 발전시켜야 하는 것은 당연한 일이나, 자칫 잘못하면 스승을 모방해 흉내

내며 스승의 그늘 속에 안주하기 쉽습니다. 아니, 어쩌면 인간으로서 누구나 지니고 있는 사소한 허물까지도 감추거나 미화하는 등, 인간적인 스승의 모습을 완벽하게 신격화神格化하며, 스승의 이름을 팔아 삶을 연명하고 있는 지도 모릅니다.

사실 선가禪家에는 '일인일파一人一派'라는 선어禪語가 있습니다. 즉, 스승과 그 제자 모두 자기만의 독특한 '통보불이洞布不二'의 삶을 살아간다는 것이며, 이것이야말로 스승의 고마움에 대한 제자의 진정한 보은報恩입니다.

그런데 이 전통은 동양에만 있는 것은 아닙니다. 지난 2014년 8월 프란치스코 교황님께서 한국을 방문하셨을 때, 가까이에서 수행하셨던 한국예수회 관구장이신 정제천 신부님과 함께 기념촬영을 하신 적이 있는데, 이때 "훗날 사람들이 이 사진을 보고 정 신부님 옆에 계신 이 분은 누구십니까?"라고 물을 수 있도록 영적으로 더욱 깊게 성장하시기를 당부하셨다고 합니다. 즉 교황을 추종하지 말고 넘어서라는 스승의 엄중한 경고입니다. 또한 〈하씨딤의 가르침에 따른 인간의 길〉(마르틴 부버 지음/ 장익 옮김) 가운데 '독특한 길: 하느님께 나아가는 길의 무한한 다양성'에 다음과 같은 대목도 있습니다.

'현자 랍비 부남은 고령에 이르러 눈이 멀고 난 뒤에 이런 말을 한 적이 있다. "나는 우리 선조 아브라함과 자리를 바꿀 마음이 없다. 아브라함이 눈먼 부남같이 되고 눈먼 부남이 아브라함같이 된다면 하느님께 무슨 보탬이 되겠느냐! 그런 변이 일어나는 것보다는 오히려 내가 좀 더 나 자신이 되도록 힘써 보겠다."

이와 똑같은 생각을 랍비 수냐는 임종하기 직전에 더 함축성 있게 천명한 바 있다. 그는 이렇게 말했다. "내세에서 나보고 '너는 왜 모세가 아니었냐?' 고 묻지는 않고, '너는 왜 수냐가 아니었냐?' 고 물을 것이다."

여기서 우리가 보는 것은, 인간들이 본질적으로 서로 같지 않다는 사실에 입각한 가르침이다. 따라서 인간들을 똑같게 만들려고 들지 않는 가르침이다. 모든 사람들이 다 하느님께 나아갈 수 있으나 각자 나아가는 길은 다르다. 인류의 가장 큰 희망은 사람간의 바로 이런 상이함에 있다. 능력과 성향이 서로 다른 데에 있다. 하느님이 모든 것을 포괄하시는 힘은 하느님께 나아가는 길의 무한한 다양성에서 드러난다.'

군더더기: 이번 글을 포함해 지금까지 다룬 이 네 가지 고마움에 대해서는 사실 우리가 온몸에 새기고 살아가는 순간순간 실천에 옮기고자 애쓴다면, 해가 바뀔 때마다 따로 또는 새로이 구체적인 서약이나 결심을 하지 않더라도 언젠가 우리의 참된 성품이 있는 그대로 삶속에 배어나게 될 것입니다. 이렇게 될 때 저처럼 구태여 따로 간화선이라 이름 붙여 요란하게 수행할 필요도 없이 함께 더불어 나눔 실천적 삶을 저절로 살게 될 것입니다.

특히 본문 가운데 다음 대목은 제가 선도회의 미래를 걱정하며 종달 선사님과 그 뒤를 이은, 또한 앞으로 이을 노사님들에 대해 문하생들께서 가져야할 마음 자세에 대해 언급한 것이니 오해 없으시기를 부탁드립니다.

"자칫 잘못하면 스승을 모방해 흉내 내며 스승의 그늘 속에 안주하기 쉽습니다. 아니, 어쩌면 인간으로서 누구나 지니고 있는 사소한 허물까지도 감추거나 미화하는 등, 인간적인 스승의 모습을 완벽하게 신격화神格化하며, 스승의 이름을 팔아 삶을 연명하고 있는 지도 모릅니다."

- 〈불교닷컴〉 (2015.05.08.) 수정증보본

3절 | 이웃종교 이해하기

한반도도 이제 다종교 다문화 시대를 열어가고 있습니다. 이런 시대적 흐름에 부응해서, 이웃종교의 창시자들뿐만 아니라 그 정신을 계승하고 시대의 흐름에 맞게 선두에서 본을 보이며 이 시대를 살아가고 있는 영적 스승들에 대해 살펴보고 종교를 초월해 이 분들의 장점들을 적극 수용한다면, 우리 모두 일상 속에서 더욱 효율적으로 자기성찰의 삶을 이어갈 수 있을 것입니다.

천상천하유아독존天上天下唯我獨尊

성찰배경: 먼저 사실 우리 모두 신비롭게 탄생한 날이 있으나, 그런 무수히 많은 탄생일 가운데에서도 인류의 탁월한 영적 스승으로 추앙받고 있는 석가세존이나 예수님의 탄생일을 기리며 그 참뜻을 바르게 새길 줄 알게 되면, 자기의 생일을 포함해 일 년 365일의 소중한 뜻도 저절로 분명해질 것입니다. 그래서 보통 사람들과 다르게 기술되고 있는 영적 스승들의 탄생의 신비를 좀 더 깊이 파악하기 위해 좋은 본보기의 하나로 석가세존께서 2500여 년 전 이 땅에 태어나신 뜻을 곰곰이 성찰해 보겠습니다.

석가세존의 일대기

우선 세존의 일대기를 간략하게 살펴보면, 세존께서는 왕자로 태어나실 때 태어나자마자 두루 사방을 일곱 발자국을 걸으시면서[주행칠보周行七步], '천상천하유아독존(天上天下唯我獨尊)'을 외치셨으며, 14세가 되던 해에는 '성문 밖 나들이(四門出遊)'를 통해 생노병사(生老病死)를 생생히 목격하신 후, 출가수행에 뜻을 두기 시작하셨습니다. 그리고 16세에는 야쇼다라 왕자비와 사이에서 아들이 태어나자 출가에 짐이 된다고 생각하셨는지 그 이름을 장애(障碍)라는 뜻인 '라훌라'라고 지으셨다고 하며, 드디어 29세에 덧없는 부귀영화를 뒤로 하고 출가를 하셨습니다. 그 뒤 6년간 각고의 노력 끝에 드디어 보리수 밑에서 바른 깨달음[正覺]을 얻으셨습니다. 그러나 깨달은 진리가 속세와는 정반대였기 때문에 잠시 세상을 떠날 생각을 하셨으나, 문득 "세존(世尊)이시여 아직 때 묻지 않은 중생도 많은데 만일 법을 설하지 않으시고 떠나신다면 저들도 역시 진리를 모르고 소멸해 갈 것이고, 법을 듣는다면 깨달음을 얻을 것입니다."라는 '하늘의 권고'[범천권청梵天勸請]를 들으셨다고 합니다. 그 직후 마음을 고쳐먹은 다음, 다섯 비구에게 '첫 설법'[초전법륜初轉法輪]을 하기 시작해서, 영산회상에 이르러 마하가섭 존자에게 법을 부촉하시면서, 선종(禪宗)의 전법(傳法) 전통의 기틀을 만드셨습니다. 그리고 마지막으로 "나는 일생동안 한 마디도 설한 바 없다!"[일자불설一字不說]라고 하시며, '문자에 얽매이지 말라!' [불립문자不立文字]는 유훈遺訓을 남기셨으니, 49년 동안 온갖 가능한 수단을 총동원해, 즉 중생의 눈높이에 맞추어 중생제도에 온 힘을 다하시다 입멸(入滅)하셨습니다. 이것이 간략하게 살펴본 석가세존의 일생입니다.

이제 이를 바탕으로 '부처님 오신 뜻'을 바르게 이해하는 것은 그다지 어렵지 않으리라 생각됩니다. 왜냐하면 세존의 일생을 본보기로 해서 우리 각자가 현재 처해있는 위치를 확실히 파악하고, 어떻게 살아가는 것이 세존처럼 생사윤회에서 벗어나는 지름길인지를 스스로 체득할 수 있기 때문입니다. 아울러 비단 세존뿐만 아니라 시간과 공간을 뛰어넘어 동양과 서양의 영적 스승들의 삶도 함께 조명해 봄으로써 부처님 오신 뜻, 아니 각자가 이 세상에 나온 뜻을 바르게 헤아릴 수 있을 것입니다.

그런데 우리들 중생의 마음은 변덕이 심해서 언제 작심삼일(作心三日)의 경지에 도달할 지는 시간문제입니다. 즉 이해의 차원에 머무르는 한, 각자가 헤아리는 바대로 자기가 이 세상에 나온 바른 뜻의 지속적인 실천적 삶은 불가능하다는 것입니다. 따라서 이의 지속적인 실천방안은 역시 세존을 비롯해 동양과 서양의 모든 영적 스승들이 보여주셨던 '통찰과 나눔이 둘이 아닌 삶'을 온몸으로 체득하기 위해 치열한 구도수행 밖에는 다른 방도가 없습니다.

'천상천하유아독존'은 투과해야할 화두

그런데 우리 속담에 '시작이 반이다!'라는 말이 있듯이, 석가세존께서 이 땅에 오신 바른 뜻을 머리 차원이 아닌, 온몸에 각인하기 위해서는 먼저 세존의 첫 일성一聲인 '천상천하유아독존'을 제대로 꿰뚫어야만 합니다.

우선, 단지 이해의 차원에서 잘못 알고 있는 바를 살펴보면, 대개 불교신자가 아닌 사람이 이 글귀를 대할 때 '유아독존'을 잘못 새기면 '나만이 최고'인 것처럼, 마치 자기만을 위하고 남을 무시하는 것 같은 마음가짐의 본보기로 알기 쉽습니다.

한편 불제자의 경우에는 대부분 단순히 언구 해석을 한 번 뒤집어 '내가 존귀尊貴한 만큼 남도 소중하다'라는 정도의 상식적인 수준에서 이해하고 있습니다. 그러나 통찰 체득을 강조하는 선禪의 입장에서 보면, '존귀한 존재'라는 말을 떠올리는 한, 동시에 '하찮은 존재'라는 말 또한 늘 따라다니게 됩니다. 즉 이원적二元的 분별심分別心을 일으키지 않을 수가 없으며, 그 결과 이런 분별심이 남아있는 한, 결국 어디에도 걸림이 없는 대자유인大自由人이 되는 것은 불가능합니다.

참고로 운문종雲門宗의 창시자였던 운문 선사께서는 석가세존께서 태어나자마자 외치셨다는 이 글귀에 대해 '만일 내가 그 자리에 있었더라면 즉시 때려죽인 후, 개 먹이로 주었을 것이다!'라는 극단적인 격렬한 언어를 구사하며, 존귀하다느니 하찮다느니 하는 이원적 분별심을 통렬하게 잘라버렸던 것입니다.

자! 이제 만일 여러분들이 그 자리에 있었더라면 어떻게 응대했겠습니까? 여러분이 만일 목숨을 걸고 일상 속에서 자기성찰의 삶을 지속적으로 이어간다면, 언젠가 온몸으로 이 화두를 돌파할 때가 올 것입니다.

군더더기: 참고로 〈불본행집경佛本行集經〉에는 '천상천하유아독존' 바로 다음에 '중생세계는 모두 괴로움의 세계로 내가 마땅히 이 세계를 편안케 하리라!' 란 뜻의 '삼계개고아당안지三界皆苦我當安之' 란 구절이 함께 있는데, 사실 '천상천하유아독존'에 대해 바른 견해를 온몸으로 체득한 분들이라면, 저절로 통찰과 나눔이 둘이 아닌 '통보불이洞布不二'의 삶을 살아가게 되기 때문에, 이 뒷 구절은 더 부연 설명할 필요도 없습니다.

한편 석가세존을 모신 전각殿閣[법당法堂]을 '대웅전大雄殿' 이라고 하는데, 이는 인류 처음으로 세존께서 일생을 통해 누구나 부처가 될 수 있음을 온몸으로 보이셨기 때문에 이런 '위대偉大한 영웅英雄' 을 기리기 위해 모신 곳이란 의미가 담겨 있습니다. 그러니 또한 우리 모두 이런 영웅의 대열에 합류할 것을 일깨우는 곳이기도 합니다.

불제자와 외도는 둘이 아니다 [불외불이佛外不二]

성찰배경: 사실 내 종교가 소중한 만큼 이웃의 종교도 소중하다는 점을 깊이 인식하는 동시에 이웃종교의 장점을 적극 수용할 수 있는 넓은 안목과 함께 이웃종교인[外道]에 대해 지혜롭게 바른 견해를 갖도록 돕고자 합니다.

특히 〈화엄경〉의 '입법계품入法界品'에서 선재동자가 53인의 선지식善知識(영적 스승)을 찾아가는 구도행각을 하는 내용이 담겨 있는데 이 중에는 변행외도遍行外道가 포함되어 있습니다. 여기에서는 우선 선종 최후의 공안집인 〈무문관無門關〉 가운데 제32칙 '외도문불外道問佛'이란 공안을 살펴보고, 선도회 가풍의 하나인 '불제자佛弟子와 외도外道는 둘이 아니다'라는 '불외불이佛外不二'의 참뜻을 깊이 새기고자 합니다. 그런 다음, 시공을 뛰어넘어 불제자니 외도니 하는 이원적 분별에 걸리지 않고, 따로 또는 함께 더불어 당당히 통찰과 나눔의 삶을 살아갔던 분들에 관한 몇몇 일화들을 골라 뽑아 함께 깊이 성찰해 보기로 하겠습니다.

외도外道가 세존께 묻다

본칙本則: 세존께 한 외도外道가 물었다. "유언有言도 묻지 않고 무언無言도 묻지 않습니다." 이에 세존께서는 묵묵히 앉아 계셨다. 외도가 "세존께서 대자 대비하시어 저의 어두운 마음을 열어 주시고, 저로 하여금 깨닫게 하셨습니다."라고 찬탄하며, 예를 갖추어 인사를 드리고 갔다. 이를 본 아난이 세존께 물었다. "저 외도가 무엇을 깨쳤기에 저렇게 찬탄합니까?" 세존께서 "양마良馬가 채찍의 그림자만 봐도 달리는 것과 같으니라."고 답하셨다.

제창提唱: 무문 선사 가로되, 아난은 불제자인데도 불구하고 외도의 견해만도 못하구나. 자! 일러 보아라. 외도와 불제자와의 수준차이가 어느 정도인가를!

게송偈頌: 게송으로 가로되,
칼날 위를 걸으며, 살얼음 위를 달리네.
사다리를 밟지도 않고, 낭떠러지에서 잡은 손마저 놓아버리네.
[검인상행劍刃上行 빙릉상주氷稜上走
불섭계제不涉階梯 현애살수懸崖撒手]

그런데 무문혜개 선사는 이 공안에 대한 제창을 통해 선종禪宗의 견해를 극명하게 표출하고 있습니다. 세존의 십대제자의 한 분으로 존경받고 있는 아난을 불제자의 대표로 대비시켜, 소위 불제자라는 아난이 세존과의 문답 한 번에 바로 통찰체험을 한, 일개 무명의 외도 수준에도 미치지 못하는 처지임을 만천하에 드러내고 있습니다.

사실 출가승으로서 계율을 철저히 지키는 것은 기본이고, 세존의 법문을 바로 곁에서 가장 많이 들었기 때문에 '다문제일多聞第一'의 별호를 갖고 있던 아난이지만, 지속적인 성찰을 통해 이어지는 깊은 통찰체험이 없었기에 '유언有言'과 '무언無言'의 이원적 구도를 돌파한 세존의 '거좌據坐'(또는 양구良久라고도 함)를 꿰뚫지 못했던 것이며 무문 선사는 이를 통렬하게 지적하고 있습니다.

한편 이 '거좌'에 대해 <벽암록> 제65칙에서 원오 선사는 다음과 같이 착어著語하고 있습니다. '세존을 비난하지 마라. 그 소리가 마치 우레와 같구나. 서 있는 자도 앉은 자도 모두 세존을 움직이게 할 수 없네.'

아울러 외도의 '영아득입슈我得入'이란 대목에서는 다음과 같이 착어著語하고 있습니다. '영리한 친구로군. 한 번 건드리기만 했는데도 즉시 알아차렸네. (마치) 쟁반 위를 구르는 옥구슬처럼!'

군더더기: 참고로 양마良馬에 대해 <잡아함경> 33권에 다음과 같은 비유가 있습니다. 네 종류의 말이 있다. 첫째는 채찍의 그림자만 봐도 곧장 달리며, 그 주인의 뜻에 따른다.(양마에 해당함) 둘째는 채찍이 털끝에 스치면 곧장 달리며, 그 주인의 뜻에 따른다. 셋째는 채찍이 몸을 때리면 곧장 달리며, 그 주인의 뜻에 따른다. 넷째는 채찍을 뼈에 사무치도록 때려야 겨우 간다.'

그리고 불제자佛弟子란 사전적인 의미로는 석가세존의 가르침, 즉 불교佛敎에 귀의한 사람을 뜻하며, 불자(佛者 또는 佛子)라고도 부릅니다. 한편 오늘날 비불교도非佛敎徒를 뜻하는 좁은 의미의 '외도外道'란 말은 불교 측에서 붙인 용어로, 인도 우파니샤드 불교학의 영향을 받아 태동한 사상들 가운데 기원전 5-3세기에 형성되었습니다. 그런데 힌두교의 기본 경전인 <베다>와 <우파니샤드>와 상충되는 점이 많았으며, 특히 그 세력이 컸던 푸라나카사파, 미칼리고살라, 산자야벨라지푸타, 아지타케사캄발라, 파구타카자야나, 니간타나타푸타인 이 여섯 유파를 육사외도六師外道라고 부릅니다.

대체로 이들 유파는 그 특성상 크게 둘로 나눌 수가 있는데, 하나는 자아의 존재, 만물의 차별, 유언有言의 교설敎說 등 일체를 긍정하는 유물론적인 경향에 속한 학파이고, 또 하나는 자아의 존재, 만물의 차별, 유언의 교설 등 일체를 부정하는 관념론적인 경향에 속한 학파입니다. 이것들에 대하여 중도中道의 가르침을 내걸은 것이 대승불교大乘佛敎입니다. 즉 부정과 긍정, 주관과 객관 등의 상대를 초월하여 일원一元도 아니며 이원二元도 아닌, 실상 그 자체를 온몸으로 체득하는 것이 대승불교의 핵심입니다.

엔도 슈사쿠의 〈예수의 일생〉

성찰배경: 석가세존과 대비되어 늘 함께 언급되는 예수님에 대해서 비신자인 제가 거론할 자격은 없지만, 독실한 천주교 신자인 소설가 엔도 슈사쿠의 〈예수의 일생〉(이평아 옮김)이란 저서는 같은 동양 문화권에 속한 우리 한국인이 종교를 초월해 한 번 깊이 음미해보기에 좋은 저작이라 판단되어 소개를 드립니다.

저자는 예수님이 걸어간 인생의 길을 폭넓은 신학적 지식과 깊은 신앙, 상상력을 통해 추적하여 예수님의 모습 가운데 고난당하고 핍박받는 인간적인 면에 초점을 맞추어 기술한 책입니다. 그는 성서의 내용을 시대적 배경을 통해 설명하고 있으며, 예수님의 모습을 구체적이며 현실적으로 묘사하고 있습니다.

그는 소설 〈침묵〉을 쓴 이후 수년에 걸쳐 일본인이 이해할 수 있는 예수상을 구체적으로 다루기 시작했다고 합니다. 그리고 이 책의 결말에서 그는 결코 그가 묘사한 이 예수상이 그 모든 것을 언급했다고는 생각하지 않는다고 술회하고 있습니다. 다만 동양문화권에 속하는 일본인의 한 사람으로서 그리스도교와 무관한 독자들에게도 종교를 초월해 거부감 없이 인간적인 면에서 접근해 조금이나마 예수님에 대한 이해의 폭을 넓힐 수 있게 되었기를 바랐던 것 같습니다. 이런 점을 그는 〈예수 그리스도〉(1983년, 신쵸샤) 후기에서 다음과 같이 술회하고 있습니다.

"〈예수의 생애〉를 쓴 저자는 동서고금東西古今을 통해 많이 있습니다. 그런데 굳이 같은 제목으로 발표한 것은 무엇보다도 일본인인 저의 독자가 주로 일본인이기 때문입니다. 그러므로 제가 알 수 있는 '예수의 생애'가 아니면 일본인 독자의 공감을 얻지 못할 것이라고 오랫동안 생각해 왔습니다. 솔직히 서양의 지성이나 감각에 단련되어 온 그리스도교에 대해 일본인이 위화감이나 거리감을 느끼는 것은 사실입니다. 그렇기 때문에 그들의 사고에 바탕을 둔 예수상이 일본인에게 낯설게 느껴지는 것도 어쩔 수가 없습니다.

그러나 서양인이어야 예수님을 잘 알 수 있는 것은 아닙니다. 일본인으로서도 잘 알 수 있는 예수님이 존재하는 것입니다. 저는 성서를 읽고 그리스도교를 살펴보며 일본인과도 친숙해질 수 있는 예수님의 이미지를 발견했습니다. 그리고 그 예수님이야말로 저의 예수님이 되었습니다. 그래서 그러한 예수님을 이 책을 통해 부각시키고자 했던 것입니다."

군더더기: 이 책은 성서를 근거로 하면서도 현대적 언어와 감각으로 쓰여 있고 시대적, 역사적 배경까지 자세히 설명되어 있습니다. 또한 성서의 내용을 보다 쉽게 이해할 수 있도록 구성되어 있어 예수님을 보다 구체적이고 현실적인 인물로 느낄 수 있도록 하였습니다. 그 결과 인간 예수의 모습, 즉 무기력하지만 사랑을 위하여 자신을 내어주는 인간적인 예수님을 묘사한 점을 높이 평가받고 있다고 합니다. 참고로 그는 이런 노력을 인정받아 교황 바오로 6세로부터 훈장을 받았다고 합니다.

동서양 문명의 빗장을 연 마테오 리치 신부

성찰배경: 마테오 리치(Matteo Ricci, 리마두利瑪竇, 1552-1610) 신부가 태어났을 당시 서양의 사회적 분위기는 종교개혁의 불길에 휩싸여 신교[프로테스탄트]와 구교[천주교]가 대립하고 있었고, 이미 북부 유럽은 신교로, 남부 유럽은 구교로 지형도가 그려진 시기였습니다. 이러한 때에 프로테스탄트의 종교개혁에 자극받아 천주교 내부에서 일어난 혁신운동이 로욜라 성인聖人에 의해 1539년에 천주교 수도회로 설립된 예수회의 탄생이며, 이 수도회는 로욜라(1491-1556) 성인이 1948년에 저술한 <영성수련>을 기본 신앙수행지침서로 삼았습니다. 그리고 이를 통한 영성 체험을 바탕으로 인재양성과 선교활동, 신앙심의 확립과 외교력을 통한 정치적 영향력의 증대 등을 꾀하고 있었습니다. 한편, 이 무렵 과학적인 분위기는 지동설과 천구회전을 주장한 코페

르니쿠스(1473-1543), 육안 관측의 천문학 대가였던 티코 브라헤(1546-1601), 시간 개념의 도입 및 1609년 고성능 망원경을 만든 갈릴레오(1564-1642), 브라헤의 방대한 관측 자료로부터 케플러 법칙을 발견한 케플러(1571-1630) 등에 의해 천문학 분야의 연구가 활발히 진행되고 있었습니다. 이런 배경 속에서 예수회는 당시 세계에서 가장 발달된 첨단과학(관측 천문학 등)으로 무장한 예수회 소속 최고 엘리트 성직자들(마테오 리치 포함)을 동양 선교를 위해 중국으로 파견하게 됩니다.

마테오 리치 신부님은 1552년 이탈리아 교황령 마체라타에서 태어났으며, 19세인 1571년 예수회에 입회한 그는 외지 선교를 희망하여 로마를 떠나 인도의 고아에서 4년간 머물며 교육을 받았습니다. 그는 1580년에 사제 서품을 받고, 30세 되던 해인 1582년 8월에 중국 마카오에 첫발을 내딛습니다. 그는 중국을 하나의 자기완결된 세계로 여기는 중국인들의 견고한 중화中華 사상 속으로 비집고 들어가기 위해서는 중국의 언어를 익혀야 한다고 판단해서 중국어를 심도 있게 공부하였습니다. 1582년 말 예수회 선교사들이 해안에서 400리 정도 떨어진, 당시 총독이 집무하던 자오칭을 방문해 귀한 시계 선물 등으로 총독의 환심을 얻어 몇 개월 머물다가 마카오로 돌아갔습니다. 그리고 마카오로 귀환할 때 사용하던 제단은 입교入敎를 희망하던 중국 청년에게 맡겨 놓았습니다. 그런데 훗날 다시 가보니 제단위에 중국인들이 믿는 '옥황상제玉皇上帝'를 뜻하는 '천주天主'를 써 붙여 놓은 것을 보고 즉시 '하느님'을 천주님으로 부르기로 하였습니다.

드디어 1583년 9월 마테오 리치가 불교 승려 복장으로 자오칭에 도착해 지역 행정책임자인 왕반이 마련한 대지 위에 사제관과 성당을 건립하고 본격적으로 중국 선교를 시작하게 됩니다.

그는 선교 과정에서 한문 저술을 통한 선교가 중국을 포함해 당시 조선과 일본 등의 한자문화권에 광범위한 영향력을 행사할 수 있음을 곧 알게 되었습니다. 그래서 1595년 11월 친분을 쌓은 중국인 관료에게 우정과 사교에 대한 서양의 금언을 모아 <교우론交友論>을 저술하여 선물했는데, <교우론>은 좋은 반응을 얻으며 선비와 관료 계층을 중심으로 퍼져 나가 중국 사회에서 마테오 리치의 입지를 크게 넓혀 주는 계기가 마련되었습니다. 마침내 그는 1597년 8월 예수회 중국 전교단의 책임자로 임명됩니다. 참고로 그는 1601년 베이징 입성에 대한 허가를 받기 이전에 이미 명성을 얻게 되는데 그 이유는 서양인에 대한 중국인들의 호기심, 그가 보여주는 신기神技에 가까운 뛰어난 기억력, 사서오경을 인용하면서 그리스도교의 교리를 풀이해준 놀라운 지적 능력, 자연과학자이며 동시에 인문학자로서의 탁월한 능력 등을 손꼽을 수 있습니다. 아울러 그는 중국 밖의 세계에 대한 지리적 지식을 알리고 은연중에 그리스도교 신앙의 세계적 보편성을 전하고자 세계지도 위에 각종 천문학적, 지리학적 설명을 덧붙인 세계전도 '곤여만국전도'를 제작해 배포하였습니다. 1603년 가을에는 한문으로 된 최초의 교리문답서인 <천주실의天主實義>와 인간과 인생에 대한 윤리적 고찰인 <25언>, 1607년 기하학을 소개하는 <기하원본>을, 1608년에는 인간성에 대한 성찰을 담은 <기인십편> 등의 저작을 연달아 출간하였습니다. 특히 <천주실의>의 서문은 '천주란 무엇인가, 곧 상제이다' 라는 구절로 시작하는데, 그는 이 <천주실의>를 통하여 초기 유교의 상제 신앙과 그리스도교의 천주 신앙의 동일성을 일관되게 주장하다가 1610년 베이징에서 입적入寂하였습니다.

군더더기: 참고로 <동서양의 정중한 만남: 마테오 리치>(소현수 지음, 서강대출판부, 1996년) 란 책을 보면 다음과 같은 내용이 담겨 있습니다.

『기독교적 이상을 동양에 실현하기 위해 평생을 바쳤던, 젊은 나이에 구도의 이상을 따라 험난한 여정을 마다 않고 1582년 중국 땅에 도착한 마테오 리치는 서양 제국주의 침략 시대였던 지난 19세기를 살았던 여타 서양 선교사와는 큰 차이점을 지니고 있습니다. 정신계의 정복쟈 임을 자임自任하며 무력과 자기문화 중심적인 교만함으로 군림하여 제국의 첨병 역할을 했던 선교사들의 선교와는 판이하게 다른 행적을 보여주기 때문입니다. 먼길을 돌아 이국 땅에 상륙한 그는 서구와는 전혀 다른 신세계와 그 자체로서 완결되어 있는 거대한 문명과 역사를 마주하게 됩니다. 그는 하나의 다른 문명권을 발견하게 된 놀라움을 이렇게 적고 있습니다. "중국은 하나의 왕국이라든지 하는 것이 아닙니다. 중국은 실로 세계 그 자체입니다."
덧붙여 리치 신부께서 편찬한 <이십오언二十五言> 가운데 필자의 심금을 울렸던 제5언第五

言 '물유재아物有在我'에는 다음과 같은 가르침이 담겨 있습니다.

"(어떤 사람이) 당신에게 전할 말이 있다고 하면서 당신을 헐뜯고 당신의 어떤 과실을 지적한다면, 당신은 '나는 오히려 (그 사람이) 아직 알지 못하는 더 큰 죄를 가지고 있습니다. 그 사람이 아직 알지 못하고 있는 그것을 알게 된다면, 어찌 나에 대한 비난이 이것에 그치겠습니까?'라고 말해야 합니다. 나의 큰 죄를 인정하면, 진실로 그 지적하는 다른 과실을 말다툼하며 변론하지 않을 것입니다.

서양의 성인聖人 프란치스코(방지거)는 항상 자신에 대해 '나는 세상에서 가장 악한 사람입니다.'라고 말하며 살았다. 제자들이 혹 의심이 나서 이를 물어 가로되, "선생님께서는 일찍이 (그 죄가 미미함에도 불구하고) 다르게 말씀하시는데 군자君子라도 모든 것을 갖추어 행할 수는 없습니다. 어찌 자신을 낮추기 위해 틀린 말씀을 할 수 있습니까? 무릇 세상에는 해로운 살인자, 도둑놈, 간음한 자가 있습니다만, 선생님은 진실로 그런 사람은 아닙니다. 어찌 자신을 이와 같다고 하십니까?

성인이 말씀하셨다. '나는 겸손하지 않으며, 내 말은 진실합니다. 그 해로운 살인자, 도둑, 간음자의 무리들이 진실로 내가 받은 것과 똑같이 하느님의 도움과 인도를 받았다면, 또한 내가 받은 것과 똑같이 이웃의 가르침과 도움을 받았다면, 그 덕은 반드시 나보다 컸을 것입니다. 그런즉 나의 악惡이 어찌 그보다 심하지 않겠습니까?'

성인이 자신을 이러한 위치에 놓는데, 내가 감히 스스로 과실이 없음을 뽐내며 나를 헐뜯는 사람과 말다툼할 수 있겠습니까!』

서자 신분을 극복한 실학자 이덕무

성찰배경: 여기에서는 연암燕巖 박지원을 중심으로 전개되었던 실학파 가운데 조선 당대 최고의 독서가였으며 가장 저의 심금心琴을 울렸던, 서자 출신이란 신분 차별을 포함해 온갖 역경을 극복하고 거인으로 우뚝 선 이덕무란 실학자를 소개하고자 합니다.

조선 후기의 실학자였던 서자 출신 이덕무(李德懋, 1741-1793)는 서울에서 성장했고, 담헌湛軒 홍대용, 연암 박지원을 스승으로 삼아서 박제가, 유득공, 백동수 등과 친구로 교유하면서 <영처고>, <이목구심서>, <선귤당농소>, <청비록>, <한죽당섭필> 등 많은 저작을 남겼는데, 훗날 아들 이광규에 의해 <청장관전서>로 집성되었습니다. 참고로 이덕무는 당시 서자의 신분으로 뜻을 펼칠 자리가 없는데도 오직 책만 읽으며 스스로를 '책만 읽는 바보'를 뜻하는 '간서치看書痴'라 불렀습니다.

그는 38세 되는 1778년(정조 2년) 정초에 심념조沈念祖 대감이 그해 봄에 중국 사신으로 떠날 때 수행원으로 함께 가게 된 것을 계기로, 드디어 1779년 6월 박제가, 유득공, 서리수와 함께 비록 비정규직이기는 하지만 규장각 외각 검서관에 임명됩니다. 그의 부친이 입궐 첫날 아침에 서자 신분을 극복한 아들에게 "밝은 세상을 만나 네가 이제야 빛을 보는구나!" 하며 감격해 했다고 합니다. 덧붙여 그가 끝까지 인내하며 학문에 힘쓴 결과, 마침내 서얼 신분을 극복하고 처음 관직에 나아가며 규장각奎章閣 내각內閣의 별칭인 이문원文院에서 지은, 가슴 뭉클하게 하는 시는 다음과 같습니다.

이문원에서 붓 가는 대로

마흔 살 내 생애 참으로 우스워라.
해마다 술에 취해, 지는 꽃에 누웠네.
태평성대엔 버려진 사람 없음을 알았으니
이제부터 남은 생애 벼슬길에 맡겨 보리.

환한 하늘빛 규장각에 가득하니
귀중한 서적 영화로운 관복에 얼비치네.
내 이 한 몸 쓰일 곳을 얻었으니
책 더미 속 좀벌레로 늙어감이 달갑네.

훗날 그는 1781년 1월 규장각 내각 검서관에 임명되었으며, 1784년 6월 드디어 정규직인 경기도의 적성(지금의 파주) 현감縣監에 임명됩니다. 1790년 4월 첫날 박제가, 백동수와 함께 <무예도보통지>의 편찬을 완성했습니다. 그는 1793년 사망했으며, 사후 그를 아끼던 정조의 명으로 그의 문집 <아정유고>가 간행되었습니다.

군더더기: 그야말로 38세까지 백수였음에도 불구하고 좌절하지 않고 오로지 책만 읽으며 학문에 힘썼던 그가 마침내 그 역량을 인정받아 관직에 나아갔으며, 그 맡은 직에 신명을 다해 수행한 삶은 깊은 통찰 체험이 없이는 결코 불가능한 삶입니다. 특히 그가 1791년 4월 28일 정조대왕과 재능 있는 서얼을 차별하는 관행의 문제와 관련하여 백성을 위한 신념으로 당당하게 목숨을 내놓고 담판을 벌였다는 기록은 깊이 성찰해 볼 일입니다.

한편 그는 유학자로서 비록 겉으로는 비불교도였지만 독서를 통한 깊은 통찰 체험을 바탕으로 그야말로 고수 선객禪客이라 해도 전혀 손색遜色이 없는 '수처작주隨處作主'의 당당한 삶을 일관되게 살았는데, 그의 이런 삶을 잘 엿볼 수 있는 일화와 언행들을 골라 뽑아 소개하면 다음과 같습니다.

먼저 〈책만 보는 바보-이덕무와 그의 벗들 이야기〉(안소영 지음, 보림)를 살펴보면 다음과 같습니다.

지식의 나눔 실천: 백성을 위한 실학파 정신

박지원과 박제가 등의 교유를 통해 그는 '새로운 것을 대하거나 새로운 책을 읽을 때마다 늘 조선 땅에서 살아가고 있는 백성들의 생활에 어떻게 활용할 것인가'를 먼저 생각하는 태도를 공유하였습니다.

특히 박지원은 그의 저서 〈열하일기〉에서 백성[중생衆生]에 대한 그의 견해를 다음과 같이 분명하게 밝히고 있습니다. '천하를 다스리는 사람은 백성들에게 이롭고 나라 살림에 살찌울 수 있는 것이라면 무엇이건 본받아야 한다. 비록 그 법이 오랑캐[청淸] 나라에게서 나왔다 하

더라도 그렇다.'

한편 박제가는 보다 구체적으로 정조 임금께 드린 글에서 "지금 우리나라에서 가장 큰 문제점은 한마디로 가난입니다. 그렇다면 이 가난을 어떻게 구제하겠습니까? 중국 청나라와 통상하는 길밖에 없습니다."라고 하여 가난으로 고통 받고 있는 백성을 구제하기 위한 방안을 제시하고 있습니다.

적성 현감 시절

그는 현감으로 부임하자마자 적성이란 고을이 곡창지대도 아니고 물자를 생산하는 곳도 아니기 때문에 고을 살림이 어려운 곳임을 통찰하고는 즉시 자기 녹봉을 털어 낡은 청사를 말끔하게 수리하고, 무기고 정비, 관아 살림 점검 등 고을 기강을 바로 세우기 시작했다. 한 번은 "가진 것이 있어야 지킬 양심도 있다."는 옛말을 인용하며 온갖 고문에도 자백하지 않던, 관아의 곡식을 훔친 자를 조용히 불러 교화하는 등 현감직을 올곧게 수행해 연임을 하기까지 했습니다.

책 속에서 인용한 인상적인 몇 구절들

'신분의 굴레가 있는 현실 속에서 나와 같은 서자들은 변두리에서 살아갈 수밖에 없다. 그러나 한 사람의 일생을 놓고 보면 누가 중심이고

누가 변두리라고 할 수 있겠는가. 누구나 자신의 삶에서는 스스로가 중심이다.'

'오랜 세월이 흐른다 하더라도 누군가 나의 마음속에 스며들어와 나의 진심을 이해할 수 있을 때, 우리는 (시공을 초월해) 서로 세월을 나눌 수 있다. 옛사람과 우리가, 우리와 먼 훗날 사람들이, 그렇게 서로 나누며 이어지는 세월들 속에서 함께하는 벗이 되리라.'

'고귀한 사람으로 태어난 누구나 서로를 소중히 생각하고 존중하며 이 땅에서 함께 어울려 살아가게 되리라 나는 믿는다.'

그리고 이덕무가 지은 시들로 엮은 <깨끗한 매미처럼 향기로운 귤처럼>(강국주 엮음, 돌베개)을 살펴보면 여기에는 이웃 간의 사랑과 보살핌의 정情, 자연과의 정서적 합일, 벗들과 나누는 우정과 환대가 일관되게 나타납니다. 그 가운데 깊이 성찰하게 해주는 몇 편의 시를 필자 임의대로 다음과 같이 골라 뽑아 보았습니다.

세상의 평화란

세상의 평화란 별게 아니다.
나보다 훌륭한 사람은 존경하여 흠모하고,
나와 동일한 사람은 서로 아끼며 사귀되 함께 격려하고,
나만 못한 사람은 딱하게 여겨 가르쳐 준다.
이렇게 한다면 온 세상이 평화롭게 될 것이다.

싸움은 어디서 오는 걸까

'너' 와 '나' 를 차별하는 마음을 잊기만 한다면야
싸움이나 전쟁이 어떻게 일어날까?

군더더기: 사실 누구나 이 '자타불이自他不二' 정신을 온몸으로 체득해 실천한다면, 국가 차원에서뿐만이 아니라 종교계를 포함해 크고 작은 인간 사회 조직 속에 내재되어 있는 온갖 갈등들이 거의 대부분 다 사라질 것입니다.

무심無心의 경지

늙은 어부가 긴 낚싯대에 가는 낚싯줄을
거울 같은 강물에 드리우고선 간들거리는 낚싯대에만
마음을 붙인 채 말도 않고 웃지도 않고 있을 때에는,
커다란 우렛소리가 산을 부순다 해도 들리지 않을 것이고
아리따운 여인이 한들한들 춤을 춘다 해도 보이지 않을 것이다.
이는 달마達磨 대사가 벽을 향해 참선할 때와 꼭 같은 경지이다.

군더더기: 참고로 그는 "이덕무의 눈을 거치지 않고서야 어찌 책이 책 구실을 하겠느냐!"라는 친구들의 증언이 말해주듯이 18세기 당대 최고의 독서가였습니다. 그렇기 때문에 비록 당시 불교를 천시하던 흐름 속에서 불교에 관한 그의 글이 별로 눈에 띄지 않지만, 여기서 소개하는 책 속에 들어있는 '무심無心의 경지' 란 그의 시 속에서 달마達磨 대사가 벽을 향해 참선할 때

와 꼭 같은 경지'라고 희유하게 불교적으로 표현한 것으로 미루어 볼 때, 비록 유교가 지배하는 당시 분위기 속에서 대놓고 밝힐 수는 없었더라도 불교, 특히 선종 관련 서적도 두루 섭렵하면서 나름대로 자기류의 참선 수행을 했었다고 짐작할 수 있으리라 판단됩니다.

말똥과 여의주

말똥구리는 스스로 말똥 굴리기를 즐겨 하여
용이 품은 여의주如意珠를 부러워하지 않는다.
여의주를 품은 용 또한 여의주를 뽐내면서
말똥구리가 말똥 굴리는 것을 비웃지 않는다.

군더더기: 이 시는 매우 뜻하는 바가 크다고 판단됩니다. 각자 자기 종교와 자기 수행법만이 가장 좋은 방법이라고 주장하는 분들, 특히 한국 간화선만이 최상승법이라며 이웃 종교와 다른 수행법들은 무조건 무시하는 태도를 굳세게 견지하고 있는 분들은 깊이 성찰해 보면 좋겠습니다. 사실 자기와 코드가 맞는 종교와 수행법을 통해 깊은 통찰 체험과 이를 바탕으로 함께 더불어 나누며, 독특한 자기만의 삶을 당당하게 살아가면 되는 것이지 어디 우열이 있겠습니까!

화산대의華山大義 선사의 통보불이 일화들

성찰배경: 스즈키 다이세츠 박사를 포함해 일본 선사들에 의해 선이

전 세계로 알려질 무렵, 성경에 익숙한 서양인들의 코드에 맞추어 성경 구절을 새롭게 화두로 제창한 선사가 있습니다. 여기에서 그의 통찰과 나눔이 둘이 아닌 통보불이洞布不二에 관한 두 일화를 소개드리고자 합니다.

통찰: 성경을 화두로 제창하다

종달 선사의 스승이셨던 화산대의華山大義(?-1945) 선사 문하로 한 영국인 신사[브라이스(Reginald Horace Blyth, 1898-1964) 박사로 추정됨]가 선 수행을 하러 온 적이 있었습니다. 선사께서는 이 신사에게 "마음이 가난한 자는 행복하리라."는 기독교 성경 구절을 들어서, 기독교에서 이 말이 전통적으로 어떻게 해석되고 있는 지에는 상관없이 선적禪的 입장에서 "내 앞에 가난한 마음을 즉시 내 놓아 보시요!"라고 일갈하며 그 구절을 공안으로 바꾸어 참구하게 하였다고 합니다. 그런데 선수행자라면 <무문관> 제10칙 '청세고빈淸稅孤貧'을 활용했으리라 미루어 짐작할 수 있습니다. 초심자 분들을 위해 좀 더 구체적으로 언급하면, 화산 선사의 사제師弟로 일본 임제종 남선사파南禪寺派 관장管長(한국의 총림 방장에 해당)을 역임 했던 시산전경柴山全慶(1894-1974) 선사는 그의 저서인 <무문관>을 통해, 그에 앞서 남선사파를 이끌었던 사형師兄인 화산 선사의 성경 일화를 언급하면서 이 '청세고빈' 공안에 대해 다음과 같이 제창提唱하고 있습니다.

"청세가 말하는 '고빈孤貧'이란 반드시 글자 그대로의 뜻은 아니다. "저는 깨달음도 없고, 방황함도 없고, 지옥도 없고, 극락도 없고, '자自'도 없고 '타他'도 없이 청정무구淸淨無垢합니다. 이와 같이 도저히 구제불능인 이 빈자貧者를 스님께서는 어떻게 구해주시겠습니까?"라는 날카로운 물음을 던지며, 조산 선사의 선적 역량을 시험합니다. 그런데 조산 선사는 과연 대선장大禪匠답게 이와 같은 질문에 동요할 분이 아니었습니다. 즉시 "청세야!"하고 불렀습니다. 청세가 "네!"하고 대답하자마자 "너는 청원백가의 명주名酒를 석 잔이나 들이켰으면서도 어찌 한 모금도 마시지 않았다고 하느냐?"라고 다그쳤습니다. 도대체 무엇이 부족해서 외롭고 가난하다고 하는 것일까요? 눈에 가득, 귀에 가득, 가려고 하면 갈 수 있고, 앉으려 하면 앉을 수 있습니다. 고빈은커녕 대부호大富豪가 아니냐?라는 웅대가 물음과 극적으로 대비를 이루고 있는 잘 조화된 멋진 답화答話입니다."

군더더기: 사실, 비단 화산 선사뿐만이 아니라 대부분의 역량 있는 선사들은 시대적 흐름과 상황에 따라 자유자재하게 허를 찌르는 새로운 화두를 만들어 기존의 화두들에 익숙해 있는 제자들로 하여금 한 동안 진땀을 흘리게 하는 탁월한 능력을 가지고 있습니다.

나눔: 구명 순서를 양보하고 입적하다

이 글은 시산전경柴山全慶 선사의 제자로서, 현재 일본 임제종 남선사파 관장이신 중촌문봉中村文峰 선사께서 저술한 저서 <잊혀진 은혜 이야기>에 수록된 다카하시 히데오[高橋英雄] 선생님의 글이며 그 내용은 다음과 같습니다.

"1945년 10월 14일, 귀국자 1400여명을 가득 태운 배가 부산항에서 출항하였다. 출항하여 얼마 지나지 않아 대마도 근처를 지날 무렵 기뢰에 부딪쳐 배는 사람들을 태운 채 침몰해 버렸다. 구조된 사람들은 겨우 백오십 명 정도였다.

선종禪宗의 스님인 대의大義 노사老師께서는 동행한 세 명의 제자들과 함께 바다에 내동댕이쳐졌다. 노사께서는 수영을 아주 잘 하셨다. 유목流木에 매달려 떠다니는 동안에도 서로에게 말을 걸고, 격려하고 계셨다. 구조선이 와서 밧줄을 던져줄 때마다 노사께서는 다른 사람을 먼저 배에 태웠다. 동행했던 제자들에게도 "젊은이는 미래가 있으니까 먼저 타라!"고 하면서 던져준 밧줄을 넘겨주셨다.

맨 마지막이 되어서 구조용 밧줄을 붙잡으려 했을 때는 수영을 잘하는 노사도 체력이 소진되어 결국 바다 속으로 사라져 가셨다. 노사께서는 평소에 '자신을 구하기보다는 먼저 남을 구하라!' [자미득도선도타 自未得度先度他]고 제창提唱하셨다고 한다. 노사께서는 그 말씀대로 그의 인생을 마치셨다."

군더더기: 돌이켜 보면 화산 선사님이 없었다면 종달 선사님도 없었을 것이며, 그럴 경우 필자를 포함해 선도회 문하생들 모두 어쩌면 선禪의 문외한으로 갈팡질팡 허송세월하다가 생을

마치게 되었을지도 모르겠습니다. 아무튼 오늘날 정치적으로 매우 경직된 한일 관계와 무관하게 참으로 희유稀有하고도 불가사의한 인연임에 틀림이 없는 것 같습니다.

동서양의 영성을 아우른 앤서니 드 멜로 신부

성찰배경: 영성의 대가이며 타고난 이야기꾼인 앤서니 드 멜로 (Anthony de Mello, 1913-1987) 신부님은 인도 고아에서 태어났습니다. 그는 천주교 예수회의 사제로 세계 각지를 두루 다니면서 수집한 동서양의 영적 스승들의 지혜와 깨달음에 관한 일화들을 소재로 스페인과 미국 등 세계 각지에서 활발히 강연 활동을 했습니다. 또한 인도 푸나에 '피정의 집'을 세워 영적인 삶을 살고자 하는 이들에게 깊은 감명을 주었습니다. 그는 세상을 떠나기 전까지 지속적인 저술과 강연을 통해 영적 가르침에 대한 값진 유산을 남겼으며, 그의 책은 20여 개 언어로 번역되어 세계적인 베스트셀러가 되었습니다.

<무문관>의 자서自序에 담긴 '대도에 이르는 데는 따로 특정한 문이 없나니 천 갈래 만 갈래 어느 길로도 이를 수 있다[대도무문大道無門 천차유로千差有路]' 라는 게송과 꼭 같은 정신으로, 천주교 신부님이면서도 영적인 여정을 돕는 것이라면 어떤 관점도 주저하지 않고 받아들였습니다. 그는 오래 전부터 전 세계 수많은 사람들에게 커다란 반향을

불러 일으켰으며, 그의 책과 강연 기록은 영적인 가르침을 갈구하는 이들에게 지금도 널리 사랑을 받고 있습니다.

그는 동서양의 전통적인 지혜와 해학을 통해 참된 영성이 무엇인지를 깨우쳐주기 위해 <일분 헛소리>, <개구리의 기도>, <종교박람회>, <샘> 등 다수의 저술을 남겼는데, 그 가운데 특히 <유쾌한 깨달음>(보누스, 2007) 속에 담겨 있는 다음 글을 함께 음미해 보고자 합니다.

구루의 고양이

날이면 날마다 꼭 저녁 기도를 올리는 시간이면 어김없이 떠돌이 고양이가 나타나서는 예배자들을 방해했다. 구루(힌두교의 영적 스승)는 또다시 찾아온 고양이를 묶어놓으라고 시켰고, 고양이는 매일 기도를 올리는 시간마다 그렇게 묶여 있었다.

구루가 세상을 떠나고 나서도 저녁 기도를 올리는 시간이면 고양이는 어김없이 묶여 있었다. 고양이가 죽자 다른 떠돌이 고양이가 잡혀와서 그 자리를 대신했다.

수백 년이 지난 후, 구루의 유식한 제자들이 학구적인 전례 규범서를 작성했다. 주제는 '저녁 기도를 올리는 시간에 고양이 한 마리를 묶어두는 일의 중요성'에 관한 것이었다.

군더더기: 사실 드 멜로 신부는 종교와 종파를 불문하고 교조의 바른 가르침에서 벗어나 본질

이 아닌 형식에 집착하는 종교인들에게 깊은 통찰을 촉구하는 뜻에서 이 일화를 소개하고자 했다고 판단됩니다. 즉, 다른 사람들이 믿는 이웃 종교들을 맹목적으로 비판이나 비난하기 이전에 내가 굳세게 믿고 있는 내 신앙에 대해 본질과 형식이 전도되어 있지는 않았는지, 먼저 각자 깊이 성찰해 봐야 하겠지요.

참여불교를 제창한 틱낫한 스님

성찰배경: 현재 전 세계적으로 존경을 받고 있는 몇 안 되는 영적 스승님들 가운데 한 분인 틱낫한 스님의, 종교를 초월해 새겨야할 핵심 가르침을 소개하고자 합니다.

틱낫한 스님의 한자 이름은 석일행釋一行이며, 1926년 베트남 중부의 행정관료 집안에서 태어나 16살 때인 1942년 선불교에 입문해 승려가 되었습니다. 이후 불교사상의 사회적 실천을 강조하면서 '모든 불교는 삶에 참여한다.'는 참여불교 운동을 주창하고, 민중의 고통을 덜어 주는 실천적 사회운동을 펼쳤습니다. 1961년 미국으로 건너가 프린스턴대학교와 컬럼비아대학교에서 비교종교학을 강의하였습니다. 베트남전쟁 때는 미국 각지를 순회하며 반전평화운동을 전개하고, 전쟁난민을 돕기 위한 사회청년봉사학교를 열어 계속 봉사활동을 하였습니다. 이러한 활동으로 1967년 노벨평화상 후보로 추천받기도 하였으나, 불교 평화 활동으로 인해 베트남 정부에 의해 귀국 금지 조치를 당한 뒤, 1973년 프랑스로 망명하였습니다. 이어 베트남 전쟁 후 프랑스로 들어오는 보트피플을 위해 수용소를 세워 봉사활동을 하였고, 1975년 파리 근교에 '스위트 포테이토'를, 1982년 보르도에 '플럼 빌리지(Plum village)'를 각각 세우고 명상 공동체 활동을 통해 세계 각국의 출가수행자들과 평화 및 참여불교 운동을 전개하였습니다. 1990년에는 미국 버몬트주에 승원僧院 '단풍림'과 수행원 '그린 마운틴'을 설립하고, 이후 프랑스와 미국을 비롯해 세계 각국을 오가며 계속 강연 및 저술 활동을 해오고 있습니다. 그의 대표저서로는 <귀향>, <마음에는 평화 얼굴에는 미소>, <틱낫한의 평화로움>, <거기서 그것과 하나 되시게>, <화> 등이 있습니다.

군더더기: 참고로 그는 종교와 종파를 넘어 모든 종교인이 함께 수행하는 공동체 운동을 통해 이 시대가 요구하는 종교의 새로운 비전을 제시해 왔습니다. 특히 돋보이는 그의 핵심사상은 그가 제창提唱한 '참여불교의 14개 지침'에 집약되어 있으므로 함께 깊이 성찰해 보고자 다음과 같이 소개를 드립니다. 그런데 이 지침들만이라도 제대로 실천된다면, 종교와 종파를 초월해 오늘날 한국 종교계에서 골머리를 앓고 있는 대부분의 문제들은 거의 다 해소될 것입니다.

참여불교의 14개 지침

　1. 교리, 이론, 사상 또는 심지어 불교사상 마저도 숭배하거나 집착하지 말라. 불교사상의 체계는 안내 수단이지 절대적인 진리가 아니다.

　2. 현재 알고 있는 지식이 변하지 않을 것이며 절대적인 진리라고 생각하지 말라. 편협한 마음과 현재 생각에 집착하려고 하지 말라. 다른 사람들의 관점을 이해하기 위해서 관점에 집착하지 않는 방법을 배우고 수행하라.

　진리는 삶 속에서 터득되며 단순히 지식의 개념으로 터득되지는 않는다. 항상 여러분의 전체 삶을 통해서 깨닫고 자신과 세상 속에서 진실을 관찰하도록 준비하라.

　3. 권위, 협박, 돈, 선전, 또는 교육 등 수단을 가리지 않고 아이들을 비롯한 다른 사람에게 당신 생각을 받아들일 것을 강요하지 말라. 하지만 자비로운 대화를 통해서, 다른 사람이 광신행위나 편협한 마음을 버리게 도와라.

　4. 어려움을 피하거나 어려움 앞에서 눈을 감지 말라. 세상의 생명이 고통을 겪고 있음을 자각하라. 고통을 겪고 있는 이들과 함께 하기 위해 개인적인 연락이나 만남 또는 상상이나 소리를 포함한 여러 방법을 찾아라. 이러한 방법을 통해서, 당신과 다른 이들이 고통의 현실을 자

각하게 하라.

5. 많은 사람들이 굶주리고 있는 한, 부를 축적하지 말아야 한다. 명예나, 이익, 부, 또는 감각적인 쾌락을 인생의 목표로 삼지 마라. 간소하게 살며, 시간과 에너지, 물질 자원을 필요한 사람들과 나누라.

6. 분노와 증오를 갖지 말라. 당신 마음속에서 분노와 증오가 아직은 작은 씨앗으로 있다면 그것을 꿰뚫어보고 변화시키는 방법을 터득하라. 분노와 증오가 떠오를 때마다, 증오의 본성을 보고 이해하기 위해서 호흡하는 것에 집중하라.

7. 산란함이나 주변 환경에 정신을 빼앗기지 말라. 현재 이 순간 일어나고 있는 일을 자각하기 위해 호흡에 마음을 집중하는 훈련을 하라. 당신 자신과 주변에 기운을 차리게 하고 치유하는 놀라운 것이 있다면 가까이 하라. 당신 안에 기쁨과 평화, 이해의 씨앗을 뿌려라. 그러면 당신의 마음 속 깊은 곳에서 활발한 변화가 일어날 것이다.

8. 내분을 만들고 공동체를 분열시킬 말은 표현하지 말라. 아무리 사소한 갈등일지라도 갈등을 완전히 해소하여 화해하려고 노력하라.

9. 개인적인 이익을 얻거나 또는 사람들을 현혹시키려고 진실하지 않

은 말을 하지 말라. 분열과 증오의 원인이 되는 말을 하지 말라. 정확하지 않은 소식을 퍼뜨리지 말라. 확신이 서지 않은 것을 비판하거나 비난하지 말라. 항상 진실하고 건설적으로 말하라. 비록 여러분의 안전이 위협을 받을 수도 있지만, 불의의 상황에 대해 말할 수 있는 용기를 가져라.

10. 개인적인 이득이나 이익을 얻기 위해 불교 단체를 이용하지 말며, 불교 단체를 정당으로 변화시키지 말라. 그러나 종교단체는 억압과 불의에 대해 분명한 입장을 취해야 하며, 파벌적인 갈등에 끼어들지 말고 상황을 변화시키고자 노력해야 한다.

11. 인간과 자연에 해로움을 주는 직업을 갖지 말라. 다른 사람들이 살아갈 여건을 빼앗는 회사에 투자하지 말라. 자비의 이상을 실현하는 데 도움 되는 직업을 선택하라.

12. 살생하지 말라. 또한 다른 사람이 살생하게 하지 말라. 생명을 보호하고 전쟁을 방지하기 위해 할 수 있는 모든 방법을 모색하라.

13. 다른 사람의 물건을 소유하지 말라. 다른 이들의 재산을 중요하게 생각하지만, 그들이 인간의 고통이나 혹은 지구상의 다른 종種의 고통을 통해 이익을 얻게 하지 말라.

14. 몸을 함부로 다루지 말라. 몸을 주의해서 다루는 법을 터득하라. 몸을 하나의 도구로 보지 말라. 진리를 깨닫기 위해서, 생명유지에 필요한 호흡과 기氣 및 성性에 관련된 에너지를 유지하라.

(재가수행자들에게) 사랑과 책임감 없이는 성적性的인 언급을 하지 말라. 성적인 관계가 앞으로 고통이 될 수도 있음을 명심하라. 다른 사람들의 행복을 지키기 위해서, 그들의 권리와 의무를 존중하라. 세상에 새 생명을 탄생시키는 것에 대한 책임감을 철저하게 느껴라. 여러분이 새로운 생명을 탄생시켜 놓은 세상에 대해 명상하라.

온몸을 던져 세계일화 정신을 제창한 숭산 선사

성찰배경: 필자가 1990년 6월 스승이신 종달 선사님께서 입적을 하시고 6개월쯤 지났을 무렵인 어느 날, 문득 한 스승 밑에서 공부했기 때문에 혹시 어딘가 치우친 면은 없을까? 하는 의문이 들어 당시 널리 알려진 두 분의 선사님들께 가르침을 청하는 편지를 보냈습니다. 그런데 6개월 후 두 분 가운데 한 분인 숭산 선사님께서 친절하게 4장의 장문 답신을 보내주셨습니다. 그리고 말미에 '현재 귀국해 화계사에 머물고 있으니 들려라.' 는 글도 남기셨습니다. 이것이 인연이 되어 종교를 초월한 숭산 선사님의 가풍을 깊이 접하며 제 안목도 더욱 넓어졌기에 소

개를 드립니다.

　1927년 평남 순천에서 태어난 스님은 일제강점기 지하 독립운동을 하기도 했으며, 해방 후 동국대에서 국문학을 전공하다가 1947년 마곡사에서 불교공부를 시작했습니다. 스님은 이 때 금강경을 읽다가 '무릇 모습이 있는 모든 것은 허망하다.'라는 뜻인 '범소유상凡所有相 개시허망皆是虛妄'이라는 대목에서 발심, 출가를 단행했습니다. 1949년 수덕사에서 고봉古峰 선사를 법사로 비구계를 받고 화계사 주지, 불교신문사 초대사장, 조계종 총무부장, 중앙종회의원, 원로회의 의원 등을 지냈습니다. 1966년 일본 동경東京의 재일홍법원을 시작으로 해외 포교에 나섰고, 1972년 미국 보스턴 인근 프로비던스에 조계종 관음선종회 재미홍법원을 열어 미국인들에게도 한국불교를 가르쳤습니다. 스님과 제자들이 미국, 유럽, 남미, 아프리카 등 세계 각국에 세운 선원이 30여 개국에 120여 개, 참여 제자들이 5만 여명에 이르렀다고 합니다. 말년에는 화계사 조실로 주석하시다가 2004년 세수 77세, 법랍 57세를 일기로 "다 걱정하지 마라! 만고광명萬古光明이 청산유수靑山流水이니라."는 임종게를 남기고 입적하셨습니다.

　하늘과 땅, 해와 달, 공기와 물이 둘이 아닌 한 뿌리라는 것이 그 핵심 사상인 '세계는 한 떨기 꽃'이라는 뜻의 '세계일화世界一花'는 본래 만공 선사께서 남긴 선어禪語였습니다. 수덕사 덕숭문중德崇門中의 가풍을 이은 숭산 선사께서 생전 40년간 전 세계를 향해 온몸을 던져 세계일화 정신을 제창하며 한국 선불교를 세계에 널리 알리셨습니다.

숭산 선사의 행적은 그동안 언론지상이나 저서 등을 통해 널리 알려져 있기 때문에 더 부언 설명할 것은 없으나, 아래 언급하는 대목을 통해 종교와 종파를 떠나 비불교도[外道]와 격의 없는 교류를 몸소 드러내신 점은 우리 모두 깊이 성찰할 주제라 판단되어 함께 음미해 보고자 합니다.

1985년 초, 숭산 선사는 미국에 있는 겟세마니 봉쇄수도원으로부터 법문과 함께 참선수행을 지도해 달라는 초청을 받았습니다. 이 수도원은 미국 천주교 교단 안에서 가장 오래된 전통을 가진 곳이며, 동양사상과 불교를 깊이 통찰했던 그 유명한 토머스 머튼 신부님이 생애 대부분을 보낸 곳이기도 합니다. 그의 사후 겟세마니 수도원에서는 한동안 수도자들에게 불교 공부를 일체 금지시켰으나, 1984년 새 원장이 취임하면서 불교 공부에 대한 금지령이 해제되었습니다. 그러자 당시 미국에 불교가 본격적으로 뿌리를 내린 뒤라 일본의 유명한 선사들도 많았고 티베트의 고승들도 많았는데 이들 모두를 제치고서, 머튼 신부님의 똑똑한 후예들인 겟세마니 수도자들이 참선수행을 배우겠다며 고른 첫 번째 선사가 바로 숭산 선사입니다. 그들은 1985년부터 6년 동안 매년 일주일간 숭산 선사님을 초청해 법문도 듣고 공안인터뷰도 하고 참선수행도 했습니다. 선사님은 참선수행 때 수도자들에게 '하느님은 어디서 오시는가?', '하느님과 우리의 마음은 같은가 다른가?' 라는 화두를 주셨다. 더욱 특기할 만한 일은 선사님께서 수도자들과 함께 성당 미사를 같이 올리기도 했다는 것입니다.

1991년 8월 겟세마니 수도원의 벤자민 수사님은 숭산 선사님에 대한 수필을 하나 써서 발표했는데, 종교와 종파를 초월한 숭산 선사의 활작략活作略을 단적으로 엿볼 수 있는 자료로 그 구체적인 내용은 다음과 같습니다.

"이제 몇 시간 후면 숭산 선사님께서 이곳 겟세마니 수도원에 오신다. 우리 수도자들은 선사님을 맞을 준비에 바쁘다. 그렇다고 해서 뭐 특별한 준비를 하는 것은 아니다. 방에 있는 의자와 책상 가구들을 모두 치우고, 참선할 때 쓰기 위한 큰 방석을 갖다놓는 게 가장 큰일이다. 지금 이곳에는 선사님을 뵙기 위해 미국 전역 수도원에서 온 수도사들, 겟세마니 인근 은둔지에서 수행하는 사람들, 멀리 테네시와 플로리다에서 온 참선수행자들, 그리고 캐나다에서 온 한국인들까지 모여들어 조용하던 수도원이 모처럼 시끌벅적하다.

선사님이 이곳 수도원에 매년 이렇게 오셔서 참선 지도를 해주신 게 벌써 5년째다. 그의 방문은 항상 맑은 통찰력을 얻기 위한 도전과 그것을 얻고 나서 얻는 기쁨의 절묘한 결합 그 자체다. 그는 왜 이곳에 오는가? 왜 천주교 수도자인 우리가 불교 승려인 그의 설법에 참여하며, 몇 시간씩 앉아 참선수행을 하고, 생전 처음 듣는 공안문답과 처절한 투쟁을 하는가? 왜 우리는 매년 지금 이 자리, 이 시간으로 다시 돌아오는가?

선사님을 처음 뵙던 날, (당시 타종교에 대해 매우 보수적이었던) 나는 (매우 퉁명스러운 목소리로) 이렇게 여쭈었다. "왜 선사님은 이곳에 오셨습니까?" 머릿속에 온갖 복잡한 생각으로 가득했던 나에게 그의 대답은 정말 걸작이었다. "하하하. 당신들이 내가 있는 곳으로 올 수 없기 때문이지요. 당신들은 봉쇄수도원 소속 수사들이므로 수도원을 떠날 수 없으니, 내 선 센터에 오실 수가 없잖아요. 그러니 당신들이 오는 것보다 내가 오는 게 쉽지요. 안 그래요? 하하하." (이 대답에 내 마음의 장벽은 봄날 눈 녹듯이 녹아 버렸다.) 이 간결함, 이 단순함, 이 진실함. 바로 이것이 우리가 살아가는 방식인 것을! 우리 수도자들의 생활이야말로 진실함과 간결함 그 자체가 아닌가. 그날 첫 참선수행이 끝나고 묵으실 숙소로 안내하면서 나는 선사님께 "수도원 수도자들과 처음 생활하셔서 약간 불편하실 지도 모르겠습니다."고 걱정했다. 그러나 선사님께서는 "우리 스님들 생활이나 마찬가지겠지요. 새벽에 일어나 찬송을 부르고 경전을 읽고 밥을 먹은 뒤 묵언하고 그리고 일하는 생활 아니겠어요? 우리 스님들은 머리를 깎고 이렇게 잿빛 승복을 입지만, 반면에 수사님들은 긴 예복을 입고 있고… 겉은 달라도 같은 길을 걷고 있지 않습니까?" 하고 답하셨다. 새길수록 훌륭한 말씀이다. (中略)

선사님은 우리와 함께 새벽에 일어나 찬송하고 미사를 드리고 하는 모든 일에 함께 참여하셨다. 만약 여러분이 대선사님께 왜 불교수행자가 그런 행동을 하느냐고 묻는다면, 아마 대선사님은 이렇게 대답하실 것이다. "따지지 말고 집착하지 말고 그저 노래하십시오. 기도하십시오." (中略)

가르침은 항상 우리 주변에 널려 있으며, 우리 마음 안에 있다. 매일 우리는 찬송하고, 일하고, 음식 준비하고, 마룻바닥을 닦으면서 진리와 만나는 것이다. 그리고 다른 사람을 돕는 것이다. 예수님께서는 목마른 사람들에게 물을 주기 위해 내가 마실 물을 기꺼이 포기하는 것이 수사들의 일이라고 하셨지 않은가."

군더더기: 참고로 벤자민 수사님의 글에 대한 번역문은 숭산 선사님의 애제자 가운데 한 분인 현각 스님이 지은 〈만행: 하버드에서 화계사까지〉(열림원, 1999)에 잘 담겨 있는데 괄호 안의 글들은 필자가 1991년 8월 숭산 선사님과 독대했을 때 직접 들은 당시의 생생한 분위기를 살리기 위해 삽입한 것입니다.

열린 마음으로 이웃종교 체험하기

성찰배경: 이 글은 2014년 국정공휴일인 '부처님 오신 날'에 즈음해 쓴 글입니다. 인류의 영적 스승 가운데 한 분인 석가세존의 나와 남이 둘이 아니란 뜻의 '자타불이自他不二'란 가르침은 이웃종교 문제에도 그대로 적용될 것입니다. 즉, 내 종교가 소중하고 남의 종교 또한 소중한 만큼 자타불이인 우리들 모두 각자 이웃종교의 장점을 적극 수용한다면, 일상 속에서 자기성찰의 삶을 게으르지 않으면서 지속적으로 이어가는데 더욱 이로울 것입니다. 그래서 이번 글에서는 서강대학교 개강미사를 통해서 젊은이들이 종교를 초월해 열린 마음으로

이웃종교를 체험할 수 있음을 보기로 들어, 종교 간의 갈등이 적지 않은 요즈음 우리 사회 분위기 속에서 이런 점을 함께 성찰해 보고자 합니다.

　서강대학교는 다른 그리스도교 계통의 대학과는 달리 학점으로 해당 종교와 관련된 과목을 필수로 수강해야 되는 강제 규정이 없어서 그야말로 종교의 자유를 100% 보장하고 있는 대학교입니다.
　그렇지만 저는 제가 담당하고 있는 교양과목 '참선' 강의 시간에, 서강공동체의 일원인 서강대생이라면 서강대 교육이념을 두루 체험하기 위한 일환一環으로, 종교를 초월해 자발적으로 개강미사를 졸업 전까지 꼭 한 번은 참석해야 한다는 조언을 해오고 있습니다. 사실 참선 수행자인 저는 비록 천주교 신자는 아니지만, 학창시절 이런 마음가짐으로 대학교 4년 내내 개강미사를 참석했으며, 이때마다 미사를 주관하시는 신부님들의 강론을 포함해 초청연사 분들의 체험에서 우러나온 명강연들은 제 인생여정人生旅程에서 꿈을 실현하는데 큰 밑거름이 되었습니다.

개강미사참관기 과제 부여
　지난 2014년 3월 13일(목) 오전 10시에 열렸던 학교행사인 개강미사는 마침 제 '참선' 강의 시간하고 겹쳐서 정규 수업을 휴강하고, 종교를 초월해, 내 것만 고집할 것이 아니라 열린 마음으로 이웃종교를 체험하도록 하기 위해 인생지도 과제에 이어 두 번째 과제로 '개강미사 참관기'를 제출하게 하였습니다.

아울러 이 과제를 통해 자연스럽게 제가 전에 <금강신문>을 통해 기고했던 '삶을 다르게 살게 해주는 한마디'와 '우리에게 잃어버릴 꿈은 있는가?'와 같은, 특히 젊은이들에게 꼭 필요한 주제를 성찰할 수 있도록 의도했었습니다.

학생들의 개강미사 참관소감문

개강미사 의식과 초청연사의 강연에 대한 다음과 같은 학생들의 소감문을 통해 소기의 목적을 잘 달성한 것 같습니다.

"내 피를 끓게 하는, 하다가 죽어도 좋을 만큼 내가 하고 싶은 일, 그게 나에게 없다. 내 꿈이 뭘까? 나는 어쩌면 누군가의 꿈을 대신 꾸고 있는 것은 아닐까? 혹시 그 꿈은 사회가 나에게 강요한 꿈은 아닐까? 연사는 차갑게 식어있던 내 가슴에 불화살을 쏴주셨다."

"풍파와 시련은 모든 꿈들에 다 있다. 나도 언젠가는 내가 가고 싶은 항구를 찾게 되기를 바라고 있다. 그래서 몇 년 후에 누군가가 나에게 행복하냐고 물으면 '내 가슴을 뛰게 하는 일을 하고 있기에 행복하다'라고 대답할 수 있기를 바란다."

"서강대학교가 인성을 중요시하고, 또한 사회에서 인정받는 인재들을 양성할 수 있는 근본적 원인은 바로 개강미사로부터 나온다는 것을 문득 알게 되었다."

금강대학교 종강법회 강연

참고로 저는 금강대학교 2007년 2학기 종강법회에 연사로 초빙되어 참선수행과 함께 했던 제 대학생활 체험을 나누고자 '대학생을 위한 선속에 약동하는 인생'을 주제로 강연을 했었는데, 여러 가지 점에서 인상 깊었습니다.

특히 인성교육을 잘 시키고 있다는 증거로 대학교 정문을 들어서면서부터 마주치는 학생들이 생면부지의 방문객에게 매우 공손하게 인사를 한 점과, 천태종 종단에서는 학교 운영에 일체 간섭하지 않고 전문가 집단인 학교운영 주체의 자율에 맡겨 학교발전을 빠르게 도모하고 있어서 종강 마지막 날까지 철저히 휴강하지 않고, 종강법회도 방과 후 저녁 7시에 시작하며 학생들 모두 자발적으로 참여한다는 점 등을 들 수 있겠습니다.

끝으로, 하지만 젊은이들이 열린 마음으로 아무리 좋은 종교의식에 참석해도 일상 속에서 스스로 자기성찰의 삶을 지속하지 않는다면, 이는 무용지물無用之物일 수밖에 없습니다. 따라서 앞으로 대학마다 대학운영주체들이 이런 점을 잘 보완해 졸업과 동시에 젊은이들이 진정으로 원하는 꿈을 찾아 당당하게 대학 문을 나서기를 간절히 염원해 봅니다. 물론 자신이 저지른 잘못은 극단적인 선택 등을 통해 회피하려고만 할 것이 아니라, 기꺼이 달게 받는 마음자세도 함께 갖추어야겠지요.

- 〈금강신문〉 (2014년 5월 6일) 수정 증보본

2장 | 성찰을 위한 실천편

1절 | 수식관에 대하여

오늘날 세계적으로 널리 행해지고 있는 화두를 참구하는 간화선看話禪 수행법은 대혜종고大慧宗杲(1089-1163) 선사에 의해 확립된 수행 방법으로서, 오늘날의 전문직 종사자에 해당하는 남송 시대의 사대부 관리들을 포함한 재가수행자들에게도 매우 효과적이었습니다. 그런데 간화선 수행을 처음 시작하려는 사람들은 반드시 '수식관數息觀'을 먼저 해야 합니다. 왜냐하면 바로 화두를 참구하더라도 이미 번뇌,

망상 속에 길들여져 있어 화두를 꾸준히 참구하기가 불가능하기 때문이며, 이 점이 바로 일반인들에게 간화선 수행을 어렵게 여기게 합니다. 그래서 여기에서 우선 초심자 분들에게 매우 유용한 방편인 '수식관' 수행법을 먼저 소개하고자 합니다.

수식관의 요령

성찰배경: 예로부터 번뇌, 망상을 보다 쉽게 쫓기 위해 수를 세면서 숨을 쉬는 수행법이라는 뜻의 '수식관'은 마음을 가라앉히고, 아울러 자세도 가다듬게 하는 좋은 방법으로 널리 사용해 오고 있습니다.

먼저 초심자初心者를 위해 바른 좌선坐禪 자세(반가부좌: 특히 뼈가 굳은 20대 이후의 초심자에게는 무릎관절을 보호할 수 있는 절대적인 자세임)와 수식관의 핵심요령을 언급하면 다음과 같습니다.

〈자세〉
1) 먼저 개량한복 같은 편한 옷으로 갈아입고, 허리띠를 풀어 허리를 느슨하게 한다.

그런 다음 방석 하나를 바닥에 깔고, 다른 방석은 반을 접어 엉덩이만 받치며, 허리를 펴고, 반가부좌를 한다. 참고로 편한 쪽 다리만 올리지 말고, 늘 교대로 다리를 바꾸어야만 척추의 균형을 유지할 수 있다.

이때 두 무릎은 아래 깐 방석에 안정되게 닿아야 한다.

그리고 두 손은 겹쳐놓되, 엄지손가락을 서로 붙이면서 계란모양을 만들고, 자연스럽게 다리 위에 놓는다.

그런 다음 혀를 입천장에 넓게 붙이면서, 윗니와 아랫니를 가볍게 붙인다.

그런 다음 앞뒤, 좌우로 오뚜기가 된 기분을 가지고 흔들면서 바른 중심 자세를 잡는다.

끝으로 턱을 아래로 살짝 당기면, 눈은 코끝을 통해 본인의 앉은키에 맞게 1m에서 1.5m 전방을 주시하게 되는데, 초심자들은 눈을 살짝 감는다. 참고로 초심자의 경우, 처음에는 눈을 뜨면 주위가 산만해 집중이 잘 안되기 때문에 눈을 감고 하다가, 졸음이 오기 시작할 때 눈을 반쯤 뜨면 된다.

〈호흡〉

2) 위와 같은 자세를 취한 다음 우선 아랫배[단전丹田]를 자연스럽게 집어넣으면서 숨을 한번 다 토해낸다. 그런 다음 의식을 집중해 마치 코앞에 공기 입자가 있다고 생각하고, 아랫배를 서서히 불리면서, 배

가 다 불렀을 때, 공기 입자가 아랫배에 도달했다고 생각한다. 그리고는 다시 서서히 아랫배를 집어넣으면서, 서서히 공기 입자를 밀어낸다고 생각하라. 그리하여 아랫배가 다 들어갔을 때, 공기 입자가 코끝으로 다시 나왔다고 생각한다.

〈수세기〉

3) 아울러 이렇게 한번 숨을 길게 내쉴 때마다, 마음속으로 크게 "하나아! 두우울! 세에엣! 네에엣! 다서엇! 여서엇! 일고옵! 여더얼! 아호옵! 여어얼!" 하면서, 열까지 세고는 또다시 하나로 돌아와 수를 세면된다. 처음에는 이것도 쉽지 않을 것이나 꾸준히 노력하다 보면 자연스럽게 익숙하게 되는데, 만일 수세는 것을 놓쳤을 때는 다시 하나부터 수를 세면된다. 한편 조심할 것은 수를 셀 때, 온몸으로 우주가 떠나갈 듯한 기분으로, 마음속으로 크게 외쳐야만 합니다. 그래야만 망상이 일어나다가도 외침에 파묻혀 버려 온전히 수만을 셀 수 있게 된다.

군더더기: 사실 수식관數息觀 은 화두를 철저히 참구하기 위해서 반드시 선행해야 하는, 수를 세면서 호흡하는 예비수행법입니다. 온갖 번뇌 망상에 시달리는 현대인들이 화두를 들려고 해도 제대로 들 수가 없습니다. 잠깐 들리다가도 온갖 잡념이 춤을 춥니다. 그럴 때, 수를 세면서 호흡하는 수식관에 집중해서, 그 망상을 제어해야 합니다. 한동안 진땀을 흘리노라면 어느 때인가 수식관을 잡념 망상 없이 향 1대 타는 시간인 40분 동안 지속적으로 집중할 수 있게

됩니다. 그런데 이때가 되면, 이제 자기성찰 주제인 화두를 붙들고 씨름할 수 있는 바탕이 길러졌기 때문에 스승의 점검을 받으며 본격적으로 간화선 수행에 몰두하면 됩니다. 참고로 수식관을 매일 40분 정도 꾸준히 할 경우, 대개 빠른 사람들(주로 순수한 대학생들)은 15일에서 두 달 정도, 좀 머릿속이 복잡한 분들(주로 나이 많은 분들이나 많이 배운 사람들)은 6개월에서 1년 정도 걸립니다.

누구나 실천 가능한 新사홍서원

성찰배경: 그런데 우리가 일상 속에서 해야 할 하루 일과와 수행이 따로따로이면 둘 다 뒤엉키면서 집중이 잘 안되기 때문에 하루가 뒤죽박죽이 되기 쉽습니다. 그래서 수식관과 함께하는 생활선生活禪이 필요한 것인데, 그 첫걸음은 필자가 2011년 말부터 새롭게 제창해 오고 있는 '신사홍서원新四弘誓願'을 날마다 실천하는 것입니다.

불교에서 수행의 목적은 천태대사께서 제시한 보살의 '사홍서원'에 다음과 같이 잘 드러나 있습니다.

중생이 아무리 많더라도 반드시 다 건지겠습니다.
번뇌가 아무리 많더라도 반드시 다 끊겠습니다.
법문이 아무리 많더라도 반드시 다 익히겠습니다.

불도가 아무리 높더라도 반드시 다 이루겠습니다.

중생무변서원도衆生無邊誓願度
번뇌무진서원단煩惱無盡誓願斷
법문무량서원학法門無量誓願學
불도무상서원성佛道無上誓願成

그런데 냉철히 살펴보면, 우리가 늘 염송하고 있는 이 서원은 보살의 경지에서만이 실천 가능한 서원이며 아직 보살이 아닌 중생들에게는 너무 추상적이라 일상생활 속에서 어떻게 실천해 가야할지 막막합니다.

한편 백운수단 선사께서 상당上堂 법문을 통해 또 다른 '사홍서원'을 다음과 같이 제창하셨습니다.

배고프면 밥 먹고,
추우면 즉시 껴입고,
졸리면 다리 펴고 잠자고,
더우면 부채질하네.

기래요끽반飢來要喫飯
한도즉첨의寒到添衣
곤시신각수困時伸脚睡

열처요풍취熱處要風吹

    그런데 이 서원 역시 선사로서 깨달음을 체득한 즉여卽如의 경지에서만이 실천 가능하기 때문에, 이 또한 번뇌 망상이 들끓고 있는 중생들이 공감하고 실천하기는 거의 불가능합니다.

    그래서 독자 여러분들께 '신사홍서원新四弘誓願'을 중심으로 제가 늘 주제로 삼고 있는 통찰과 나눔이 둘이 아닌 '통보불이洞布不二'의 삶이, 누구나 날마다 일상 속에서 매우 구체적으로 어떻게 실천가능한지 제창提唱해 보겠습니다.

첫 번째, '하루하루 한 차례씩 화두[성찰주제]를 살피오리다.
[日日一回誓願看]':

    먼저 아침에 눈을 뜨자마자 정좌靜坐를 하고, 약 20분에서 40분 정도 종교를 초월해 각자 자기와 코드가 맞는 성찰수행을 합니다. 마치기 전 3분에서 5분 정도, 오늘 해야 할 가장 시급한 일을 순서대로 마음에 새깁니다. 그런 다음 하루 일과에 온몸을 던져 뛰어듭니다. 귀가 후 잠자리에 들기 전 다시 정좌를 합니다. 그런데 잠잘 때에는 순서를 바꾸어 먼저 처음 5분 정도, 오늘 하루를 세밀히 살피며 반성한 다음, 시간이 허락하는 대로 자기를 돌아보는 성찰 수행을 하다가 잠자리에 듭니다.

두 번째, '하루하루 한 구절씩 법문[영적 스승들의 가르침]을 익히오리다.

[日日一敎誓願學]:

종교를 초월해 동서양의 영적 스승님들의 가르침들을 날마다 하나씩 새기면서, 아울러 특히 감동을 주는 '통보불이'의 삶이 배어 있는 몇몇 스승님들의 일대기를 세밀히 파악하는 것은 매우 중요합니다. 왜냐하면 이를 통해 여러분들이 수행지도를 그린 다음, 자신의 현 위치를 정확하게 파악하고, 목적지를 향해 지름길을 찾아 곧장 나아갈 수 있기 때문입니다.

세 번째, 하루하루 한 가지씩 (이해득실에 얽혀있는) 집착을 버리오리다.

[日日一着誓願捨]:

이 서원은 이미 온갖 집착에서 자유로운 스승 밑에서 점검을 받으며 치열하게 수행하노라면, 점차 안목이 넓어지면서 일상 속에서 유형무형有形無形의 집착들을 하나하나 버려갈 수 있게 됩니다. 그러다 어느 때 문득 '텅 비었음'을 체득하며 모든 집착의 뿌리인, 정말 질긴 '가짜 나[假我]'에 대한 집착까지 버리게 되는 때가 반드시 옵니다.

네 번째, 하루하루 한 가지씩 (상을 일으키지 않으면서) 선행을 행하오리다.

[日日一善誓願行]:

　이 서원은 앞의 세 가지 서원들이 조화를 이룰 때 수처작주隨處作主, 즉 가는 곳마다 주인공으로서 착한 일을 한다는 분별을 일으키지 않으면서도 저절로 선행을 실천하게 됩니다. 쉬운 보기로 제가 2012년 1월 말에 전북불교대학에서 신사홍서원을 핵심주제로 삼아 '禪속에 약동하는 인생'이란 제목으로 특강을 했었습니다. 특강을 마치고 용산역에 하차하려는데, 연로하신 할머니께서 양손에 무거운 짐을 들고 힘들게 내릴 준비를 하시기에 즉시 차 타시는 곳까지 들어다 드렸습니다. 또한 길을 가다가 쓰레기통 근처 주변에 어지러이 널려있는 쓰레기를 쓰레기통에 버리는 일은 손쉽게 일상 속에서 실천할 수 있습니다. 따라서 사실 '중생이 아무리 많더라도 다 건지오리다.'라는 막연한 서원에 비해, 이처럼 하루하루 한 가지씩 비록 작지만 인연 닿는 대로 무심히 선행을 실천하는 것은 그다지 어렵지 않습니다.

　결론적으로 부정부패가 만연해 있는 오늘날, 누구나 실천 가능한 이 '신사홍서원'을 하루하루 행하다 보면, 저절로 관행이라는 이름 아래 별 생각 없이 무심無心히 저질렀던 일 등을 포함해 과거의 잘못을 깊이 참회하게 되고, 동시에 다시는 같은 실수를 반복하지 않겠다는 결의를 다지게 됩니다.

　그리고 또 다른 한편 미래에 대해 나눔 방안을 포함해 가치 있는 구체적 실천 계획을 세우고 현재에 100% 몰입하노라면 어느 때인가 종교와 종파를 불문하고 남녀노소 누구나 '통보불이'의 삶을 살고 있는 자신을 문득 드러내는 때가 반드시 올 것입니다.

- 〈금강신문〉 (2012년 2월 3일) 증보본

군더더기: 참고로 〈명심보감明心寶鑑〉 계선편繼善篇에 들어있는 도교道敎의 중흥조인 장자莊子의 '선善'에 관한 관련 가르침 한 구절을 소개드리면 다음과 같습니다.

"장자께서 말씀하였습니다. '하루라도 선善을 생각하지 아니하면 모든 악惡이 저절로 다 일어나느니라.' [莊子曰 一日不念善 諸惡自皆起]

한편 이 구절은 선도회의 '신사홍서원' 가운데 '일일일선서원행日日一善誓願行' 과 같은 의도라고 할 수 있으나, 신사홍서원의 경우 머리로만 하는 생각이 아니라, 온몸으로 하는 실천을 강조하고 있는 면에서 좀 더 효과적이겠지요. 그런데 사실 선가禪家에서는 궁극적으로 스승들께서 제자들로 하여금 온몸으로 철저히 실천하게 다그쳐 '선善'이란 분별도 '악惡'이란 분별도 일어나지 않는 '불사선악不思善惡'의 세계로 들어가게 합니다.

신사홍서원 체험기
2011학번 참선 수강생

성찰배경: 신사홍서원은 누구나 실천 가능하다는 본보기로 2014년 1학기 '참선' 강좌를 수강한지 2달이 지났을 때 한 수강생이 연휴 기간 동안 실천하고 그 체험을 정리해 과제로 제출했던 체험수기를 하나 소

개하고자 합니다.

처음 과제를 받고 일상에서 '신사홍서원新四弘誓願'을 어떻게 행할 수 있는지 생각하기 시작한 후로부터, 어쩌면 그 때부터 이미 신사홍서원을 실천하고 있었는지도 모르겠습니다. 과제를 해야 한다는 것이 주 목적이었지만 이를 위해 자꾸 생각하고 반복하다 보니 어느새 제 마음 속에 신사홍서원이 자리 잡았음을 알게 되었습니다.

어떤 내용을 써야할지 고민할 때마다 내가 오늘 하루 선행을 베풀었는지, 한 가지 집착을 버렸는지, 한 구절 법문을 익혔는지, 반성할 화두를 살폈는지 생각하게 됩니다. 지난 2주 동안 이 과제를 생각하며 조금씩 실천해나가고 또한 앞으로 남은 제 삶에서 행하고 싶은 신사홍서원에 대한 방향을 잡게 되었습니다.

날마다 한 가지 선행善行을 행하오리다.

일상에서 선행을 베푸는 것은 생각보다 멀리 있는 것이 아니었습니다. 처음에는 선행이라 하여 기부를 한다거나 봉사활동을 하는 것으로 생각했는데, 꼭 큰돈을 들이거나 시간을 내어 해야 하는 거창한 것이 아니라도 작은 일 하나하나가 선행이 될 수 있다는 것을 깨달았습니다.

이는 우리가 함께 살아간다는 것을 깨닫는 것부터 시작되었습니다. 내 삶은 나 혼자 살아가는 것이 아니라 가족, 친구, 동료들과 이 사회에 속한 모든 사람들과 함께 살아가는 것입니다. 모두 그들의 도움을 받으면서, 그리고 보이지 않는 곳에서 우리를 위해 힘쓰시는 분들의 노고가 있기에 우리가 이렇게 잘 지낼 수 있는 것임을 깨닫자 좀 더 주위를 살피게 되고 이기적인 행동을 삼가게 되었습니다.

지하철이나 버스에서 자리를 양보한다던가 도움이 필요한 친구들이나 주위 사람들에게 기꺼이 도움을 주는 것 등 우리가 날마다 베풀 수 있는 선행은 크지 않더라도 곳곳에 숨어 있다는 것을 깨달았습니다.

이렇게 사회라는 공간을 인지하기 시작하고 함께 살아가는 사람들을 생각하다보면, 나의 작은 선행 하나가 우리 모두를 위한 일인 것임을 깨닫고 항상 남을 배려하는 삶을 살 수 있다고 생각하게 되었습니다.

날마다 한 가지 집착執着을 버리오리다.

지난 2주 동안 신사홍서원에 대해 어떻게 글을 써야할지 생각해왔는데, 다른 부분에서는 이런 내용을 써야겠다는 생각이 어렴풋이 들었지만 집착에 대한 것은 잘 생각이 나지 않았습니다.

처음에 이 주제를 접했을 때, 저는 버려야할 집착이 없다고 생각했습니다. 욕심이 많은 편도 아니고 대학생이 된 후에는 항상 현재에 최선을 다하고 열심히 살아왔다고 생각했고, 지금이 너무 만족스럽기 때문에 내가 집착이라는 것을 하고 사는지 몰랐습니다. 하지만 시험기간을 지내면서 잊고 있었던 집착들이 모습을 드러내었습니다. 바로 경쟁에서 이겨야 한다는 집착입니다. 어렸을 때부터 남들과 경쟁해야하는 환경에서 자라 오면서 저도 모르게 항상 남들과 비교하곤 했습니다. 고등학생 때는 성적표가 나오면 항상 친구들과 비교를 했고, 친구들 보다 성적이 높을 때는 이겼다는 쾌감까지 들 정도였습니다. 어쩌면 누구에게나 있는 승부욕 같은 자연스러운 현상일 수도 있습니다. 게다가 이 욕심의 결과가 좋은 것이라면 나쁠 이유가 없다고 생각했습니다.

하지만 대학생이 되고나서 돌이켜보니, 이 승부욕은 자연스러운 현상이 아니라 나도 모르게 옥죄고 있던 저의 집착이었습니다. 저는 이번 기회를 통해 이를 버리고자 합니다. 오랫동안 무의식속에서 자라온 집착이기 때문에 쉽게 사라지지 않겠지만 날마다 이런 생각을 버리려고 노력한다면 언젠간 결실을 맺으리라 믿습니다.

날마다 한 구절 법문法門을 익히오리다.

법문이라는 것이 너무 막연하고 방대하여 어떻게 방향을 잡아야할지 고민이 많이 되었습니다. 매일 익힐 수 있고 접하기 쉽고 그리고 훌륭한 스승들이 남기고 간 법문을 저는 '고전古典'이라는 범주로 좁혀 보았습니다.

많은 사람들이 고전은 지루하고 딱딱한 것이라고 생각합니다. 하지만 고전이 왜 '고전'인지를 생각해 본다면 우리가 왜 고전을 익혀야 하는지 알 수 있습니다. 고전은 '오랫동안 많은 사람에게 널리 읽히고 모범이 될 만한 문학이나 예술 작품'을 말합니다. 고전이 훌륭한 이유는 이를 통해 전달하고자 하는 교훈이 시대를 뛰어넘고 시간을 관통하는 어떤 본질적인 뜻을 담고 있기 때문입니다.

예를 들어 부모님에게 효도하는 것은 현대뿐만 아니라 조선시대 때도 중요하게 여겼던 가치입니다. 이처럼 고전에서 다루고 있는 교훈은 당대의 문화나 환경에 구애받지 않고 이를 초월한 본질적인 뜻을 담고 있습니다. 공자의 사상과 철학을 담은 '논어'부터 시작해 많은 고전들을 읽고 익히는 것이 제가 날마다 실천하고자 하는 것입니다.

날마다 한 차례 화두話頭를 살피오리다.

여러 수많은 화두 중에 가장 먼저 떠오른 것은 '어떻게 살 것인가?'였습니다. 똑같은 제목의 책도 있듯이 저와 비슷한 나이 또래의 친구들이 요즘 많이 고민하는 문제인 것 같습니다.

정형화된 교육을 받으면서 수동적인 사람이 되고, 지나치게 과열된 입시 경쟁을 거친 후에는 대학에서 다시 취업난에 시달려야 하는 저희 세대 친구들은 개개인의 삶을 살아가는 것이 아니라 어쩌면 이미 비극적 결말이 예상된 사회라는 시스템의 산물 같다는 생각이 듭니다. 이런 사회에서 저는 어떻게 살아가야할지, 지금 내가 잘 살아가고 있는지를 매일 제 스스로에게 묻고 싶습니다. 날마다 이 화두를 던지며 하루를 돌이켜보고 반성하는 것을 목표로 정하였습니다.

(결론적으로) 신사홍서원의 힘은 이런 마음가짐들이 '시나브로[모르는 사이에 조금씩 조금씩]' 우리의 마음에 스며드는 것이라 생각합니다. '날마다 한 가지'씩 행한다는 것은 습관이 됨을 의미합니다. 굳이 행하려 하지 않아도 저절로 하게 되는 습관이 되어 나도 모르게 하루하루 신사홍서원을 실천하게 되는 것입니다. 좀 더 많은 사람들이 신사홍서원을 실천하게 되면 우리가 살아가는 이 사회가 좀 더 살기 좋은 곳이 되지 않을까요?

2014년 4월 28일

군더더기: 사실 이 학생이 '좀 더 많은 사람들이 신사홍서원을 실천하게 되면 우리가 살아가는 이 사회가 좀 더 살기 좋은 곳이 될 것이다.' 라는 결론에 도달했듯이, 바쁜 일상 속에서 잊고 지내다가도 설이나 추석 등의 명절을 포함해 긴 연휴 기간 동안 정신 차려 휴식休息의 의미를 바르게 새기면서 종교와 종파를 초월해 남녀노소를 불문하고 우리 모두 일상日常 속에서 누구나 실천 가능한 新사홍서원 을 실천해 보면 어떨까요?

참고로 '휴식休息' 이란 한자를 해체해 하나하나 풀어보면 '休', 즉 사람[人]이 숲[木(+木)] 속에서 '息', 즉 각자 '자기자신[自]의 마음[心]을 철저히 돌아본다.' 라는 참뜻을 어렵지 않게 파악할 수 있습니다.

식사오관食事五觀

성찰배경: 식사 때는 우리가 바삐 쫓기는 삶을 살다가도 일상 속에서 규칙적으로 자신을 돌이켜 볼 수 있는 가장 좋은 기회입니다. 그래서 이의 실천을 위해 식사 때마다 성찰하게 하는 다섯 가지의 주제, 즉 식사오관食事五觀을 소개하고자 합니다.

앞에서 다룬 네 가지 고마움을 일상생활 속에서 온몸으로 새길 수 있는 기회가 적어도 하루에 세 번 있습니다. 바로 식사를 할 때입니다. 혼자 한가로이 식사를 할 때에는 밥 먹기 전에 다음과 같이 식사오관食事五觀을 마음속으로 진지하게 새겨 보십시오.

  - (내 식탁에 올라온) 이 음식은 어디에서 왔는고!
  - (제대로 밥값을 하지 못했기 때문에) 내 덕은 바로는 받기가 부끄럽네.
  - (비록 아직은 머릿속이 복잡하지만) 마음에 일어나는 온갖 집착을 떨치고
  - 이 몸을 지탱하는 좋은 약으로 알아 (필요한 양만큼만 먹기 위해 노력하며)
  - (우리 모두 함께 더불어) 참나를 찾기 위해 이 음식을 받노라!

특히, 아침 식사 때에는 식사오관을 염송한 직후, 오늘 하루 동안 해야 할 가장 시급한 일을 가슴에 새기고, 점심식사 때에는 오전 일과를

계획대로 잘 보냈는지 중간평가를 하고, 저녁식사 때에는 하루를 정리하며 내일을 준비해 보십시오.

사실 우리들 대부분은 피상적인 일상 속에서 나 자신을 돌이켜볼 여유도 없이 바삐 쫓기는 삶을 살아가고 있습니다. 그래서 하루 중 가장 규칙적인 밥 먹는 시간만이라도 위와 같이 식사오관을 되새기며 자기 자신을 돌이켜 보는 삶을 살아간다면, 어느 날 문득 시간을 부리며 살아가고 있는 자신을 인득認得하게 될 것입니다.

군더더기: 참고로 저는 학교에 출근해 일하다가 점심 때 식당에 가서 식판에 음식을 담으면서 마음속으로 이 식사오관을 새기는데, 이 때 좋은 점은 알맞게 음식을 담게 되어 과식할 일도 없고 또한 남겨서 버리는 음식물 찌꺼기도 거의 없습니다. 온 국민이 이런 자세로 식사를 한다면 매년 1조원 이상 낭비되고 있는 음식물 쓰레기도 없을 것이고 이 절약된 돈으로 어려운 이웃 분들의 복지 향상을 위해 쓸 수 있다면 얼마나 좋을까요?

종교를 초월한 보편선

성찰배경: 2011년 9월부터 <금강신문> '통보선洞布禪' 코너를 개설하여 연재를 해오다가 2013년 5월을 끝으로 연재를 마감하였는데, 그 마지막 글에서 각자 자기 신앙 안에서 자기 자신을 지속적으로 성찰하는데 매우 효과적인 '종교를 초월한 보편선普遍禪'에 대해 함께 성찰

해 보았습니다.

저는 지난 2013년 봄, 아내의 눈 치료를 위해 한 병원을 찾았다가 역시 진료를 위해 병원을 방문했던, 아내의 절친한 중학교 동창 부부를 만나 저녁 식사를 함께 하게 되었습니다. 식사를 마칠 무렵 아내 친구의 남편이 약을 한 줌 꺼내 복용하는 광경을 목격하고 사정을 들어보니 현재 당뇨, 고혈압, 고지혈증 등 갈수록 치료약이 늘어나고 있다고 합니다.

수식관에 기초한 보편선 제창

이 분들은 널리 알려진 대형교회에 다니고 있는 독실한 개신교 신자들이라 조심스러워 선 수행에 관한 주제에 대해 식사 도중에 전혀 언급하지 않았었는데, 종교와 아무런 상관이 없다는 점을 분명히 하고, 선수행의 기본인 '수식관數息觀'이 건강 회복과 깊은 신앙 체험을 위해서 매우 효과적이라는 점을 간략하게 알려드렸습니다. 그러자 놀랍게도 이 분들이 깊은 관심을 표명하는 것을 보고, 아! 지구촌 이웃 누구에게나 수식관에 기초한 '종교를 초월한 보편선普遍禪'을 제창하여 세계는 한 송이 꽃이라는 '세계일화世界一花' 정신을 널리 펴는 것도 가능하겠구나 라는 확신을 갖게 되었습니다.

그래서 이 분들께 앞의 '좌일주칠坐一走七'에서 언급했던 수식관의 과학적인 효과에 대한 설명과 함께 구체적으로 자세 시범까지 보여드렸습니다.

일상 속에서 수식관 실천하기

　종교를 초월해 일상의 삶 속에서 자기성찰[禪] 수행을 지속하고자 하는 분들은 먼저 수식관을 익히면 좋습니다. 앞에서는 방석에 앉아서 하는 수식관 요령을 말씀드렸는데, 비록 조금 겹치는 부분이 있기는 하지만, 이제 바쁜 일반 직장인들이나 대부분의 서양인을 포함해 어려서부터 의자 생활에 익숙해 가부좌를 틀고 앉기 어려운 분들을 위해서 의자에 앉아 잠깐 동안 손쉽게 할 수 있는 수식관의 핵심요령을 언급하면 다음과 같습니다.

　- 먼저 의자에 앉아 등을 기대지 않은 채, 허리띠를 느슨하게 하고, 허리를 곧추 세웁니다.

　- 두 손은 겹쳐놓되, 엄지손가락을 서로 붙이면서 계란모양을 만들거나 또는 깍지를 끼고, 자연스럽게 무릎 위에 놓습니다.

　- 혀를 입천장에 넓게 붙이면서, 윗니와 아랫니를 가볍게 붙입니다.

　- 턱을 아래로 살짝 당기고, 눈을 살짝 감습니다.

　- 이런 자세를 취한 다음 우선 아랫배를 집어넣으면서, 숨을 한번 다 토해냅니다.

　- 그런 다음 의식을 집중해 마치 코앞에 공기 입자가 있다고 생각하고, 아랫배를 서서히 불리면서 배가 다 불렀을 때, 공기 입자가 아랫배에 도달했다고 생각합니다.

　- 그리고는 다시 서서히 아랫배를 집어넣으면서 서서히 공기 입자를 밀어내며, 아랫배가 다 들어갔을 때, 공기 입자가 코끝으로 다시 나

왔다고 생각합니다.

　- 아울러 이렇게 한번 숨을 길게 내쉴 때마다 마음속으로 크게 열까지 세고는, 또다시 하나로 돌아와 수를 세면됩니다. 만일 수세는 것을 놓쳤을 때는, 다시 하나부터 수를 세면됩니다.

　끝으로 앞에서도 언급했지만, 아침에 일어나자마자 수식관을 10분에서 15분 정도 하노라면 정신이 맑아 옵니다. 그런 다음 각자 자기 종교의 가르침이나, 우리 주변에서 일어나고 있는 우려스러운 일들의 해결방안 등을 성찰의 주제로 삼아 10분 정도 가슴에 새깁니다. 그리고 5분 정도 오늘 해야 할 시급한 일들을 머릿속에 명료하게 정리하고, 하루 일과에 온몸을 던져 뛰어들어 보십시오. 또한 가능한 한, 잠자리에 들기 전에도 같은 요령으로 하루를 돌이켜 보십시오. 덧붙여 저녁 때, 보다 여유가 있는 경우에는 자기성찰에 관한 글을 쓰거나, 종교를 초월해 자기성찰에 도움을 주는 동서양의 영적 스승들의 가르침을 담은 책들을 읽는 시간을 가지면 더욱 좋습니다. 그런데 만일 이처럼 하루하루가 끊임없이 이어질 수 있다면, 종교를 초월해 서로 다른 이들의 신앙도 존중하면서, 그 어떤 영적 스승들 못지않게 온 하루를 부리며, 함께 더불어 통찰과 나눔이 둘이 아닌 '통보불이洞布不二'의 삶을 살고 있는 자신을 문득 자각하는 때가 반드시 올 것입니다.〈끝〉

- 선행자료: 〈금강신문〉 (2013년 5월 14일)

군더더기: 향 한 대 타는 시간인 약 40분 동안 거의 잡념 없이 수식관에 집중할 수 있게 되면,

간화선 수행을 본격적으로 시작할 수 있는 바탕이 길러진 것입니다. 비유컨대 요즈음 아마추어 분들도 마라톤 대회에 참가해 완주하는 분들이 적지 않습니다. 바로 수식관 수행이 기초체력 단련에 해당하고, 참구하는 화두를 포기하지 않고 끈질기게 물고 늘어지다가 결국 타파하게 되는 것은 기권하지 않고 전 구간을 완주하는 것과 같습니다. 참고로 초심자 분들의 경우, 주말에 가까운 공원이나 근교 둘레길을 산책하다가 설치되어있는 의자에 잠시 앉아 바람소리, 새소리, 물소리를 들으며 수식관을 해 보는 것도 좋고, 이것이 여의치 않으면 이런 소리가 포함된 명상음악을 들으며 수식관에 몰입해 보는 것도 효과가 있습니다.

2절 | 화두 참구에 관하여

수식관 수행이 철저해지면, 그 다음은 초심자들을 위한 화두인 '찰칙察則'의 참구와 스승의 점검으로 이어집니다. 그런데 예를 들어 '찬찬히 살펴 날아가는 새 발자국을 그려라!' [종관사출비금적縱觀寫出飛禽跡]와 같은 찰칙들은 스승과 제자 사이에서 주고받았던 선문답禪問答 가운데에서 핵심만을 골라 뽑아 만든 간소화된 화두로, 초심자들로 하여금 화두 의심을 쉽게 일으킬 수 있게 의도된 화두입니다. 비유컨대 마치 태권도 선수의 체력단련이 '수식관'이라면, 찰칙의 참구參究는 '연습경기'에 해당됩니다. 그런 다음 본 경기에 해당하는 <무문관> 참구 수행에 들어가게 됩니다.

초심자를 위한 화두 사례 소개

성찰배경: 찰칙 가운데 가장 대표적인 화두는 일본 임제종을 크게 일으킨 백은白隱 선사가 제창한 화두話頭로 "한 손으로 내는, 보통의 귀로는 들리지 않는 미묘한 박수 소리를 '외짝 손소리[척수성隻手聲]'라고 하는데, 이 소리를 들려주게!"라는 뜻입니다. 참고로 이 화두는 오늘날 간화선을 전 세계로 널리 알린 일본 선사들에 의해 간화선 수행에 입문한 초심자들이 가장 많이 씨름하는 화두 가운데 하나로서, 남녀노

소 누구나 조금만 집중하면 대부분 별로 어렵지 않게 투과할 수 있습니다. 물론 사람에 따라 유독 이 화두를 투과하는데 20년이 걸린 분도 더러 있습니다.

화두: 한 손으로 내는 박수소리

보통 두 손을 가지고 맞부딪쳐야 소리가 나는 것은 누구나 잘 아는 상식이지만, '어떻게 한 손으로 박수를 칠 수 있겠는가?' 하는 것입니다. 그런데 이 화두는 분별에 사로잡히지 말아야 하며, 상식이 지배하는 상대적인 견해를 버리고 절대적 인식의 입장에 서지 않으면 안 된다는 점을 일깨워주고 있으며, 결국 이 화두를 통해 수행자는 상대를 초월한 무심無心의 마음을 체득할 수 있게 됩니다. 물론 한동안 앉아 진땀을 흘려야만 가능합니다.

군더더기: 필자의 경우 서강대 '참선' 강좌에서 수강생들에게 이 화두를 참구하게 하고 입실 점검을 해주고 있는데, 대부분 화두 타파에 대한 열정이 대단함을 피부로 느낄 수 있어 매우 보람을 느끼고 있습니다.
물론 화두 참구가 몸에 익으려면 적어도 일 년은 걸리기 때문에 대부분 좌충우돌하고 있습니다. 그렇지만 이 가운데 매 학기마다 조금만 더 점검받으면 될 수강생들이 적어도 몇몇은 있었으며, 지금까지 제 강의를 들은 학생 가운데 단 1명만이 학기 중에 이 화두를 온전히 투과했습니다.

덧붙여 참구하는 화두를 점검받으러 스승이 계신 곳으로 입실하는 순간, 마치 호랑이굴 속으로 들어가는 것처럼 초긴장 상태를 유지하는 것은 공부를 향상向上시켜 나아가는데 매우 중요합니다.

〈무문관〉 제1칙 조주무자趙州無字

성찰배경: 중국 당나라 시대를 사셨던 조주종심趙州從諗 선사(778-897)는 120세까지 산, 드물게 장수한 선사였으며, 그에 의해 만들어진 '조주무자趙州無字' 화두는 전 세계적으로 가장 널리 참구하고 있는 화두들 가운데 하나입니다. 그래서 여기에서는 무문혜개無門慧開 선사가 편찬한 〈무문관〉 제1칙에 들어있는 이 '조주무자趙州無字' (또는 조주구자趙州狗子라고도 함)를 소개하고자 합니다. 이 화두는 본칙本則과 평창評唱(선사가 자신의 선적 체험을 바탕으로 수행자들에게 도움을 주기위해 고인古人의 화두에 있는 문답에 비평을 가한 글) 및 송頌(본칙에 담겨 있는 선지禪旨를 단적端的으로 드러낸 간결한 시)으로 구성되어 있습니다. 특히 필자의 경우 매일 아침마다 좌선을 시작할 때, 신사홍서원新四弘誓願과 함께 수행자들에게 매우 요긴한 무문 선사의 조사관祖師關에 관한 이 평창을 늘 원문原文으로 염송하며 온몸에 새기곤 합니다.

본칙本則: 어느 때 한 승려가 조주 스님에게 물었다. "개에게도 불성佛性이 있습니까?" 조주 스님, "무無!"라고 대답했다.

[趙州和尙 因僧問 狗子還有佛性也無. 州云 無.]

평창評唱: 무문 선사께서 말씀하셨다. "참선은 반드시 '조사들의 관문[祖師關]'을 투과하지 않으면 안 되며, 오묘奧妙한 깨달음에 도달하기 위해서는 분별심을 끊어버려야만 한다. 따라서 조사관을 투과하지 않고, 분별심을 끊지 못하는 자들은 초목에 기숙寄宿하는 정체를 알 수 없는 혼백魂魄들이 될 것이다.

[無門曰 參禪須透祖師關 妙悟要窮心路絶. 祖關不透 心路不絶 盡是依草附木精靈.]

자! 말해 보아라! 조사관이란 어떤 것이냐? 다만 이 일개一箇의 '무無'라는 자字. 이것이 종문宗門의 유일唯一한 관문이다. 그러한 연유緣由로 이것을 이름하여 '선종무문관禪宗無門關'이라 한다.

[且道 如何是祖師關. 只者一箇無字 乃宗門一關也. 遂目之曰 禪宗無門關.]

이 관문을 투과한 자는 비단 가까이에서 조주 선사를 볼 수 있을 뿐 아니라, 역대 조사들과도 손을 맞잡고 함께 나아갈 수 있고, 얼굴을 맞대고 똑같이 보고, 똑같이 들을 수 있을 것이니, 이 어찌 경쾌하지 않으리요!

[透得過者 非但親見趙州 便可與歷代祖師 把手共行 眉毛廝結 同一

眼見 同一耳聞 豈不慶快.]

　(수행자들이여!) 이 관문을 투과하려 하지 않겠는가! 360개의 뼈마디와 84,000개의 털구멍으로, 즉 온몸[通身]으로 철저히 의심[의단疑團]을 일으켜, 밤낮으로 '무無'자字를 참구하라. 이 '무無'자字를 '허무虛無의 무無'라고 헤아리지 말며 '유무有無의 무無'라고도 헤아리지 말라.

　[莫有要透關底麽. 將三百六十骨節 八萬四千毫竅 通身起箇疑團 參箇無字 晝夜提撕 莫作虛無會 莫作有無會.]

　(이것은) 마치 빨갛게 달군 쇠구슬을 삼킨 것과 같아서, 토해내려 해도 토해낼 수 없다. 지금까지 쌓아온 나쁜 지식들을 전부 탕진하여 수행이 무르익게 되면, 자연히 모든 차별상은 한 덩어리로 뭉쳐지게 될 것이다. (이는) 마치 꿈을 꾼 벙어리와 같아서, 다만 자신만이 알 뿐이다.

　[如吞了箇熱鐵丸相似 吐又吐不出. 蕩盡從前惡知惡覺 久久純熟 自然內外打成一片. 如啞子得夢 只許自知.]

　(그러다) 갑자기 (뭉쳐졌던 이 의심덩어리가) 대폭발을 일으키면, 하늘이 놀라고 땅이 진동할 것이다. (이는) 마치 관우 장군의 대도大刀를 빼앗아 손에 넣은 것과 같아서, '부처를 만나면 부처를 죽이고, 조사를 만나면 조사를 죽이는 것' [逢佛殺佛 逢祖殺祖]과 같고, 생사의 갈림길에 섰을 지라도 자유자재를 터득하여 어디서 어떻게 태어나든지 마음대로 행하여도, 그 어디에도 걸림이 없는 참된 삶을 누릴 수 있을 것이다.

　[驀然打發 驚天動地. 如奪得關將軍大刀入手 逢佛殺佛 逢祖殺祖 於

生死岸頭 得大自在 向六道四生中 遊戲三昧.]

　자! 그럼 어떻게 하면 이렇게 될 수 있겠는가? 젖 먹던 힘까지 다 써서 이 '무無' 자字를 참구하라. 끊임없이 정진한다면, (언젠가는) 마치 등불을 켤 때처럼 법등法燈을 밝히게 될 때 주위의 어둠은 일시에 광명으로 빛나리라.

　[且作麼生提撕. 盡平生氣力 擧箇無字. 若不間斷 好似法燭 一點便著.]

　게송偈頌: 노래하여 가로되,

　개의 불성(에 관한 물음에 대한 조주의 '무無'라는 외침!)

　석가세존의 바른 가르침을 몽땅 드러냈네.

　(그러나) 조금이라도 '유무有無'에 걸리면

　몸을 상傷하고 목숨을 잃으리라."

　[狗子佛性 全提正令. 纔涉有無 喪身失命.]

　제창提唱: 대체로 경전經典에서는 '일체중생실유불성一切衆生悉有佛性', 즉 모든 만물은 다 부처의 성품을 지니고 있다고 하는데, 왜 조주趙州 선사께서는 "무無!"라고 했을까? 하는 것이 이 화두의 핵심입니다. 그러나 '有(있다)無(없다)'라고 할 때의 '없다'를 뜻하는 '무無'라는데 걸리면, 이 화두는 평생 해결 못하는 난제難題로 남게 됩니다. 따라서 어떻게 유有와 무無를 초월할 것인지는 각자가 진지하게 체득해야 할 일입니다. 사실 조주 스님은 불성佛性 자체에 관한 자신의 선적禪的 체험을 바탕으로 본인도 우주도 '무無' 자字와 일체가 되어 물음을 던진 승려 앞에 체득한 바를 있는 그대로 제시한 것이었습니다.

자! 여러분! 불교에서는 모든 만물이 다 불성을 가지고 있다고 하는데, 왜 조주 스님은 '무無!' 라고 했는지에 관해 여러 조사어록祖師語錄들에 담겨있는 언구言句들은 모두 다 집어던지고, 직접 다리를 틀고 앉아 '조주무자趙州無字' 와 철저히 한 몸이 되어 조주 스님의 배짱을 스스로 꿰뚫어 보시기 바랍니다!

한편 석가세존께서는 모든 만물은 다 부처의 성품을 가지고 있다고 설하셨기 때문에 아무리 하찮은 개라고 할지라도 불성이 있는 것이지만, 조주 스님은 어떤 승의 질문에는 '무無!' 라고 대답을 하기도 하고, 또 다른 어떤 날은 다른 승이 꼭 같이 물었는데 이때는 '유有!' 라고 대답을 하기도 했습니다. 따라서 조주 스님의 '유' 와 '무' 는 '있다' 거나 '없다' 거나 하는 뜻의 '유' 나 '무' 가 아니라는 것은 누구나 금방 알아챌 수 있을 것입니다. 사실 팔만사천 법문을 다 뒤져보아도 이에 대한 견해는 결코 얻을 수 없으며, 오직 스스로 체득해야만 조주 스님의 배짱을 꿰뚫어 볼 수 있습니다.

참고로 선사 몇 분의 '조주무자' 를 투과하고 노래한 게송을 소개드리면 다음과 같습니다. 서산대사(1520-1604)께서는 <선가귀감禪家龜鑑>에서 '조주무자' 를 언급하면서, 남송 시대를 살며 간화선의 원류라 할 수 있는 오조법연五祖法演(1024-1104) 선사의 다음과 같은 게송偈頌을 인용하였습니다.

조주로인검趙州露刃劍　　조주의 예리한 칼이
한상광염염寒霜光炎炎　　서릿발처럼 번쩍이네.
의의문여하擬議問如何　　무어라 물을 것인가?
분신작양단分身作兩段　　몸뚱이가 두 동강나리!

그리고 삼일 운동을 일으켰던 33인의 한 분이신 용성龍城 선사께서는 이 '조주무자'를 투과하신 경계를 다음과 같이 노래하셨습니다.
구자무불성狗子無佛性 개에게 불성이 없다함은
조주망분별趙州妄分別 조주 스님의 망령된 분별이요
동호춘수록東湖春水綠 봄날 동쪽 호수의 물은 푸르른데
백구임부침白鷗任浮沈 백구는 한가로이 떴다 가라앉았다 하는구나!

한편 필자의 스승이셨던 종달 선사께서는 1984년에 펴낸 자서전自敍傳 <인생人生의 계단階段>에서 '조주무자'를 타파하시고, 일생동안 살아오신 여정을 회고하시면서 그 경계를 다음과 같이 나투셨습니다.

재득조주무자纔得趙州無字 간신히 조주무자를 얻어
일생수용불진一生受用不盡 평생을 쓰고도 다 못쓰고 가노라!

덧붙여 젊은 수행승 시절 서산대사의 <선가귀감>을 통독했던 일본 임제종臨濟宗의 중흥조中興祖인 백은白隱 선사와 그 스승인 정수正受

선사 사이에 다음과 같은 재미나는 선문답이 있습니다.

정수 선사께서 백은에게 물었습니다. "조주의 '무無'라는 것은 무엇인가!" 백은이 의기양양하게 "우주에 충만해 있으며 손을 댈래야 댈 수도 없는 것입니다."라고 대답하자마자 즉시, 정수 노인은 손을 뻗쳐 백은의 코를 잡아 비틀며, "나는 얼마든지 손을 댈 수 있지!" 하며 소리 내어 크게 웃고는, "이 토굴 속의 사선死禪 중아! 그런 '무無로 충분하다고 생각하느냐!" 하며 제자 백은을 다그쳤으며, 백은은 이를 큰 깨달음을 얻는 계기로 삼았다고 합니다.

끝으로 다시 강조하지만, '입실점검'은 〈무문관〉 수행의 핵심입니다. 사실 스승은 입실점검을 통해 제자의 안목을 점검하는 것입니다. 또한 제자는 점검을 받으며, 흐트러진 자기 자신을 돌이켜보는 계기가 되기도 합니다. 그런데 이와 같은 무문관의 입실점검 전통은 이미 중국 남송 시대의 독참獨參과 총참總參부터 이어져 오고 있습니다. 좀 더 부연설명 드리자면, 독참은 혼자서 조실 스님 방에 들어가 자유롭게 점검을 받는 것이고, 총참은 선원의 수행자 전원이 들어가는 것을 뜻합니다. 그런데 총참의 경우 병상에 누워있는 사람조차 업혀서 입실해야만 하는 등 한 사람도 빠짐없이 점검을 받아야 합니다. 그러면 조실에 주석하고 계신 스승님의 주장자에, 발길질에 채이며 초긴장 상태에서 화두를 들게 됩니다. 그 상태에서 입실점검을 하게 되면 공부가 안 될래야 안 될 수가 없게 됩니다. 이런 입실점검이 궁극적으로 화두공부의 지름길인 것입니다.

  덧붙여 거의 모든 분야에서 일본인들의 보존 능력이 뛰어나다는 것은 세계적으로도 잘 알려져 있습니다. 예를 들어 원효 스님과 의상 스님 및 선묘 낭자의 초상화가 일화와 함께 일본의 천년 고찰에 그대로 보존되어 있는 것을 우리는 잘 알고 있습니다. 마찬가지로 〈무문관〉을 저술한 무문혜개(1183-1260) 선사의 제자 가운데 일본에서 남송으로 유학했던 심지각심心地覺心(1207-1298) 선사가 있습니다. 그는 무문관과 무문관 점검시스템을 철저히 익힌 다음, 인가를 받고 일본으로 귀국합니다. 귀국 후에도 혜개 선사께서는 제자인 각심 선사와 서신 교류를 하면서 각별한 애정을 드러내셨다는 기록이 있습니다. 바로 이 〈무문관〉을 저본으로 삼아 판본을 거듭하며 오늘에 이르렀던 〈무문관〉은 마침내 1900년대 중반 무렵 전 세계로 유포되기 시작하더니, 이제는 지구촌 도처에서 관련 저서들이 쏟아져 나오고 있습니다.

군더더기: 참고로 한국의 경우, 1945년 광복 이후 종달 선사께서 1968년부터 월간 〈법시法施〉를 통해 매달 〈무문관〉을 1칙씩 제창하시면서 200여 칙을 제창하실 무렵인 1974년, 마침내 단행본으로 엮은 〈무문관강석〉이 처음으로 출현하게 됩니다. 그런데 종달 선사님께서 선종 최후의 공안집인 이 〈무문관〉을 펴내신 다음 해에 제가 입문을 했으니, 마치 저를 맞이하기 위해 만반의 준비를 마치신 것 같아 참으로 불가사의한 인연이라고 여겨집니다.

2부

성찰 태도
익히기

3장 | 넉 달 간의 집중 참선 수업

　이 장에서는 초심자인 2014년 2학기 수강생들과 2015년 2학기 현재 수강중인 학생들로 하여금 넉 달 간의 집중 참선 수업을 통해 성찰 태도를 익히게 하고 과제를 제출하도록 했는데, 그 과정에서 얻은 성찰에 요긴한 자료들과 수강생들의 진솔한 체험기를 함께 소개하고자 합니다.

1절 | '참선' 강좌에 관하여

서강대는 온라인상에서 4일에 걸쳐 학년별로 수강신청을 하다 보니, 학생들이 소문을 듣고 몰리는 강좌는 인원 제한 상한선 때문에 기한 내 수강신청에 실패한 학생들이 생기게 되므로 이들을 구제하는 방편으로써 개강 첫 주에 담당교수님의 사인을 받아 추가로 수강허락을 받을 수 있게 합니다.

수강 신청 이야기

성찰배경: 지난 2014년 2학기에 제가 담당했던 '참선' 강좌의 경우, 개강 직후 빠른 시일 내에 수강생 전원에 대하여 그동안 성장해온 이력을 파악하는데 시간이 걸리고, 동시에 참선 실수實修가 포함된 까닭에 출석율 및 과제제출 등을 엄격하게 정해 놓은 강좌의 특성상 수강인원을 20명으로 제한하고 있습니다.

그런데도 수강신청 마감이 일찍 되었고, 그 후 이메일로 열다섯 명이 넘는 학생들이 수강허락에 대한 문의를 했으며, 개강 직전까지 수강허락 요청을 해 온 학생들까지 합하면 총 25명 정도가 추가 신청을 희망했습니다. 이 가운데 매우 적극적인 15명을 추가로 선정하였으므로 모두 35명이 수강하게 되었습니다.

참고로 추가 선정된 학생들 가운데 선禪의 정신과 부합되는 적극적인 마음 자세를 파악하기 위해 다음과 같은 이메일들을 주고받았는데, 한 사례를 소개하면 다음과 같습니다.

수강희망 학생의 이메일 [2014-08-07 (목) 10:37:41]:
교수님 안녕하세요. 서강대학교 2009학번 ○○○ 입니다.

다름이 아니라 제가 이번 학기가 마지막 학기인데 전부터 교수님 수업에 대한 명성을 익히 듣고 언젠가는 꼭 수강해야겠다고 생각하면서, 작년부터 수강신청을 계속해서 시도했습니다. 하지만 교수님의 수업이 워낙 인기 수업인지라 매번 실패하여 수강할 기회를 갖지 못하였습니다. 이번 학기도 역시 교수님 수업을 제일 먼저 수강 신청하였지만 수강에 실패하였습니다.

졸업하기 전에 교수님 수업을 꼭 듣고 졸업을 하고 싶은 학생의 입장으로써 이렇게 마지막 기회라 생각하고 수강허가가 가능한지 여쭙고자 메일을 보냅니다. 이번 기회에 교수님의 수업을 듣고 참선을 통해 저 자신을 돌아보는 기회를 가지면서 마지막 학기에 원하는 수업의 수강을 통해 유종의 미를 거둘 수 있도록 꼭 제게 기회를 주셨으면 좋겠습니다. 메일 답장 간절히 기다리고 있겠습니다. 오늘도 좋은 하루 되세요!

2009학번 ○○○ 올림

저의 이메일 답신 [2014-08-07 (목) 11:00:15]:

○○○군

잘 알겠네. 사인을 받기 전에 할 일이 하나 있네. A4용지 2쪽 이내로 자네의 과거와 미래 및 현재가 담긴 인생지도를 8월 13일까지 제출하게. 아울러 이 인생지도에 미래의 꿈을 실현하기 위해서 왜 참선 수업 수강이 꼭 필요한지 그 이유를 포함해 쓰게.

담당 예정 교수로부터

군더더기: 사실 제가 강의를 특별히 잘해서가 아니라, 21세기 무한경쟁시대에 내던져진 학생들 스스로 종교를 초월해 일상 속에서 지속적인 자기성찰을 통해 문제점을 뼛속 깊이 인식하게 하고, 온몸을 던져 적극적으로 돌파해 나아가려는 마음자세를 갖추도록 하는 '참선'이라는 강좌의 특성상 이 과목이 인기가 있다고 판단됩니다.

한편 이 지면을 빌어 자기성찰의 삶을 살아가기를 염원하시는 모든 분들께서는 대학생들이 비싼 등록금을 내면서까지 참선 강의를 수강하려는 점을 깊이 고려해서라도 자신과 코드가 맞는 올바른 스승 밑에서 더 이상 취미가 아닌 목숨을 걸고 온몸을 던져 일상 속에서 치열하게 이어가는 삶을 선택하시기를 간절히 염원 드립니다.

강좌를 통한 4달간의 집중 참선 수업

성찰배경: 참선강좌는 비록 참선이 불교에 기원을 둔 수행방법이지만, 오늘날 종교를 초월해 세계적으로 널리 보급되어 있으므로 4달간의 집중 참선 수업을 통해서 기본적인 참선수행법을 소개하기 위한 과목입니다. 아울러 졸업 후 21세기 무한경쟁시대를 헤쳐 나가야할 대학생들이 참선의 기본자세인 수식관數息觀 수행법의 실습과 일련의 성찰 글쓰기 과제(5회-7회)를 통해 일상 속에서 자신의 내면을 들여다 볼 수 있도록 구성해 자기성찰의 태도를 온몸으로 익히게 합니다.

'수업운영방식'은 매 수업 전반부 25분과 후반부 25분 동안에는 좌선 수행을 함께 하며 자세를 바로 잡을 수 있도록 도와주고, 중반부 25분 동안에는 참선 수행 시 기본적으로 꼭 알아야할 요긴한 점들, 즉 수식관, 선의 역사와 사상, 화두 소개와 참구법 및 일상의 삶 속에서 실천 가능한 생활선生活禪 등에 초점을 맞추어 강의를 진행합니다. 또한 매 주 우리 주위에서 일어나는 지구촌 소식을 다룬 기사들도 두루 성찰하게 합니다.

한편 효과적인 성찰을 위해 부여한 글쓰기 과제물은 앞에서도 일부 언급을 했듯이 학기 초 2주를 전후해 과거, 현재, 미래가 담긴 1차 인생지도를 제출하게 하여 수강 학생 개개인의 삶의 이력을 되돌아볼 계기를 갖게 하였고, 민족명절을 포함한 연휴 기간에는 일상의 삶속에서 '누구나 실천 가능한 신사홍서원' 실천 체험기를 제출하게 하여서, 연휴 기간 내내 깨어있으면서 자신을 돌아보게 하였습니다. 그리고 주로 천주교 신자인 '서양인들의 참선체험기'를 소개해 주고 감상문을 제출하게 해서 이웃 종교인들의 참선에 대한 열기를 실감하도록 하거나 '개강미사참관기'를 제출하게 하는 등 보다 넓은 안목으로 이웃 종교를 대할 수 있도록 하였습니다.

이어서 제가 엮은 <온몸으로 읽는 지구촌 효이야기>(본북, 2013년)를 읽고 독서보고서를 제출하거나, '효에 대한 나의 견해'를 제출하도록 하여 각자 불효를 실감하게 하였는데, 한 학생은 "저는 거의 패륜아였습니다."라고 솔직하게 밝히기도 하였습니다.

그리고 성찰이란 주제에 초점을 맞춘 기말고사를 실시했으며, 종강 후 1주일 이내에 참선 수업을 통해 바뀐 인생관이 담긴 '수정된 인생지도'를 제출하게 함으로써 한 학기 넉 달 간의 집중 참선 수업을 모두 마무리하였습니다. 특히 개강하고 석 달 간은 '수식관' 수행법을 온몸으로 익힐 수 있도록 한 결과, 31명의 학생들이 대부분 호흡과 자세가 안정되었습니다.

그리고 이 강의의 백미인 마지막 3주 가운데 처음 1주일은 의심을 크게 일으킬 수 있는 '한 손으로 박수를 쳐라!'는 뜻의 '외짝손소리' [척수성隻手聲]란 화두를 주고 참구하게 한 다음, 남은 2주일 동안에는 1주일마다 한 번씩 일대일 입실점검을 실시했습니다.

그 결과 학생들 대부분 매우 긍정적으로 적지 않은 심적 변화를 겪었음을 술회하고 있는데, 그 가운데 몇몇 학생들의 소감을 소개해드리며 이 글을 마치겠습니다.

"두 번 입실을 경험하면서 얼마나 제가 논리 속에 얽매어 있는지 알았습니다."

"이번 학기 가장 좋았던 부분을 말하자면 '입실'의 순간입니다. 찰나이지만, 이 짧은 시간을 위해 평소 생각에 생각을 거듭하고, 스스로 돌아볼 수 있는 시간을 갖는다는 것 자체로 그 의미가 깊었습니다. 그래서 입실 횟수를 더 늘려주셨으면 합니다. 물론 저는 학기가 끝나도 찾아뵙고 꾸준히 점검을 받도록 하겠습니다."

"저는 '온 하루를 부린다'는 교수님의 말씀이 가장 인상 깊습니다. 저는 이를 제 일생의 큰 기둥으로 삼고자 합니다. 이 강의를 듣고 나서야 제가 제 주위에 치여 지낸다는 것을 깨달았습니다. 어렴풋이 느낌만을 갖고 있었던 이 '치이는 삶'을 바로 잡고, 제 일상의 주인이 되어 매일매일 '온 하루'를 부리고 싶습니다."

"4개월간 참선 수행을 통해서 나는 전보다 나 자신을 다스릴 수 있게 되었다고 말할 수 있습니다. 참선 수행은 나에게 있어 새로운 길이었습니다. 지금까지는 무성히 자란 풀처럼 쓸데없는 걱정이나 생각이 진실을 가로막아서 잡념에 사로잡혀 보이는 길만 보면서 살아왔습니다. 그러나 지금은 이런 풀숲에 숨겨진 새로운 길, 새로운 사고방식을 알 수 있습니다. 자존심이나 체면만을 차리면서 살아왔던 인생에서 나 이외의 타인을 배려하고 생각하며 사는 것이 얼마나 기분이 좋고 뿌듯한 일인지 깨닫게 되었습니다."

- 〈금강신문〉 (2013년 12월 26일) 수정 증보본

군더더기: 사실 넉 달간의 집중 참선 수업을 마친 다음에도 날마다 참선으로 하루를 시작할 수 있게 습관화 된다면 일상 속에서 평상심을 잘 유지할 수 있을 것이고, 이럴 경우 앞으로 삶을 살아가면서 처하는 크고 작은 어려움에도 흔들리지 않으면서 이 상황을 걸림돌이 아닌 디딤돌로 삼아 지혜롭게 잘 헤쳐 나아갈 수 있을 것입니다.

참선 수업과 〈좌선〉 책은 하나의 패키지
2014년 2학기 '참선' 수강생 (2013학번)

성찰배경: 한 학기 동안 매 시간 25분씩 읽어가며 부연 설명했던 교재는 종달 이희익 선사께서 지으셨던 〈좌선〉(본북, 2012년)이며, 이를 각자 총체적으로 정독하는 기회를 갖게 하기 위해 학기말에 독후감 과제로 내었습니다. 그 가운데 이 책의 대강을 파악할 수 있는 한 수강생의 글을 소개하면 다음과 같습니다.

서강대학교에서 대학생활 동안 꼭 듣고 싶었던 수업인 참선 과목을 수강하면서 참선에 대하여 알게 되고 배울 수 있었습니다. 참선 과목은

〈함께 앉고 함께 나누기: 좌선〉이라는 책을 교재로 사용하였는데, 수업 시간에도 〈좌선〉 책을 읽었을 뿐만 아니라 교수님께서 설명해주시는 것 또한 상당 부분 책에 들어 있었습니다. 시험이 끝난 주말에 다시 한 번 〈좌선〉을 읽어 보며, 한 학기동안 배운 참선에 대하여 되뇌는 시간을 가질 수 있게 되었습니다. 더불어 지나가 잊고 있었던 내용에 대해서도 다시 한 번 상기 할 수 있는 좋은 시간이었습니다.

  4장에서 좌선하는 법을 보면, 자세나 호흡 또는 무엇을 생각해야 하는지 등이 나와 있습니다. 저는 천주교에서의 기도와 비교를 안 할 수가 없었습니다. 둘 중에 무엇이 낫다고 할 수는 없지만, 두 수행법의 차이점은 뚜렷하게 있었습니다. 그 중 천주교의 향심向心 기도와 참선이 아주 비슷하면서도 차이가 있었습니다. 먼저 가톨릭의 향심 기도는 가장 편안한 자세에서 시작하게 됩니다. 향심기도 전에 성경구절을 읽기는 하지만, 향심기도에 들어가서는 머리에 떠오르는 생각을 지워버리는 연습을 합니다. 잡생각이 날 때마다 개인마다 정해놓은 성스러운 단어 등을 되뇌며 생각을 지우는 작업을 합니다. 이에 반해 참선은 '수식관數息觀'으로부터 시작을 하게 됩니다. 책에는 잡념과 망상이라고 나와 있는데 참선 역시 잡생각으로부터 자유로워지기 위한 작업으로 시작하게 됩니다. 하지만 향심 기도는 아무것도 떠올리지 않으려고 하는 반면, 참선은 수를 세는 것에 집중을 한다고 할 수 있습니다. 그러다가 공안을 참구하게 되면 공안을 붙드는 작업을 하며 참선에 임할 수 있습니다.

또한 자세에 있어서도 향심기도의 경우 몸이 흐트러지지 않을 정도의 최대한 편안한 자세를 유지하게 되어 있습니다. 하지만 참선의 경우 가운데에 손을 모아 손이 흐트러지지 않게 하며, 허리 또한 빳빳하게 세워 구부정하지 않게 함으로써 흐트러지지 않게 한다고 할 수 있습니다. 이처럼 향심기도는 내 자신을 최대한 내려놓는 것을 중심으로 하는 기도라고 한다면, 참선은 중심이 내가 되어 집중을 한 데 모으는 수행이라고 할 수 있습니다. 이는 수행이라는 점에서는 공통점이 있지만, 향심기도의 출발점인 천주교의 신념과 참선의 출발점인 불교계의 관념의 차이에 따라 다른 점이 있는 것이라고 생각합니다.

<좌선> 책을 읽으면서 가장 눈이 갔던 부분은 역시 공안과 관련된 부분이었습니다. '한손으로 내는 박수 소리' 라는 뜻의 '척수성隻手聲' 이라는 공안으로 씨름을 했었고, 열심히 한 덕분인지 운이 좋았었는지 모르겠지만, 뒷걸음치다 소 잡은 격으로 공안을 타파하게 되었고, 새로운 공안인 '손을 쓰지 않고 호미자루를 쥔다.' 라는 뜻의 '공수파서두空手把鋤頭' 를 받아서 지금은 그 공안을 붙잡고 있습니다. '척수성' 을 붙잡고 있는 동안 '어떻게 하면 한 손으로 박수소리를 낼 것인가?' 를 고민하며 걱정이 되었던 것은 이번 학기가 끝나게 되면 그 방법을 알 수 없을 것 같아서 너무나 간절한 마음으로 그 방법을 강구했던 것 같습니다. 하지만 교수님으로부터 보통 '척수성' 을 타파하는 데 1년 정도 걸린다는 말씀을 듣고 대부분의 학생들이 한 학기 만에 할 수 없다는 사실에 편안한 마음을 갖게 되었습니다. 그런데 위에서 말한 것과 같이

얼떨결에 경계를 제시하여 척수성을 타파할 수 있었던 것 같습니다. 제가 이렇게 타파할 수 있던 것에는 매 수업 시간마다 입실점검을 통해 다른 쪽으로 가는 것을 교수님께서 버리라고 하시는 말씀에 여러 갈래를 버려갔기 때문에 가능했던 것 같습니다. 그리고 지금은 '공수파서두'에 대해 다시 씨름을 하고 있는 중입니다.

<좌선> 책에서는 재미있는 단편적인 이야기들도 많이 있었습니다. 교수님께서 수업시간에 이 단편적인 이야기들의 뒷이야기나 관련된 이야기를 해주셔서 더 재미있었던 것 같습니다. 그 중 하나를 보자면 "성은 '칭秤'이요!"라는 부분이 인상에 남았습니다. 이 부분에서 소동파는 깨닫기 전 교만함으로 우월감에 차 있다가 선사의 말씀에 말문이 막히게 된 부분이었습니다. 저는 군대를 가기 전에 대부분의 남학생들이 그렇듯이 열정이 가득하여 자신감이 충만했었습니다. 그 당시의 제 모습을 지금 돌이켜 보면 너무 창피하고 후회되는 일들이 많이 있습니다. 그 당시 제 주변에 있었던 형님들이 하시는 조언을 귀로는 들었지만 마음으로는 받아들이지 않았고, 제 멋대로 행동을 했었기에 이 대목이 제게 생각나는 한 구절이었던 것 같습니다. 그리고 지금, 제게 조언을 했던 형님들의 나이에 이르고 나니 저 또한 이제 막 대학을 들어 온, 그때 제 나이의 저와 비슷했던 동생들에게 안타까운 마음으로 조언을 해주고 있습니다. 하지만 그들도 제가 그랬던 것처럼 귀로만 듣고 가슴에 새기지 않는 것이 안타까울 뿐입니다. 소동파는 후에 병세가 위독해졌을 때 일생동안 악행을 저지르지 않았기 때문에 지옥에 떨어지지 않

을 것이니 세 아들에게 통곡하지 말라는 말을 전할 정도의 위인이 되었 지만, 그러한 소동파도 임자를 만난 경험을 통해 깨치고 생활선의 달인 이 된 것 같습니다. 물론 임자를 만나지 않고 깨칠 수 있다면 그보다 좋 은 일이 없겠지만, 그런 일은 잘 일어나지 않는 것 같습니다.

  입실점검에 대해서 책에도 쓰여 있고, 교수님께서도 여러 번 말씀해 주셨지만, 입실 점검은 아이러니 한 것 같습니다. 저도 여러 번 입실점 검을 하였는데, 참선을 하면서 무릎을 칠 정도로 '이것이다.'라고 생각 하고 자신 있게 그 경계를 들고 입실점검을 받으면 십중팔구 그런 경계 는 버리라는 것이었습니다. 처음에는 속상하기도 하고 당황스럽기도 했지만, 버려야 되는 경계들을 제시함으로 인해 그만큼 그런 쪽의 생각 들을 덮고 새로운 방향으로 나아갈 수 있다는 것이 제게는 한 걸음 더 앞으로 나가는 좋은 행보였다는 것을 알게 된 이후부터는 그러한 경계 를 버리라는 말씀에도 우울해 하지 않을 수 있었습니다. 덕분에 입실점 검을 받으러 들어가는 그 자리에서는 더욱 신중해 질 수 밖에 없었고, 그리고 마침내 공안을 타파했을 때의 그 기쁨은 말로 다 이를 수 없었 습니다. 새롭게 받은 공안에 대하여 또 다시 그런 기쁨을 느껴보기 위 해 다시 처음부터 시작한다는 마음으로 신중하게 참선에 임해야겠다 고 생각했습니다.

  사실 제가 지내온 날들은 평범한 날들만 있던 것은 아니었습니다. 여 러 굴곡이 있었다면 있을 수 있었고, 다른 사람보다 험난한 삶을 살았 다고 하기에는 모자라지만, 적어도 제 나이 또래 다른 친구들 중에서는 순탄한 삶은 아니라고 할 수 있는 삶이었습니다. 이런 삶을 통해 웬만한 상황에서는 자신감에 차 있을 수 있었고, 부족하다고 생각하지도 않았습니다. 교수님께서는 참선을 통해 아랫배에 쌓인 힘으로 모든 상황을 헤쳐 나갈 수 있다고 하셨는데, 그 말씀이 무슨 뜻인지 처음에는 잘 알지 못했습니다. 하지만 참선으로 한 학기 지내고 나니 아랫배에 쌓인 힘으로 이전에 느끼지 못했던 자신감 외의 안정감마저 느낄 수 있었습니다. 이러한 안정감을 통해 더욱 큰 자신감으로 나갈 수 있을 것이라고 생각하게 되었습니다.

   결론적으로 교수님의 참선 수업과 <좌선> 책은 요즘 말로 하면 하나의 패키지 같았습니다. 교수님께서 <좌선> 책의 부족한 점을 풀어서 설명해주시고, 교수님 말씀이 잘 기억나지 않는 부분은 다시 <좌선> 책을 읽으며 다시 새길 수 있었습니다. 그러다 보니 독후감을 쓴 것이 어찌 보면 참선 과목을 수강하면서 느낀 점을 써 버린 것 같은 착각이 들기도 합니다. 하지만 수업과 <좌선> 책은 떼려야 뗄 수 없는 관계이기 때문에 큰 틀에서는 벗어나지 않았다고 생각합니다. 만약 참선에 대한 교수님의 설명을 잊게 되더라도 후에 이 <좌선> 책을 통해서 다시 찾아볼 수 있기에 제 책장 한 곳에서 언제든 찾아보게 될 책이 될 것입니다.

수강생들의 종강 후 강의평가 의견

성찰배경: 2014년 2학기 '참선' 강의의 수강인원 30명 가운데 응답한 인원은 모두 28명이며, 80점 만점에 교양학부의 평균이 71.18점인데 비해서 이 과목의 평가점수는 75.07점이었습니다. 참고로 이 학기에 '참선' 강의를 가장 철저히 진행했었는데, 아이러니하게도 지금까지 담당했던 다른 학기들보다 가장 평가점수가 높게 나왔습니다. 아마 그 이유가 대부분의 수강생들이 그동안 대학생활을 하면서 절실히 원했던 것을, 이 강의를 통해 체험했기 때문인 것으로 사료됩니다. 이는 무기명으로 진행된 강의평가 의견을 통해 잘 드러나 있다고 판단되어 28명의 의견을 있는 그대로 모두 소개하면 다음과 같습니다.

1. 한 학기 동안 좋은 가르침 받을 수 있었던 것 같습니다. 개인적인 취업준비와 방황으로 수업에 충실하지 못했지만, 분명 더 많은 것을 배울 수 있었으리라 생각되어 아쉬운 마음이 큽니다.
2. 너무 감사했습니다. 앞으로도 열심히 좌선하면서 나아가도록 하겠습니다. 감사합니다.
3. 한 학기 참선을 배우게 되어 감사드립니다. 과제나 강의 내용 모두 일상적인 삶 속에서 배울 수 있는 것들에 대해서 내주셔서 실생활에서 선을 배울 수 있었던 것 같습니다.
4. 좋은 강의였습니다. 학교에 방음실이 있다는 것도 처음 알았는데,

교실 환경도 괜찮았습니다. 특히, 천주교 대학교에서 약간은 불교 성격을 보이는 이러한 강의를 들을 수 있다는 것에 대하여 감격하였습니다.

5. 비록 화두에 대한 경계가 생기진 않았지만 (평소에도 좌선을 하면 더욱 좋겠지만) 일주일에 두 번씩 자신의 마음을 비울 수 있는 기회를 얻어서 좋았습니다.

6. 아침 9시에 맞춰 가는 것이 좀 힘들고 앉아서 졸음도 오고 시행착오가 있었지만 가만히 머릿속도 정리할 수 있고 집중력도 향상된 것 같습니다. 교수님도 너무 좋으신 분 같습니다.

7. 매시간 진행되는 좌선 연습은 선이 무엇인지 그리고 올바른 마음을 가질 수 있도록 한다. 그리고 교수님의 말씀은 나로 하여금 나에 대해 다시 한 번 생각하게 만든다.

8. 참선이라는 과목은 정말 학교생활 중 들었던 수업 중에 특이한 수업이었던 것 같습니다. 다른 수업과는 달리 나를 생각하고 성찰할 수 있는 시간을 가질 수 있어 좋았습니다. 비록 척수성에 대한 답은 찾지 못했지만 계속 열심히 생각해 보겠습니다. 감사합니다. 교수님.

9. 수업이라기보다는 인생의 교훈을 얻어가는 수업인 것 같습니다. 단편적인 지식보다는 평생 가지고 갈 무언가를 얻은 것 같아 서강대학교의 학생들이 꼭 들었으면 하는 강의입니다. 감사합니다. 교수님.

10. 참선방법과 참선을 통한 성찰의 자세에 대해 잘 설명해 주셨다. 그런데 한손으로 박수치는 방법 때문에 그것에 대해 고민할 때 마다 미칠 지경이다. ㅠㅠ 아무튼 교수님 강의를 통해 더 발전된 자아성찰과

참선의 습관화를 할 수 있었다.

11. 교수님 한학기 중에 수고하셨습니다! 다음에도 교수님 수업이 있으면 또 듣고 싶습니다! 정말 감사합니다!!!

12. 교수님께서 정말 꼼꼼히 조목조목 설명해주셔서 이해가 정말 쏙쏙 잘됐습니다. 다음번에도 기회가 된다면 교수님의 강의를 듣고 싶습니다. 감사합니다. 교수님

13. 물리학과 2학년을 마치면서 이 수업이 제 인생에 꼭 필요한 것을 배우고 익힌다고 생각하며 즐겁게 수업에 임할 수 있었습니다. 감사합니다. 내년의 후배들에게도 이와 같은 수업을 진행해 주시기를 기대하겠습니다.

14. 홀로 좌선을 하고, 성찰의 글을 써나가는 과정에서 많은 것을 느끼고 배우고 가는 기분입니다. 교수님의 강의 구절 하나하나가 매우 인상 깊고 마음에 새기고 살아가야 할 덕목인 것 같습니다. 끝날 때 이렇게 아쉬운 과목도 드물었습니다.

15. 한 학기 동안 참선이라는 것을 이론과 실기 모두 충분히 경험하고 배울 수 있어서 좋았습니다. 단순히 강의뿐만 아니라 개인의 삶 전반적인 것에 영향을 받고 긍정적으로 경험했던 강의였습니다.

16. 수차례의 성찰 보고서를 씀으로써 헛되지 않은 교양 수업을 보낸 것 같습니다. 감사합니다. 일상과 정신이 일치되어 사는 것을 목표로 매일매일 참선 수행을 습관화 하겠습니다.

17. 교수님의 강의는 열정적이고 많은 깨달음을 준 좋은 강의였습니

다. 강의 시간마다 학생들 참여를 유도하시고 준비하시느라 애 많이 쓰셨습니다. 교수님 덕에 제 삶을 다시 성찰할 수 있었습니다

18. 좋은 교수님께 좋은 강의를 들을 수 있어서 정말 좋았습니다. 이 강의는 학문의 범주를 떠나 인생에 있어서 저에게 큰 도움이 되는 기억에 남는 강의가 될 것 같습니다.

19. 실습수업으로써 적극적인 참여를 유도하는 점에서 좋았습니다. 특히 자기성찰 기회를 많이 가질 수 있었던 것에 만족합니다. 장기적으로 삶에 도움이 될 것이라 생각합니다.

20. 이 강의 너무 재밌고 없어지지 않았으면 합니다. 학생들이 참선이라는 불교적인 과목에 흥미를 느낄 수 있게 잘 이끌어주시고 컨텐츠도 좋고 교수님도 매우 좋습니다. 이런 과목이 장기적으로 꼭 서강대에 필요한 수업이라고 봅니다. 제발 없애지 말아주세요. 잘 들었고요. 앞으로도 계속 수고해주세요.

21. 교수님이 참선 수행을 할 때 학생들 한명 한명을 체크해주셔서 굉장히 감동스러웠습니다. 그리고 간화선을 할 때도 한명 한명씩 입실을 봐주시기 때문에 다른 이들에게도 추천하는 강의입니다. 서강대학교를 다니면서 졸업하기 전에 꼭 들어보기를 권장하는 강의입니다.

22. 이 강의의 장점은 교수님이 좋은 말씀도 많이 해주시고 사랑을 가지고 대해주셨다는 점과 문제를 많이 풀어 내용에 대해 확실한 이해가 되었다는 점입니다. 이 강의의 개선해야할 점은 문제 중심의 학습이다 보니 개념이 왜 필요하고 어떨 때 응용해야 되는지에 대한 설명이

부족했다는 점입니다. 그 점에서 조금 더 설명을 잘 해주시면 좋았을 것 같습니다. 감사합니다.

23. 많은 학생이 꼭 들어야 할 강의인 것 같다. 서강대에서 이만큼 자기 성찰을 이룰 수 있는 강의가 없을 것 같다. 교수님께서 가르치시는 것은 여타 교과서에선 배울 수 없는 내용들이다. 이 강의를 중핵 강의로 보내는 것을 추천한다.

24. 마음을 다스리려는 사람에게 아주 좋은 강의입니다. 하루 동안을 돌아보고 앞으로도 아주 유용하게 사용할 수 있을 것 같은 강의라 정말 마음에 듭니다.

25. 교수님 감사합니다. 감사합니다.

26. 한 학기 동안 많은 어려움이 있었지만 이 강의 덕분에 어려움을 이겨낼 수 있었습니다. 이 강의는 마음을 안정하게 해주어 자신을 되돌아보게 만듭니다. 다른 학생들에게 추천하고 싶습니다.

27. 교수님, 이번 학기에 참선을 듣게 된 것은 제게 정말 행운인 것 같습니다. 참선의 재미를 알게 해주신 교수님께 감사드린다는 말 밖에 드릴 말이 없네요. 척수성의 화두가 떠오르면 찾아뵙겠습니다. 감사합니다.

28. 문제 될 것이 없으며 강의에 전반적인 면이 잘 구성되어 있습니다.

군더더기: 이 강의 평가 의견을 통해 이 땅의 젊은이들이 무엇을 진정으로 원하는지 잘 파악할 수 있었으며 아울러 담당교수로서 더욱 막중한 책무를 느끼게 됩니다.
참고로 사실 2014년 2학기 참선 수업은 이전 학기에 비해 과제도 더 많이 부과하며 수강생들

과의 소통을 위해 더욱 힘썼었는데, 이에 부응해 거의 모든 수강생들의 호응도 좋았고 강의평가 결과를 통해서도 이를 재확인할 수 있어 제 인생을 통해 매우 보람을 느꼈던 특별한 학기로 기억될 것 같습니다. 특히 종교를 초월해 각자 자신의 신앙 안에서 온몸을 던져 참선 수업에 임하며 자신의 내면 탐색에 몰두했던 수강생들에게 이 지면을 빌어 다시 한 번 깊은 감사를 드립니다.

서강대 박영재 교수의 '참선특강'

성찰배경: 비록 십여 년 전의 기사이기는 하지만 당시 <한국대학신문>의 유종수 기자께서 참선 수업을 참관하시고 인터뷰를 한 다음, 2006년 4월 5일에 기사화 했었는데, 여러모로 시사하는 바가 크다고 판단해 그 전문을 소개하면 다음과 같습니다.

'하루하루가 기적을 낳는다'

최근 대학의 강의는 '틀'을 벗어 던졌다. 예전에는 볼 수 없었던 다양하고 말랑말랑한, 하지만 여러모로 일상생활에 도움이 되는 강의들이 속속 개설되고 있다. '자신을 수련하는 시간' 서강대의 '참선' 강의는 그런 면에서 높은 인기를 얻고 있다. 서강대 학생들에게도 그렇지만 최근 삼성경제연구소가 기업 임직원들을 대상으로 벌인 설문조사에서

CEO들은 '다시 학생이 되면 가장 듣고 싶은 수업'으로 이 강의를 1순위로 꼽았다. 서강대는 이번 학기에 스포츠경영 연계전공으로 '참선' 과목을 개설했다. 지난 4일에는 이를 '특강' 형식으로 일반에 공개하는 자리도 마련했다. 특강은 물리학과 박영재 교수가 맡았다.

인생을 바꾼 만남

4일 오전 10시 서강대 공학관. 언뜻 보기에도 범상치 않은 옷차림의 박영재 교수(물리학)가 교실로 들어섰다. 선도회 지도법사로 활동 중인 박영재 교수는 조용히 칠판에 '서강과의 만남'이라 쓰곤 학생들을 바라봤다. "만약 여러분 할머니가 다른 할아버지의 구애에 넘어갔더라면 여러분과 저는 만나지 못했을 겁니다."(웃음) 자못 엄숙했던 교실은 박영재 교수가 말문을 떼자 술렁였다.

이야기는 박 교수의 대학시절로 흘러갔다. 박 교수가 "서강대에 입학한 후 보름이 지나니까 시험을 본다고 했다. 대학에서의 꿈과 낭만은 완전히 날아가 버렸다"며 반복되는 시험에 탈진해 방황하던 대학 2학년 때 박 교수는 '선'과 만났다며 말을 이어갔다. 그리곤 칠판에 다시 또박또박 '1975. 10. 18(土)'라고 썼다. 바로 박 교수가 고뇌와 방황에서 벗어나 인생의 방향을 전환한 날이다. "독화살에 맞았을 때 '누가 날 쐈는가'를 고민하다보면 독이 퍼져 죽지요. 먼저 화살을 빼고 치료를 한 다음에 범인을 찾아야 합니다. 일에는 순서가 중요합니다. 저는 대학 2학년 때 법정 스님께서 번역하신 <숫타니파타>란 책을 접한 후, 대학생으로서 제게 중요한 일이 무엇인지 깨달았습니다. 그리고 참선과 함께 원 없이 공부했습니다."

하루 90분의 차이

박 교수는 참선을 했던 게 오히려 물리학 연구에도 도움이 됐다고 강조했다. 박 교수는 "날씨가 좋은 날에는 아이디어를 모으고, 오늘처럼 흐린 날에는 계산하는 작업에 몰두했다"며 참선이 일과에 활력을 준다고 말했다. 박 교수는 일반인들이 쉽게 참선할 수 있는 방법을 제시하기도 했다. 하루 90분씩 사고를 집중해 마음을 담는 시간을 가지라는 것. 그는 "대부분의 사람들이 근무시간 이후 저녁 6시부터 아침 9시까지의 시간을 낭비하고 있다"며 일침을 가했다. 참선을 통해 일의 우선순위를 정하고, 반성을 해보면서 불필요한 시간낭비를 줄일 수 있을 것이라고 했다. 처음 참선을 시작하는 사람들은 베넷의 <하루 24시간 어떻게 살 것인가>와 홍자성의 <채근담>을 읽어볼 것을 권했다.

마지막으로 박 교수는 "하루하루를 밀도 있게 쓰면 언젠가 좋은 결과가 있을 것"이라며 칠판에 긴 문장을 쓰는 것으로 강의를 마무리 지었다.

'날마다 좋은 날, 달마다 좋은 달, 해마다 좋은 해, 삶마다 좋은 삶'
[日日是好日 月月是好月 年年是好年 生生是好生]

2절 | 수강생들의 변화하는 인생지도

여기에서는 '참선' 강의를 수강한 학생들 가운데 탈북한 학생을 포함하여 각각 종교가 다른 5명이 제출했던 성찰보고서 가운데에서 각 2편씩 소개하고자 합니다. 수강생의 삶의 이력을 효과적으로 파악하기 위함과 동시에 수강생 자신의 현 위치를 정확히 인식시키게 하기 위해 학기초에 쓰도록 한 '인생지도'와 4달간의 참선여정을 마치고 자신의 변화된 현 위치를 파악하게 하기 위해 학기말에 제출하도록 한 '수정된 인생지도'입니다.

개신교인(2010학번) 인생지도:

삶의 주체를 나로 가져오는 수련의 길

학부생활의 마지막 학기인 8학기를 앞둔 여름방학을 지낸 후 내가 간절히 바랐던 꿈은, 나의 삶의 결정권은 나에게 있음을 알아가는 것이었다. 유아기를 지나 사실상 생각할 수 있는 힘이 생긴 후로부터의 나의 삶이란 역설적이게도 시키면 그대로 생각 없이 하는 컴퓨터 게임 속 인물과 같았다. 부모님, 선생님께서 하라는 공부를 꾸준히 하며 남들 다 간다는 대학교에 왔다. 물론 이러한 결정에 지금도 전혀 후회하지는 않는다. 신입생은 놀고 즐기라는 선배들 말에 놀만큼 놀았고, 학점, 스펙에 목을 매고, 여자 친구와 남들이 다 한다는 레퍼토리의 연애를 즐겼다. 내 주체를 찾을 수 없는 어찌 보면 참 쉬운 삶이었다.

이렇게 쉽게 살고 있는 삶에 좋은 방향으로의 가장 큰 방아쇠를 당긴 시기가 지난 여름방학이다. 과 특성상 대학원에 진학하려는 학생들은 졸업 전 학기 방학부터 연구실에 나와 일을 시작한다. 어려서부터 '꼭 너는 석사, 박사를 해야 한다!' 는 조부모님의 말씀이 머리에 박혀있어 일단 무작정 대학원에 진학하였다. 물론 이 또한 전혀 후회하지 않으며, 어찌 보면 내 삶의 가장 훌륭한, 한 수일 수도 있을 것이다. 지금껏 대학생활에서 모든 방학을 보내며 단 한 번도 이렇게 장시간 무언가에 바쳐본 적이 없었다. 그와 함께 이제 살아가며 더 이상 방학은 없다는 생각이 들었다. 또한 그것이 이제 나는 더는 학생이 아니며, 사회에서 말하는 책임지는 어른으로 바뀌었음을 의미함을 깨달았다.

그러한 생각과 함께 한, 연구원으로서의 방학은 무척 빨랐다. 나의 능력을 키우려 노력하니 어느덧 방학이 끝나가고 있었다. 그 무렵 내 방학을 다시 성찰해 보았다. 여전히 수동적이고 불확실하기 그지없었다. 그래서 남은 기간 내 주체를 찾기 위하여 학업 외적으로 움직이기 시작하였다.

짧지만 주말을 이용하여 혼자서 부산으로 기차여행을 다녀왔다. 워낙 가기 전부터 생각이 많아 그냥 무작정 다녀올까도 하였지만, 일단 가는 것이니 잘 놀기 위하여 가기 전부터 인터넷을 통하여 자료를 구하고, 친구들에게 자문을 구하였다. 토요일 오후에 도착하여 여전히 북적

이던 바닷가를 거닐고, 이곳저곳 구경하다가 저녁을 먹기 위해서 미리 알아온 냉채족발 식당을 찾아갔다. 아니 그런데 이건 웬걸, 이미 망한 것인지, 자리를 옮긴 것인지 그 곳에는 다른 음식점이 들어차 있었다. 다시 인터넷을 찾아서 보니 그 글은 2012년 글로 이미 2년도 더 된 이야기였다. 그때 작지만 큰 깨달음을 느꼈다. 내가 이렇게 아직도 수동적이구나, 하라는 지침대로만 움직이는 형편없는 존재구나 하고 느꼈다.

이번 학기 참선 수업을 듣게 된 이유는 위에서 설명한 내용과 같다. 지금 당장 내 삶은 너무나도 수동적이다. 솔직한 말로는 내가 이 수업을 듣게 된 이유도 내 의지였는지 의문이 들 정도이다. 이번 수업을 통하여 나를 좀 더 들여다보고 나 자신이 바라는 바를 찾을 수 있는 기회가 되기를 바란다.

수정된 인생지도:

다리를 틀고 앉는다는 것

어느덧 2014학년도 마지막 학기도 한 주만을 남겨놓고 있다. 그와 동시에 내 마지막 대학에서의 학부 생활도 마무리 되어가고 있다. 이번 학기가 시작되기 전, 지나온 대학 생활 7학기를 돌이켜보았을 때 후회가 많이 남아있었다. 후회란 과거에 즐거움으로 뿌린 씨앗을 미래에 두

배의 괴로움으로 돌려받는 것이라 하였다. 더 열심히 공부해볼 것을, 더 열심히 놀아볼 것을, 더 멀리 떠나볼 것을. 물론 이번 학기도 후회는 많이 남아있다. 그렇지만 마음가짐은 지난 7학기와는 사뭇 달랐다. 현재 대학원에 들어오기도 하였고 여러 상황들이 많이 바뀌었지만, 정확히 한 가지 마음이 변한 그 이유를 찾자고 한다면 나는 참선을 꼽을 것이다.

지난 첫 번째 과제에서 참선을 기대하는 마음으로 나는 "지금 당장 내 삶은 너무나도 수동적이다. 솔직한 말로는 내가 이 수업을 듣게 된 이유도 내 의지였는지 의문이 들 정도이다. 이번 수업을 통하여 나를 좀 더 들여다보고 나 자신이 바라는 바를 찾을 수 있는 기회가 되기를 바란다."라고 적어 냈었다. 지금 내 삶이, 당장 모든 것들이 다 능동적으로 바뀌었다 말하지는 않겠다. 또 내 자신을 다 찾았다 말할 수도 없을 것이다. 하지만 분명한 것은 나는 바뀌고 있으며 현재 가장 큰 변화를 느껴가고 있다는 것이다.

처음에 다리를 틀고 앉아 호흡을 하며 수를 셀 때는 자세도 너무 불편하고 집중도 잘 되지 않아 열까지 올라가야 하는 수를 오십 넘게까지 올라간 적도 많았다. 또 다른 잡생각들도 많이 들어 왔었다. 그래도 점차 익숙해져 갔고, 집에서도 아침에 해가면서 내 생활의 일부처럼 자리 잡기 시작하였다. 물론 지금도 다리를 틀고 앉는 자세는 여전히 불편하기는 하다.

그러던 중 이번 학기 가장 큰 고비와 참선에서 배운 뱃심을 증명할 시험이 함께 찾아왔다. 대학원 진학을 앞둔 나에게 가장 중요한 과제 중 하나인 학과 학술제가 다가온 것이다. 그 전까지 시간을 가지고 열심히 해

났음에도 불구하고 워낙 양이 많아 마지막 끝나기 전에는 거의 일주일 밤을 새워가며 일을 하였다. 문제는 밤을 새는 과정에서 발생하였다. 평소 항상 집 또는 방음실에서만 좌선을 해왔던 나였다. 집에 들어가지도 못하고 너무 급박해 동료들과 함께 하느라 수업에도 참석하지 못하였다. 그렇게 일주일을 좌선 없이 지냈다. 확실한 것은 그 다음 주 수업에 참석하였을 때 겨우 일주일 쉬었을 뿐인데 다시 집중력이 많이 흐트러졌음을 느꼈었다. 이번 학기에 가장 큰 위기라 표현한 것은 이번 학기 나를 붙잡고 있던 팔할은 참선이라 할 수 있기 때문이었다. 아침마다 오늘 할 일을 생각하고 화두에 몰두하는 일이 여러 방면에서 나에게 많은 힘을 주었었는데, 이를 하지 않으니 여러 면에서 무기력함을 느꼈다. 하지만 앞으로 더 참선을 열심히 해야 하겠다고 느낀 부분도 많이 있었다. 이전까지의 나와는 다른 나를, 이 일을 통하여 더 느꼈기 때문이다. 평소라면 이렇게 끈질기게 프로젝트를 잡고 있지 못했을 것이다. 내 집중력이 달라졌음을 느꼈다. 그런 덕에 학술제에서도 대상이라는 좋은 성적을 얻을 수 있었다. 앞으로 꾸준히 참선을 해야겠다는 마음을 굳게 먹은 순간이었다.

 졸업과 함께 대학원 입학이라는 새로운 길이 내 앞에 펼쳐져 있다. 이 시기를 또 어떻게 보내느냐에 따라 앞으로의 내 인생이 많이 갈릴 것이다. 이 학문적인 길에 가장 중요한 부분이 바로 문제를 놓고 유지하는 집중력이라 생각한다. 참선 수업에서 배운 좌선 수양법과 <좌선>, <지구촌 효 이야기>의 가르침을 토대로 앞으로의 삶을 더 개척해나가도록 할 것이다.

또한 독실한 기독교 신자로서 앞으로의 종교적인 내 삶도 바뀔 것이다. 처음에 없지 않았던 불교라는 거부감이 지금은 전혀 없다. 종교로서 좌선이 아닌 수양으로써 좌선이 내 마음에 깊이 자리 잡았다. 이 수양을 통하여 내 종교적 수양을 더 깊게 하도록 해야겠다. 앞으로 이와 함께 그려나갈 내 삶의 지도가 무척이나 기대가 된다.

2014년 12월 12일 서강대학교 연구실에서

무교인(2013학번) 인생지도:

참선을 통해 더 높은 차원의 자아성찰을!

1. 과거

나는 1993년 태어나 2005년까지 여러 번 이사를 하며 살았다. 이 14년 동안 내가 머물렀던 곳 중 가장 인상 깊었던 곳은 단연코 2003년부터 2004년까지 약 1년 남짓 머물렀던 미국이라 할 수 있겠다. 그곳에서 한국인이 그렇게 배우기 힘들다는 영어도 외국인과 회화할 수 있을 정도로 배웠으며, 이 기간 동안 미주 전역을 여행하면서 세상이 참 넓다는 생각과 나도 크면 한국뿐만 아니라, 세계 각지에서 활동하는 사람이 되고 싶다는 마음을 가지게 되었다.

미국에서의 생활을 마치고 2004년부터 대구에서 살게 된 나는 2006

년 중학생이 되면서 인생의 참된 고달픔을 맞보게 되었다. 중학생 때부터 2011년 고3 때까지 내성적인 성격과 대구 사람들과 다른 나의 말투, 그리고 혀 짧은 발음 때문에 줄곧 같은 반 학생들의 놀림감이 되어 왔다. 비록 이 문제를 스스로 해결하려고도 했고, 선생님들에게 도움을 구하기도 하였지만 거의 5년 내내(학생 개개인에게 신경을 써 주신 고1 담임선생님 때를 제외하고는), 선생님들의 무관심, 그리고 심지어 고3 때 내성적인 나의 성격에 대한 담임선생님의 '혐오감'으로 인해 나에 대한 괴롭힘은 계속 이어졌다. 하지만 다행히 중학생 때부터 나는 명문대에 가서 성공해야겠다는 생각을 강하게 가지게 되었고, 고등학생 때는 명문대에 입학하고 성공하는 것이 나를 그동안 무시하거나 괴롭힌 학생들에게 할 수 있는 최고의 복수라는 생각을 가지게 되어 악착같이 공부하였다. 비록 중1부터 고1의 1학기까지 열심히 공부했음에도 성적은 변함없이 학교 중위권이었으나, 고1의 2학기 때부터 공부의 방법에 대한 감각을 조금씩 익혀 성적은 점차 오르게 되었다. 하지만 수능의 문턱은 내가 한 번에 넘을 수 있을 정도로 만만한 것이 아니었다. 2012학년도 수능에서 비록 언수외 등급의 합이 5인 나쁘지 않은 점수를 받았으나, 그 당시 수능난이도가 꽤 쉬워서 나의 표준점수는 그리 높게 나오지 않았기 때문에 결국 재수를 하게 되었다.

   그리하여 재수학원 중 가장 힘들다는 기숙학원에 입학, 그곳에서 수능 때까지 약 9개월간 공부하였다. 그곳에서 내 공부의 잘못된 점을 조금씩 파악해 갔고, 그때 내가 그동안 가지고 있던 꿈을 조금씩 구체화

해갔다. 평소 역사에 관심을 가지고 있던 나는 고등학생 때부터 사학과 교수가 되고 싶다는 생각을 가지고 있었는데, 기숙학원에서 쉬는 시간에 틈틈이 내가 어떠한 학자가 될 것인지, 어떻게 학자가 될 것인지에 대해 생각하기 시작하였다. 즉 본격적으로 자아성찰을 하게 된 것이다. 이렇게 틈틈이 자아성찰을 하면서 차차 내가 누구인지에 대해 알게 되었고, 이루어야 할 궁극적인 목표에 대해 깨닫게 되었다. 목표의식 때문인지, 아니면 재수 때의 공부방법이 많이 개선되었기 때문인지 2013학년도 수능에서 1차 수능 때에 비해 매우 좋은 점수(상위 0.8%)를 받았으며, 그 결과 당당히 서강대 인문학과에 합격하였다.

2. 현재, 미래

서강대생이 된 이후 나는 위대한 역사학 교수가 되겠다는 꿈을 더욱 구체화 했으며, 1학년 1학기 때 들은 박영재 교수님의 '자연과 인간'이라는 강좌에서 자아성찰법을 배움으로써 거의 매일 자아성찰을 하게 되었다. 그로 인해 내 꿈을 이루기 위해서 어떻게 살아야 하는지에 대한 구체적 방향을 잡았음은 물론, 어떻게 대학생활을 보낼지, 졸업을 해서 무엇을 할지에 대해서도 생각하게 되었다. 그럼으로써 나는 짧은 혀로 인한 어색한 발음, 소심한 성격 등 내 목표에 방해가 되는 것들을 점차 극복하게 되었다. 또한 대학 2년의 기간 동안 여러 종류의 역사책을 읽음으로써 역사적 지식을 넓힘은 물론, '나도 위대한 인물같이 멋지게 살아야겠다.', '나도 한번 이름을 남겨보자.' 와 같은 생각을 가지게 되었다. 즉 '역사를 통한 자아성찰' 을 하게 된 것이다. 그와 같은 자아성찰을 통해 소심한 성격으로 인해 나에게 주어진 기회도 놓치게 된다는 것도 깨닫게 되었다. 그래서 '일단 두드려보자' 라는 마음가짐을 가지게 되었고, 그로써 내 심리적 어려움을 이겨내기 위해 서강대 심리치료센터에 스스로 들어가게 되었다. 스스로 동문회에 장학금을 신청하여 2학년 1학기 여름 300여 만 원의 장학금을 받게 되었다. 게다가 '일단 두드려보자' 라는 마음가짐을 가지게 되어 중고등학교 때 친구도 없던 나는 이제 서로 힘들었던 것도 거리낌 없이 말할 수 있는 친한 친구도 사귀게 되었다.

   이러한 대학생 때의 경험을 통해 내 자신을 하루하루 점차 바꾸어 가게 되었다. 그리고 나는 대학 재학 중 중국어와 독일어를 배워, 이러한 어학 지식을 대학원생과 훗날 교수가 되고 난 뒤 활용해야겠다고 생각하였다. 대학 졸업 후 우선 유럽으로 유학을 가서 내가 평소에 관심을 많이 갖고 있는 전쟁사, 특히 동양전쟁사에 대해 배울 생각이다. 그곳에서 박사학위를 취득한 후, 만약 기회가 된다면 유럽에서 전쟁사를 전공하는 역사학 교수로 활동할 것이고, 만약 성공하게 되면 한국으로 돌아와 국내 대학교에서도 교수활동을 계속할 것이다. 비단 한국에서만이 아니라 여러 나라에서 교수활동을 할 것이다. 그리고 그 기간 동안 한국의 역사, 한국의 전쟁사에 관한 책을 집필하여 우리나라 사람들에게 역사를 더욱 쉽고 재미있게 배울 수 있도록 할 것이며, 그 책을 해외로 수출함으로써 그동안 잘 알려지지 않았던 한국의 역사를 세계에 알리는데 기여할 것이다. 그러나 꼬장꼬장한 교수가 아닌 젊은 이미지의 교수, 그 누구와도 편하게 대화할 수 있는 교수가 되어 학계는 물론 사회에서 칭찬을 받는 교수로 발돋움 할 것이다.

3. 참선강의를 듣게 된 이유

나는 꿈을 이루기 위해서는 자아성찰이 꼭 필요하다고 본다. 물론 박영재 교수님과는 '자연과 인간'을 수강했던 인연도 있어서 '참선' 강좌를 선택한 것도 있지만, 참선을 통해 더 높은 차원의 자아성찰을 할 수 있을 거라고 믿는다. 그래서 이 강좌를 선택한 것이고, 참선 강의를 수강함으로써 나는 한 차원 더 발전한 인간으로 거듭날 수 있을 것이라고 믿는다.

수정된 인생지도:

남한과 북한간의 이해와 평화에 증진에 기여

1. 과거

(이 부분은 앞의 과제 1인 '인생지도'의 앞부분과 겹쳐 생략함.)

2013년 1학년 1학기 때 나는 박영재 교수님의 '자연과 인간'이라는 과목을 수강함으로써 자아성찰과 그것의 방법에 대해 더 알게 되었고, 학교에서 사귄 외국인 친구들과의 교제 과정을 통해 얻은 국제적 감각을 토대로 더 발전된 자아성찰을 하게 되었다. 그리고 학교에서 좋은 친구들을 만남으로써 평소에 내가 가지고 있던 지나치게 내성적 성격을 상당히 극복하였고, 점차 다른 사람에게도 별 거리낌 없이 말을 걸 수 있을 정도의 '배짱'을 가지게 되었다. 그뿐만 아니라 자연과 인간 과목을 통해 배운 자아성찰로 나의 문제점과 그것의 극복방법에 대한 성찰을 자주 하게 되었고, 평소에 나의 사회성에 문제가 되었던 혀 짧은 발음을 고쳐나가는 등 차차 나의 문제점을 고쳐나가게 되었다.

2. 현재, 미래

　2년 가까이 되는 대학생활을 통해 그동안 많은 자아성찰을 하게 되었고, 이를 통해 내 자신을 점점 알아가게 되었다. 우선 내 외국인 친구들 중 역사를 전공하거나, 역사에 관심이 많은 친구들과 종종 만나 역사에 관해 이야기를 하면서 나의 역사에 대한 지식이 상당해짐은 물론, 역사에 대한 관점을 점점 넓힐 수 있었고, 국내에서만 일할게 아니라 상당수 내 친구들처럼 국제적으로 일할 수 있는 인재가 되어야겠다는 마음을 가지게 되었다. 또한 국제적으로 성공하기 위해서는 영어뿐만 아니라 여러 외국어를 배우는 게 도움이 될 것이라는 생각이 들어

2015년 3월부터 7월까지 중국에 어학연수를 가서 중국어를 배우고, 군대 제대 후에도 중국어를 계속 공부할 뿐만 아니라 내가 대학 졸업 후 유럽으로 유학을 갈 때 유학 갈 나라의 언어를 공부할 계획이다.

졸업 후 유럽으로 유학을 갈 예정인데, 그곳에서 석, 박사 학위를 취득하고 유럽에서 내 꿈인 교수직을 구할 계획이다. 유학은 독일로 가고 싶은데, 독일이 내가 역사학 중에서 가장 관심을 가지는 전쟁사 (warfare history)에 대한 연구가 활발한 나라이기도 하고, 서유럽 국가 중 물가가 가장 쌀 뿐만 아니라, 내가 평소에 독일에 대한 관심이 많기 때문이다. 하지만 과연 독일이 나에게 맞는지를 알기 위해 제대 후 3학년 2학기 때 독일에 교환학생으로 1학기 동안 공부하러 갈 예정이다. 그리고 그곳에서 박사학위까지 취득한 후 독일에서 한국사, 또는 동북아시아 전쟁사를 전공하는 교수가 되어 여러 역사관련 서적을 집필하고, 여러 연구 성과, 뛰어난 강의력, 그리고 학생에 대한 배려와 개방된 사고를 통해 독일뿐만 아니라 국제적으로 인정받는 교수가 되는 게 나의 목표이다. 그리고 국제적으로 인정받는 교수가 된 후, 한국의 찬란하고 역동적인 역사를 세계에 알리는데 기여할 것이다. 또한 예부터 지금까지 문제가 되고 있는 일본의 역사왜곡과 관련하여 일본의 만행과 분명한 역사적 사실을 국제적으로 알리는 방식을 통해 이를 해결하는데 기여하고, 한민족의 역사를 통해 남한과 북한 간의 이해와 평화를 증진시키는데 기여하리라는 목표도 또한 가지고 있다.

불교인(2010학번) 인생지도:

과거를 진지하게 돌아보고, 미래에 대한 계획 세우기

인생지도를 작성하라는 참선 수업 첫 과제를 받고 노트북을 펴고 한참을 빈 페이지만 바라보고 있었다. 내 지난 4년 간의 대학 시절은 어땠는지, 내 지난 학창시절은 어땠는지 회상을 하며 한참동안을 멍하니 앉아있었다. 돌이켜 생각해보면 내 인생에서 가장 열심히 살았던 때가 고등학교 시절이 아닌가 싶다. 훌륭한 드라마 PD가 되겠다는 큰 꿈이 있었고, 일단 서울에 있는 명문 대학에 가야겠다는 뚜렷한 목표가 있었다. 그러기 위해 당시 내가 할 수 있는 것은 공부밖에 없었기에 1분 1초를 아까워하며 치열하게 살았다. 재수 생활까지 거치며 드디어 대학이라는 곳에 진학하게 되었지만, 대학 진학 후에는 많은 대학생들이 그렇듯 의미 없는 세월을 보냈다.

4학기를 마치고 난 후 인생에 대해 진지하게 고민하는 시간을 갖게 되었다. 그토록 바라던 신문방송학과에 진학했지만 전공에 전혀 흥미를 느끼지 못했고, 학기가 흐를수록 성적은 떨어져만 갔던 까닭이다. 대학생활의 반이 이미 지나갔는데, 나는 아직 아무것도 한 것이 없었고 다른 친구들은 저만치 앞서가는 것처럼 느껴졌다. 이대로 학교를 계속해서 다니다간 나의 대학생활이 더 엉망이 될 것만 같았고, 좀 휴식을 하며 고뇌의 시간을 갖기 위해 휴학을 하게 되었다. 휴학과 동시에 그

토록 꿈꾸던 방송국에서 일을 할 수 있는 기회를 갖게 되었다. 비록 내가 원하던 분야는 아니었으나, 방송국에서 일할 수 있다는 그 자체만으로도 행복했다. 하지만 6개월이라는 짧지 않은 기간 동안 근무했던 방송국 경험은 나에게 큰 교훈을 안겨줬다. '내가 진정 원하는 일을 찾아야겠다.' 라는 대학 생활에서의 큰 목표를 설정하게 해주었던 것이다.

    방송국에서의 근무가 끝이 나고, 나는 호주에 교환학생으로 떠나게 되었다. 솔직히 교환학생을 가게 된 가장 큰 이유는 '스펙' 때문이었다. 취업할 때 이력서에 한 글자라도 더 쓰기위해, 나의 스펙을 더 화려하게 하기 위해서였다. 하지만 그 곳에서 경험했던 모든 것들은 내 스펙이 아닌, 내 인생을 통째로 바꾸기에 충분했다. 호주에서의 생활은 여유롭고, 평온했으며 내 인생을 돌아보는 데 있어 가장 최적의 조건이었다. 그 곳에서의 생활은 그저 행복했고, 한국에서의 바쁘고 치열한 삶과는 전혀 달랐다. 혼자 여행을 다녀보기도 하고, 세계 각지에서 온 다양한 친구들을 만나며 내 인생의 가치관이 달라지기 시작했다. 방송국 경험을 통해 내가 진정 원하는 일을 찾아야겠다는 목표를 찾았다면, 교환학생 경험을 통해 행복한 인생을 살아야겠다는 인생의 큰 목표를 설정하게 되었던 것이다. 그래서 나는 이때까지 나의 인생 중 가장 의미 있는 해를 꼽자면 바로 2012년이라고 생각한다.

    교환학생이 끝나고 학교로 복학하자마자 내가 처음으로 한 일은 '스포츠 미디어'라는 전공을 복수전공으로 신청한 것이었다. 내가 무엇을 할 때 가장 행복한가? 를 떠올려보니, 운동을 할 때나 내가 좋아하는 야구를 볼 때 등 스포츠에 관련된 일을 하는 것이었다. 우리학교에는 체대가 없었기 때문에 그와 유사한 스포츠 미디어라는 전공을 선택하게 되었고, 이때부터 학교생활이 달라지기 시작했다. 학교생활이 재밌어지면서 자연스레 성적은 오르기 시작했고, 결과적으로 대학생 시절 동안 가장 높은 학점을 받았으며, 장학금도 받게 되는 좋은 결과를 내게 되었다. 대학생활 중 가장 열심히 살았던 학기를 뽑자면, 나는 1초의 망설임도 없이 6학기를 뽑을 만큼 열심히 최선을 다해 살았다.

준비된 자에게 기회가 온다고 했던가? 스포츠에 대한 나의 높은 관심이 주변에도 알려졌고, 지인들의 추천으로 우연한 기회에 JTBC 보도국 스포츠문화부에서 인턴 기자로 일할 수 있는 기회가 주어졌다. 스포츠와 문화 분야 모두 나의 관심분야였기에 인턴 생활 하루하루가 흥미로웠고 소중하게 여겨졌다. 이 경험으로 인해 '역시 내가 좋아하는 일을 해야 하는구나' 라는 생각에 확신이 더 생겼다.

대부분의 고학번 대학생들과 마찬가지로 취업에 대한 막연한 불안함으로 7학기를 보내고 또 다시 한번 선택의 순간이 다가왔다. 마지막 학기를 바로 다니고 졸업을 하느냐, 한 학기 휴학을 하고 졸업을 한 학기 미루느냐가 그것이었다. (中略) 정신을 차리고 나의 관심분야에 맞는 스포츠 마케팅 회사의 인턴을 지원하게 되었고, 1등으로 합격하게 되었다.

2014년 상반기, 나의 2번째 인턴생활이 시작되었다. 시작부터 소치 동계올림픽, 곧 이어 브라질 월드컵 등 내가 좋아하는 스포츠에 관련된 일을 하다니 꿈만 같았다. 야근을 하기도 하고 주말출근을 하기도 하며 진짜 사회인이 된듯한 느낌을 받았다. 비록 몸은 힘들었지만, 내가 제안한 아이디어를 칭찬해 주시기도 하고 성공적으로 실행되는 것을 보며 보람을 느꼈다. 인턴기간이 끝나가고 마지막 학기를 남겨둔 나는 대학생 신분으로 할 수 있는 마지막 미션을 완성하기로 했다.

대학교에 입학하기 전 나름대로 세워놓은 목표가 몇 가지 있었다. 동아리 활동하기, 장학금 받기, 교환학생 가기, 유럽 배낭여행 가기. 이 4가지 목표 중 7학기를 끝낸 나에게 단 한 가지 미션, 유럽 배낭여행 가기가 남아있었다. 사실 이번 방학 때 나는 다른 친구들처럼 취업준비를 했어야 했다. 하지만 내 인생에 있어 당장 눈앞의 취업보다 대학생 신분으로 유럽 배낭여행 추억을 남기는 것이 더 중요하다고 생각했기에 망설임 없이 비행기 티켓을 예약했다. 7월 14일 영국부터 시작해 8월 27일 파리를 끝으로 6주간의 긴 배낭여행을 마치고 온 나는 이전의 나와 비교해 많이 성장해있었다.

4년 간의 대학생활을 이렇게 글로 풀어 써놓고 보니 정말 열심히 살았다는 뿌듯함이 드는 동시에 앞으로 나의 미래가 궁금해지기 시작했다. 사실 유럽에서 돌아오자마자 시차적응도 채 하기 전에 영어 시험을 치고, 학교를 가느라 정신이 없어 내 대학생활을 돌아볼 틈도 없이 취업 전쟁에 뛰어들었다. 첫 주 수업 시간에 참선을 하면서 내 지난날을 돌아보고 앞으로 어떻게 하면 좋을지 생각을 해보려 노력했다. 하지만 아직 초보라서 그런지 생각보다 집중이 잘 되지 않고 잡생각이 들었다.

앞으로 한 학기동안 참선수업을 통해 취업을 하기 전, 진정한 나를 찾아보려 한다. 나의 과거를 진지하게 돌아보고, 미래에 대한 계획을 세우는 것을 이번 참선 수업의 목표로 세우고 열심히 정진해보려 한다. 이번 학기가 끝날 때 즈음 나는 어떤 모습으로 변화해 있을지 벌써부터 기대된다.

수정된 인생지도:

행복한 인생을 위해

　수정된 인생지도를 작성하기 전에 이번 학기 초에 제가 썼던 인생지도를 먼저 천천히 읽어보았습니다. 미래에 대한 걱정보다는 기대감으로 가득 차있던 저를 느낄 수 있었습니다. 그때만 해도 취업에 성공해 어엿한 사회인이 되어있을 제 자신을 떠올리며 설레고 있었는지도 모릅니다. 이전의 인생지도에서는 앞으로의 인생에 대한 이야기보다는 제가 이때까지 걸어왔던 인생에 대해 정리한 글이 대부분이었던 것을 발견할 수 있었습니다. 이번 수정된 인생지도는 이번 학기에 대해 한번 돌아보고, 앞으로 제가 살아갈 인생에 대한 글을 써볼까 합니다.
　서강대학교에서 마지막이 될 뻔했던 이번 학기의 키워드는 '취업'이었습니다. 처음 도전하는 취업에서 나름의 방식으로 준비를 했지만,

'실패'라는 어쩌면 예상된 결과를 받았습니다. 실망도 하고 눈물도 흘리고 마음에 상처를 많이 받았지만, 그만큼 더 성장하고 배울 수 있었던 기회였습니다. 20여개 정도의 '자기소개서'라는 것을 작성하면서 저의 발목을 잡았던 것은 '입사 후 10년 계획'이었습니다. 모든 회사에서 요구하는 것은 아니었지만, 10개 중 5개 정도의 회사에서는 자기소개서의 항목 중 '입사 후 자신의 10년 계획'에 대해 묻는 곳이 있었습니다. 사실 일단 '취업하고 보자'라는 생각으로 발등에 떨어진 불을 끄기에 바빴던 저는 그 질문에 대해 생각할 여유를 갖지 못하고 있었습니다. 그래서 별 생각 없이 대충 썼습니다. 회사에 입사한 후에도 꾸준히 노력하여 회사가 발전하는 데 큰 도움이 되겠다는 제 자기소개서에는 과거만 있었지 앞으로의 미래는 없었습니다. 정작 회사에서 가장 궁금해 하는 앞으로 저의 모습은 찾아볼 수 없었습니다. 누구나 다 할 수 있는 글을 썼기에 많은 기업들은 저를 받아주지 않았고, 결국 저는 다음 학기에 '학생을 가장한 백수'가 될 위기에 처했습니다.

  과거의 저에 대해서는 이번 학기 참선 수업을 통해 충분히 돌아봤다고 생각합니다. 이제는 앞으로 저의 미래에 대해 생각해 볼 시간을 가질 차례입니다. 참선 수업 때 '어떻게 하면 행복한 삶을 살 수 있을까?'라는 고민을 굉장히 많이 했습니다. 제가 좋아하는 일을 하며 사는 것이 어쩌면 굉장히 큰 행복이 아닐까 생각했습니다. 이전에 성찰의 글에서도 썼듯이 이러한 생각을 갖는 데는 어머니의 영향이 컸습니다. 제가 요즘 가장 부러운 사람은 대기업에 취업한 선배도, 공무원이 된 친구도 아닌 바로 저의 어머니입니다. 자신이 좋아하는 일을 하며 여유로운 생활을 보내고 있는 어머니의 모습이 그렇게 행복해 보일 수가 없습니다. 그런 어머니를 보며, '나도 내가 좋아하는 일을 찾아 하며 그렇게 살아가야겠다.' 는 생각을 했습니다.

과거에 '내 자신이 가장 행복을 느꼈던 일이 무엇이었나' 생각해보니, 스포츠 마케팅 회사에서 인턴을 했을 때였던 것 같았습니다. 제가 좋아하는 스포츠를 통해 많은 사람들에게 행복을 전하는 일을 하며 저도 함께 행복을 느낄 수 있었습니다. 비록 야근도 하고, 주말 출근도 하며 몸은 힘들었지만, 그 일이 재미있었고 저를 행복하게 했습니다. 그래서 저는 그 무엇보다 제 가슴을 뛰게 하는 스포츠 마케팅 일을 하며 미래에 대한민국을 대표하는 스포츠 마케터가 되려 합니다. 특히, 글로벌 기업에서 스포츠 마케팅을 하며 국내뿐만 아니라 해외라는 큰 시장에서 제 꿈을 펼치고 싶습니다.

하지만, 저는 그냥 '하고 싶다' 라는 생각만 있을 뿐 제대로 된 노력을 하고 있지 않았습니다. 그저 머릿속에 생각만 가지고 있을 뿐, 그것을 행동으로 옮기고 있지 않았습니다. 최근에 방영 중인 유명 프로그램인 'K팝 스타' 를 우연히 본 적이 있습니다. 그곳에 나오는 친구들은 저보다 훨씬 어렸지만, 개개인이 누구보다 뜨거운 열정을 가지고 가수가 되기 위해 치열한 삶을 살아왔습니다. 그런 아이들을 보며 자신이 부끄러워졌습니다. 저렇게 어린 친구들도 자신의 꿈을 향해 최선의 노력을 다하고 있는데, 저는 제대로 된 노력도 하지 않고 그냥 제 꿈이 이뤄지기를 바랐던 것 같았습니다.

　그동안 머릿속에 그리기만 했던 그 꿈을 위해 행동으로 옮겨야 할 때가 왔습니다. 스포츠와 마케팅에 대해 더 공부하고, 관련된 일을 더 하며 경험을 쌓을 예정입니다. 꾸준한 노력을 통해 다음 학기 취업 때에는 더 진심이 담긴 자기소개서를 쓸 것입니다. 제가 꿈꿔온 스포츠 마케터의 꿈을 이룬 후, 제가 하고 싶은 일을 하며 남과 비교하지 않고 제 자신이 만족하는 삶을 살아가고 싶습니다.

　앞으로의 인생에서도 수많은 고민과 어려움이 있겠지만, 그때마다 이번 학기에 참선을 통해 얻은 깨달음을 기억하며 그 위기를 헤쳐 나가려 합니다. 저 뿐만 아니라, 많은 사람이 행복해 질 수 있는 세상을 위해 조금이나마 힘을 더하는 인생을 살아갈 것을 꿈꾸겠습니다.

천주교인(2013학번) 인생지도:

참선 수행, 차분히 제 갈 길을 가게 해줄 것

　1988년에 태어나 유아세례를 받은 저는 어릴 때부터 독실한 천주교 집안에서 자랐습니다. 말을 하기 시작하면서부터 신부님이 되고 싶다며 그 꿈을 키워 가고 있었고, 고등학교를 들어가서 물리를 좋아하게 되었지만, 신부님이 되는 것이 더 큰 꿈이었기에 대학은 신부님이 되기 위해 가톨릭대학교 신학과에 입학하였습니다.

  그런데 그동안 가톨릭대학교 신학과에 입학하기 위해 했던 노력과 공부가 결실을 맺는 합격발표에 기쁘기보다 뭔가 허전한 느낌이 들었습니다. 잘못 선택한 것이 아닌가 싶어 다시 공부를 해서 다른 대학에 가야겠다고 마음먹고 있었습니다. 하지만 주변 어른들과 신부님들의 '일단 한 번 대학생활을 해보다 나오는 것이 어떠냐'는 조언을 듣고 그곳에 입학하여 생활을 하게 되었습니다. 하루 중 수면시간 포함하여 19시간을 침묵으로 지내며 밖으로 외출을 할 수 없고 하루에 기도 시간이 4-5시간이었기 때문에 몇몇 사람들은 힘들어 하기도 했지만, 저는 또 잘 적응하여 즐겁게 지내고 있었습니다. 그곳의 동기들과는 피를 나눈 형제처럼 우정도 돈독해졌고 그곳이 마음에 들었습니다. 그렇게 지내다 2학년을 마치고 모두 군대를 다녀왔습니다. 군대를 마치고 학교 프로그램으로 인해 병원에서 봉사활동을 하는 중 제 미래에 대한 고민을 다시 하게 되었습니다. 학교를 다니는 동안 바쁘게 살아왔기 때문에 고민을 할 생각을 못하고 있었기 때문입니다. 오랜 고민 끝에 사제의 길을 그만 가야겠다는 결정을 내리고 가톨릭대학교를 자퇴하고 다시 수능을 봐서 서강대학교 13학번 물리학과로 입학하게 되었습니다.

  가톨릭대를 다니면서 일반 대학 생활을 한 번쯤은 해보고 싶다고 생각도 했었지만 막상 서강대에 합격하고 나니 같은 학번 신입생들과 6살 차이가 나는 형이 되어 있었습니다. 아이들과 재밌게 지내고 싶기도 하고, 한편으로는 그냥 조용히 대학 생활을 해야겠다는 생각이 공존하던 중에 물리학과 신입생 오리엔테이션을 가게 되었습니다. 그곳에서 이현철 교수님께서 제가 군복무를 마친 것을 아시고 그 당시 학생대표의 자리가 군대 문제로 인해 채우기 어려운 시점이어서 1학년 대표를 맡아보겠냐는 권유를 받았고, 그 연장선으로 지금은 물리학과 학생회장 직을 맡게 되었습니다. 덕분에 물리학과 선후배 많은 분들을 알게 되었고, 지금은 대학생활을 문제없이 지내게 되었다고 생각합니다.

저희 집의 재정적인 환경은 조금 어려웠고 나이도 20대 초반이 아니었기 때문에 학비를 집에서 받는 것은 심리적으로 어려움이 있었습니다. 그래서 우리나라에서 잘 되어 있는 학자금 대출을 통해 학비를 충당할 생각을 했습니다. 첫 학기는 학자금 대출을 받으며 국가장학금과 학교의 여러 장학금으로 학비를 내고 나머지는 대출을 받았습니다. 그런데 2학기부터는 장학금의 길이 많이 열려 여러 곳에서 장학금을 받아 등록금의 대부분을 충당할 수 있었습니다. 2학년 1학기에는 감사하게도 학교에서 아산재단에 추천을 해주어 지금은 아산재단에서 성적우수 장학금으로 졸업할 때까지 전액 장학금을 받고 있습니다. 하지만 장학금 유지 조건이 학점이 3.5이상이어야 한다는 점은 제겐 적잖은 부담감을 느끼게 했습니다.

한편 다른 친구들보다 나이가 많아서 처음에는 조급증을 냈습니다. 하지만 여러 교수님들과 선배님들을 만나면서 조급해 할 필요가 없다는 말을 많이 듣게 되어 지금은 많이 조급하게 생각하고 있지는 않습니다. 제 목표는 단기적으로는 대학원을 나와서 최종적으로는 연구소에 들어가는 것입니다. 하지만 실험으로 갈지, 이론으로 갈지, 실험엔 무엇이 있고, 이론엔 무엇이 있는지도 모르는 주제에 꿈만 무성하여 간혹 부끄러움을 느낍니다.

지금의 제 상태는 마치 안전한 곳에서 위험한 곳에 막 던져진 상황인 것처럼 느껴집니다. 참선을 수행한다는 표현이 맞는지는 모르겠지만, 참선수행을 하면 지금의 제 상태를 바로잡아 차분히 제 갈 길을 가게 해줄 것이라 생각하고 지난 학기에 바로 참선을 수강하고 싶었지만, 전자기학과 시간이 겹쳐 수강하지 못했습니다. 그런데 이번 학기에는 시간이 겹치지 않아 다행히 수강 신청이 가능하게 되었습니다. 제 앞으로 남은 긴 인생을 참선 수업을 통해 다시 한 번 바라 볼 수 있는 계기가 되었으면 좋겠습니다.

수정된 인생지도:

참선을 하며 시작하는 하루를 통해

(이 부분은 앞의 인생지도 앞부분과 겹쳐 생략함.)

서강대를 다니면서 반드시 꼭 한 번은 들어야 된다고 생각하는 '참선'을 듣고 보니 지나오면서는 몰랐는데, 한 학기를 마무리 하는 와중에 지난날을 떠올려 보면 제게 많은 변화가 있었던 것을 알 수 있었습니다.

제가 가지고 있었던 문제점 중에 하나는 미래에 대한 불확실이었습니다. 참선 수업을 들으며 교수님께서 하신 말씀 중에 하나인 '아랫배에 쌓인 힘으로 무슨 일이든지 자신감을 가지고 할 수 있다'는 것이 처음에는 무슨 말인지 잘 와 닿지 않았었습니다. 그런데 참선 수업이 없는 날에도 집에서 꾸준히 좌선을 하면서 제 무게 중심이 가슴 쪽에서 아래로 내려간다는 느낌을 받게 되었습니다. 이것이 교수님께서 말씀하신 아랫배에 쌓인 힘인지는 모르겠지만, 저는 그 덕에 지금은 제 앞길에 대한 확신이 생긴 것 같습니다.

생활의 측면에 있어서도 아침에 여유 있게 일어나 좌선을 하며 시작하는 하루를 통해 이번 학기는 모든 과목에서 단 1번의 지각없이 보낼 수 있었고, 아침에 하는 수식관과 함께 오늘의 중요한 일을 머릿속으로 정리하며 보냈기 때문에 알차게 지낼 수 있었습니다.

참선을 수강하기 전까지 저는 끝을 알아야지만 안심을 할 수 있는 스타일이었습니다. 하지만 미래는 알 수 없고 불투명한 게 사실이기 때문에 미래에 대한 초조함이 있었던 것 같습니다. 그러나 참선을 만난 지금의 제 모습은 앞으로 어떤 일이 닥치더라도 당당히 맞설 준비가 되어 있다고 할 수 있습니다. 미래에 대한 걱정으로 젊음을 낭비하고 있는 주변의 청년들이 많이 있는데, 이들도 참선을 통해 걱정보다는 내구력을 길러 어떠한 상황이든 헤쳐 나갈 수 있는 힘을 가지게 된다면 좋을 것 같기에 주변 학우들에게 권하려고 합니다.

한 학기동안 좋은 것을 가르쳐 주셔서 감사합니다.

군더더기: 최근 대기업에서 부장으로 퇴직하신 분이 이 학생의 글을 접하고 저에게 보내온 소감의 글을 다음과 같이 소개합니다.

 '이 글을 쓴 2013 학번 수강생의 체험담 및 인생 역정(?)이 참 흥미롭고 대단하다는 생각에 늦었지만 소회를 적어 봅니다.

종교, 나이, 그 어떤 것들로도 쉽게 지나온 날들에 대한 명쾌한 이유를 설명하지 못 할 것 같습니다. 나이에 상관없이 대부분의 사람들이 자기가 현재 발 담그고 있는 곳에서 빠져 나오기가 참 힘든데, 신부님이 되기 위해 2년을 정말 열심히 수도 정진 했고 군대까지 마친 상태에서 대학에 재도전...

6살의 나이 차이를 극복하고 1학년 대표에서 물리학과 학생회장 그리고 참선과 장학생, 참 치열하게 살아왔고 또 살아가고 있으며 앞으로의 모습도 너무나 선명해 보입니다.

흔히 하는 말로 평생의 고민을 몇 년에 걸쳐 집중적으로 했기 때문에 앞으로 고민 할 일은 별로 없을 것 같은 느낌을 받습니다.

더욱이 참선이라는 강력한 도구로 무장한 수강생의 앞날에 항상 영광이 함께 하리라 믿으며, 설령 어려운 일이 다가오더라도 정면 돌파할 수 있는 아랫배의 힘이 글 속에서 느껴집니다.

좋은 글의 수강생과 수강생에게 참선이라는 강력한 힘을 주시고 또 선도회 홈페이지에 글을 공유해 주신 교수님께 감사드리며, 항상 건강하시고 행복하십시오.

고시조 드림'

탈북 수강생(2013학번) 인생지도:

또 다른 미래로의 도전

누군가 나에게 인생이란 무엇이냐고 물어 본다면 나는 일초의 머뭇거림도 없이 바로 '도전'이라고 대답하겠다. 고작 20년 남짓하게 살아온 내가 인생에 대해 감히 논하는 것이 다소 부끄럽지만, 적어도 그 결론을 내리기까지 24년이라는 세월이 흘렀다. 내가 '인생은 도전'이라고 당당하게 말할 수 있는 이유다. 어떤 누군가가 10년이라는 세월을 어느 한 곳에만 투자했다면, 그래서 어제 오늘 시작하는 어설픈 이들보다 그 분야에서 훨씬 뛰어나다면 우리는 그들을 달인이라 부른다. 10년을 쏟아 부은 사람이 달인이 되는데 20년을 투자해 얻은 결과를 누가 과연 무시할 수 있겠는가…

옛 속담에 '오르지 못할 나무는 쳐다보지도 말라'는 말이 있듯이, 어른들은 항상 우리에게 분수에 맞게 살라고 하신다. 엄마 뱃속에서 벌거벗은 상태로 걸음마는 고사하고, 눈과 귀도 제대로 사용할 수 없는 우리가 분수에 맞게 살려면 과연 어떻게 살아야 하는지 묻고 싶다. 적어도 나무가 얼마나 높은지는 봐야 오를 수 있는지 없는지를 판단할 수 있기 때문이다. 올려다보지도 않고서는 그 결과를 장담할 수 없다. 나는 이러한 나의 세계관을 좌우명으로 삼고 이제껏 살아왔다. 북한을 제외한 그 어떤 곳에도 사돈의 팔촌조차 없는 내가 어엿한 대한민국 국민이 될 수 있게 해준 것도 바로 나의 굴하지 않는 도전 정신과 당당함이다.

대학교 진학 당시 서강대에 지원하기에는 자신이 정말 많이 부족하다는 것을 누구보다 잘 알고 있었다. 그럼에도 서강대에만 원서를 넣을 만큼 어리석은 자신감과 도전정신을 가지고 있었다. 그때 주위 사람들은 괜히 되지도 않을 곳 바라보지 말고 수준에 맞는 대학을 알아보라고 했다. 솔직히 나는 그분들의 마음을 이해할 수 없었다. 내가 아무리 부족하고 모자라지만 지방대에 넣으면 합격할 것은 당연한 일이다. 헌데 그 당연한 일을 왜 꼭 해봐야 하는지 말이다. 나는 그분들의 권유를 무릅쓰고 원서를 넣었고 왠지 오기가 발동해 무조건 합격하겠다고 마음먹었다.

며칠 후 면접날에도 나는 너무 당당한 마음으로 면접에 임했다. 하지만 현실은 달랐다. 교수님 질문에 하나도 답을 못했다. 그렇게 나에게만 침묵의 시간이 흘러가고 조금 있으면 면접실 문을 나설 때가 됐다. 나는 너무나 억울한 생각에 그냥 나갈 수 없었다. 그렇게 끝낼 수 없어 나는 교수님께 오히려 질문을 했다. 내가 면접을 못 본 것은 사실이지만, 그렇게 잘 알고 모르는 것이 없다면 내가 지금 이 자리에 있을 이유가 없다. 내가 많이 부족하다는 것을 알기 때문에 배우려고 온 것이니 모르는 것이 당연하다. 만일 내가 학교에 들어온다면 학교가 나를 완벽함으로 만들어주면 안되냐는 식의 어이없는 질문을 드리고 나와 버렸다. 결과는 합격이었다. 나의 어리석은 도전이 성공한 것이다.

하지만 이러한 나의 믿음은 학교에 입학하고 나서 모두 사라졌다. 이

제 그런 터무니없는 도전 따위로 얻어지는 것은 실패뿐이라는 것을 깨닫게 된 것이다. 하지만 이제껏 믿었던 나의 좌우명이 하루아침에 그냥 물거품이 되 버렸다는 사실을 받아들이기에는 나 자신이 아직 너무나 어리석었다. 그래서 나는 1년이라는 시간동안 악몽 속에 몸부림치며 살 수 밖에 없었다. 다른 이들에게는 그저 스쳐지나가는 1년이었을지 모르지만 나에게는 하루가 일 년이었다. 그러던 어느 날 다행히도 참선을 알게 되었다. 이전까지의 모든 것이 과거의 인생지도였다면 나는 이번학기 참선수업에서 자기성찰을 통해 또 다른 나의 지도, 미래의 인생지도와 함께 마지막까지 함께 할 인생의 좌우명을 찾고자하는 것이 참선 수업을 듣는 이유이자 목표이다.

수정된 인생지도:

일상에서 최선을 다 하기

나는 평소에 너무나 과한 완벽함을 추구한다. 그래서 항상 피곤하게 산다. 하루일과가 끝난 후 잠자리에 들면 오늘 했던 일중 마음에 걸리는 일이 계속해서 떠오른다. 정말 작은 실수일지라도 용서가 되지 않는다. 조금만 더 생각하고, 급한 성격을 조금만 참았다면 완벽한 하루를 보냈을 수 있을 거란 나의 망상 때문이다. 하지만 아무리 고민해도 이미 하루는 지나간 시간이다. 계속해서 붙잡고 있는 내가 얼마나 어리석은 사람인가를 알고 있지만 완벽함이라는 집착에서 벗어나지 못한다. 결과적으로 편안한 잠자리를 기대하기 어려우며 심한 경우에는 밤새 고민하고 나중에는 후회로 이어진다.

누군가가 말하기를 '완벽함이란 더 이상 할 것이 없는 상태가 아니라 더 이상 뺄 것이 없는 상태다'라고 했다. 이 말대로라면 끝없는 완벽함을 추구하고 있는 나는 참 어리석은 사람이다. 아무리 노력해도 완벽함이라는 무한한 나의 욕구를 충족시킬 수는 없기 때문이다. 사람이 후회 없이 산다는 것은 어려운 일이다. 후회는 항상 늦게 찾아오고 깨달음은 그 후회마저 다 끝나간 다음에 오는 것 같다. 이번 기말고사가 끝난 다음에도 후회는 어기지 않고 나를 찾아 왔다. 학기 동안 매일매일까지는 아니더라도 조금만 일찍 시험공부를 시작했으면 적어도 지금보다는 좀 더 완벽한 마무리를 했을 거라는 생각 때문이다.

그 때문에 시험이 끝난 후 주말 내내 잠자리에서 일어나지 않았다. 그 동안 쌓인 피로 때문이기도 하지만, 그 보다는 정신 차리기가 싫었다. 나 자신에게 많이 부끄러웠기 때문이다. 과제도 해야 하고 방학 동안에 다닐 학원도 알아봐야 했지만 마치 모든 게 끝난 사람처럼 죽은 듯이 있었다. 그러다 어제 밤 천둥이 치는 소리가 무서워 창문을 닫고 TV를 켰다. 시간이 얼마나 지났을까! 갑자기 조용해진 듯싶어 창문을 열었더니, 언제 그랬냐 싶을 정도로 너무나 고요했다. 그때 갑자기 모든 것은 끝나기 마련이라는 생각이 저도 모르게 뇌리를 스쳤다. 모든 것은 끝이 있기에 시작도 있다.

　사실 많은 사람들이 어떠한 경사스러운 일이나 충격적인 일에서 벗어나지 못하는 이유는 마치 그 충격의 순간에 계속해서 머물러 있다고 생각하기 때문이다. 하지만 순간은 순간일 뿐, 우리는 다시 각자의 일상으로 돌아오기 마련이다. 하지만 그러한 자연의 순리를 받아들이지 못하고 계속해서 그 순간에 머물러 있는 것이 바로 집착이라고 생각한다. 인간이란 원래 어리석은 것 같다. 옳고, 그름이나 예쁘고, 예쁘지 아니한 것 등 자기들이 구분을 지어놓고 그 구분의 틀 속에 갇혀 아무것도 구분할 수 없기 때문이다.

　예를 들어 지난 '세월호' 사건 같이 결코 잊어버리지 말아야 할 충격적인 사건에 대해서는 너무나 쉽게 잊어버린다. 사건 당시에는 그렇게 야단법석이던 세상이 지금은 기억하는 사람도 별로 없을 만큼 일장춘몽이 되어버렸다. 그러면서도 기억하지 않아도 될 작은 실수나 자신의 이익에 대해서는 끝없이 집착하고 고민한다. 지금 우리가 선택하고 해결해야 할 문제가 중요한 이유는 '세월호'와 같은 거대한 사실을 모른 척 넘어가게 된다면, 우리는 앞으로 또 닥치게 될 위기에서 오늘의 작은 이익 때문에 인생이라는 모든 것을 잃게 될지도 모르기 때문이다. 하지만 우리는 어리석기 때문에 눈앞에 보이는 것만 본다.

　나는 이번 학기 참선 수업과 '세월호' 참사 등 뜻 깊은 일들을 겪으면서 참 많은 생각을 했다. 대다수 사람들이 계획을 거창하게 세우지만 용두사미로 끝나는 것은 일상생활에서 최선을 다하지 못하기 때문이다. 일상이라는 작은 일도 자기 것으로 만들지 못하는 사람이 과거나 미래를 생각하기는 어렵다. 평소에 성실하게 사는 사람은 이미 일상에 충실하기 때문에 어떠한 위기가 닥쳐도 별로 겁나지 않는다. 하지만 일상을 자기 것으로 살지 못하는 사람은 언제나 불안하게 살기 때문에 위기를 맞이하게 된다면 대응책보다는 그냥 포기하기 쉽다.

　이번 수정된 인생지도의 모든 핵심은 '일상에 최선을 다하자' 는 것이다. 속담에 '보석은 언제까지 바닥에 버려져 있지 않는다.' 는 말이 있다. 물론 내가 이루고 싶은 꿈, 타인들을 돕고 싶은 마음이 간절하지만 나의 꿈과 내가 어울리지 않거나, 타인들이 나의 도움을 필요로 하지 않는다면 헛수고가 되어버린다. 따라서 거대한 꿈 보다는 지금 현재 내가 할 수 있는 일에 최선을 다하는 것이다. 지금 내가 할 수 있는 것은 공부와 매일 매일의 일상이다. 첫째 몇 분이라도 다리 틀고 앉아 하루 일과를 점검하고 일상을 시작하는 것이다. 둘째로 하루 세끼 꼬박꼬박 챙겨먹는 것이다. 셋째로는 계획을 세우기보다는 일상의 충실한 삶을 통해 현실에서 할 수 있는 만큼 나에게 주어진 삶을 살아가는 것이다.

3절 | 개강미사 참관기

이 절에서는 다종교 시대를 맞이하고 있는 오늘날, 종교를 초월해 이웃종교를 이해해야 할 필요성을 인식시키기 위해 2015년 2학기 수강생들의 '참선'과 '우주와 인생' 수강생들에게 부과한 과제인 '개강미사 참관기'를 소개해드리고자 합니다.

먼저 참관기 소개에 앞서 매우 특별했던, 학기 초에 열렸던 서강대학교 개강미사 분위기를 잘 엿볼 수 있는 저의 <금강신문>(2015년 9월 18일) 기고글을 소개해드립니다.

스님과 함께 한 열린 개강미사

성찰배경: 우리는 현재 다종교, 다문화 사회를 살아가고 있습니다. 그런데 아직 종교를 초월해 평화롭게 함께 하는 분위기가 무르익지 않아 끊임없이 갈등의 연속인 것 같습니다. 그래서 이번 글에서는 종교를 초월해 마음을 열고 함께 하면, 각자의 신앙 안에서 자신의 내적 체험을 얼마든지 더욱 깊게 할 수 있으리라는 분위기가 조성되었던 하나의 사례를 소개해드립니다.

이웃종교에 열린 마음을 가진 예수회의 가풍家風에 따라 서강대에서는 최근 2015년 2학기 개강미사를 원철 스님과 함께 하였으므로 그것에 대하여 성찰을 해보고자 합니다.

먼저 학교가 모든 강의를 휴강하고 개최하는 개강미사 참석은 비록 100% 자유지만 학기 초에 '참선'을 포함해 제 강의를 듣는 150여명의 수강생 전원에게 '개강미사참관기' 과제를 다음과 같이 부과했습니다. "수강생 여러분! 서강공동체 일원으로서 종교를 초월해 여러분들의 내적 성찰을 풍요롭게 해주는 개강미사에 참석하고, 그 참관기를 A4용지 한쪽 반 내외 분량으로 제출하기 바랍니다. 담당교수로부터"

그 후 개강미사 당일 집전은 예수회 서명원 신부(선도회 天達 법사)님께서 맡으셨는데, 다양한 배경의 참석자 분들을 배려해 매우 조심스럽게 다음과 같이 서두를 꺼내셨습니다. "저는 신부로서 불교를 공부하며 다른 종교에 대한 존경심이 생기게 되었고, 정말 많은 것을 배우게 되어 감사하고 있습니다. 하지만 그로 인해 그리스도인으로서의 정체성을 상실한 것이 아니라, 더욱 그리스도인으로서의 삶을 정진할 것을 다짐하게 되었습니다." 그런데 이 말씀은 비록 불제자가 아니더라도 종교를 초월해 미사 참석자 분들로 하여금 강론에 진심으로 집중하게 하는 효과를 충분히 거두었다고 봅니다. 그것은 '미사참관기' 과제를 제출한 어느 학생의 소감에서 잘 증명해주고 있습니다. "이러한 신부님의 말씀을 들으면서 진정으로 좋은 가르침은 종교를 초월하여 내적 성찰에 도움을 줄 수 있다는 것을 다시 한 번 깨닫게 되었다."

그리고는 미사 강론 연사로 초청된 해인사 승가대학장이신 원철 스님의 '나를 찾는 여정'이라는 제목의 진솔한 강론이 20분간 이어졌습니다. 비록 강론은 짧았지만 강렬한 인상을 남기셨는데 그 핵심요지는 다음과 같습니다. "사람은 여러 가지 계기를 통해 변화됩니다. (中略) 대부분의 사람들은 자기 몸이 하자는 대로 습관적으로 살아갑니다. 때로는 이래서는 안 되겠다고 다그치지만 결국 '작심삼일'로 끝나는 경우가 많습니다. 그 이유는 결심의 힘이 기존 습관의 힘보다도 더 약하기 때문입니다. 습관의 세월만큼 결심을 지속화하거나, 습관의 힘보다도 더 큰 힘이 작용한다면 바꿀 수 있다는 말이 됩니다. 그 해답은 만권독서와 만리萬里여행입니다. 그리고 끊임없는 자기반성과 성찰입니다. 만권독서와 만리여행을 통한 사색은 나를 바꾸어 줄 것입니다. 눈에 보이지 않는 내 안의 적을 굴복시켜 나를 바꾸어 보도록 합시다. 왜냐하면 나를 바꾸면 내 주변이 바뀌기 때문입니다."

그리고 스님과 함께 한 개강미사를 마치고 며칠 후 서강대 불교동아리 전 회장은 저에게 다음과 같은 소감을 보내주기도 했습니다. "저는 이야말로 종교 간의 화합을 다질 수 있는 가장 아름답고 평화로운 방법이라고 생각합니다."

사실 어느 종교든지 이번 서강대 개강미사처럼 종교의식에서 가끔 언행일치의 삶을 살아가고 있는 이웃종교인들을 초청해 내적 성찰에 관한 그 분들의 체험을 함께 나눈다면, 우리 사회에 만연해 있는 이웃종교에 대한 맹목적인 배타심은 크게 줄어들 것이라고 확신합니다.

참고로 이번 과제에 대해서 대체로 개신교 학생들도 잘 따라주었지만, 매우 보수적인 목사님들의 영향을 크게 받은 듯한 몇몇 학생들은 다음과 같은 요청의 이메일을 제게 보내왔습니다. "다름이 아니라 미사 참관기를 개강예배 참관기로 대체해서 제출해도 되는지의 여부를 여쭙고 싶어서 이메일을 보내게 되었습니다. 저는 기독교인으로 이번 개강미사 때 스님이 오셔서 설교를 하신다는 소식을 듣고 미사를 참석하는 데에 있어 무리가 있을 것 같다고 판단하게 되었습니다."

그래서 이런 학생들을 위해 대체과제를 허락하였으며, 아울러 이런 개신교 학생들로 하여금 보다 열린 마음을 갖게 할 수 있도록 미사 다음날, 이번 미사를 기획하셨던 교목처장 신부님께 언젠가 개최될 '목사님과 함께 하는 열린 개강미사'를 위해 농촌 살리기에 온몸을 던져 헌신하고 계신, 안목 넓은 목사님 한 분을 적극 추천해드렸습니다.

- 〈금강신문〉 증보본

개강미사참관기 개신교인:

한 개신교인의 고백

'참선' 수강생 (2010학번)

나는 기독교인이다. 그래서인지 아직 불당佛堂이나 성당聖堂에 가본적이 없다. 또한 타 종교에 대한 이해심이 깊은 편은 아니었다. 하지만 이번 개강미사를 통해 많은 것을 깨달았다. 4년간 학교를 다니면서 개강미사에 가야 된다는 생각은 한 번도 해보지 못했다. 하지만 이번 참선 수업을 통해 개강미사에 참석한 것이 정말 잘했다는 생각이 든다. 그 이유는 개강미사를 통해 나의 편견이 바뀌었기 때문이다.

이번 서강대학교 개강미사는 조금 낯선 모습이었다. '나를 찾아 떠나는 여정'이라는 주제로 가톨릭 미사에서 불교계의 스님이 강연을 하셨다. 나는 처음에 이해가 되지 않았다. 왜 스님께서 미사 강연을 하실까? 불교와 천주교의 조합이 잘 이루어 질 수 있을까? 라는 다양한 의문점들을 가지고 성이냐시오 성당으로 발걸음을 옮겼다.

그곳은 내가 상상했던 것 보다 훨씬 많은 학생들이 있었다. 그 전까지만 해도 개강미사는 휴강하는 시간인 줄만 알고 있었다. 나처럼 생각하는 학생들도 있을 것이다. 그래서 미사에 참석하지 않는 학생들이 많아 성당이 썰렁 할 것이라고 생각했다. 하지만 나의 생각과 달리 학생들과 교수님들로 인해 성이냐시오 성당에는 앉을 자리가 없어서 자리에 서있는 학생들도 있었다. 조금 뒤 신부님들께서 들어오시면서 미사가 시작되었다. 가톨릭 미사를 처음 경험해 보는 나는 신기하면서도 한편으로는, 내가 여기서 미사를 드려도 되나 싶은 마음이 없지 않았다. 하지만 조금 지나지 않아 그런 나의 잘못된 생각을 바꾸어 놓는 일이 생겼다.

서명원 신부님의 주례로 차분하게 시작된 미사는 가톨릭 성가와 기도로 이어졌다. 이날 개강 미사는 특별한 연사를 모시고 진행되었다. 처음으로 알게 된 놀라운 사실은 미사를 주관하는 서명원 신부님도 오래 전부터 불교와 남다른 인연이 있어 왔다는 것이다. 나는 이 사실을 알고 놀라지 않을 수가 없었다. 외국인 신부님께서 동양의 불교에 대한 남다른 조예를 가지고 계셨기 때문이다.

신부임에도 불구하고 타 종교에 대한 깊은 이해를 가진다는 것은 솔직히 기독교 문화에서는 조금 이상한 일이었다. 하지만 서명원 신부님께서는 아무런 거리낌 없이 불교에 대한 이야기를 하시면서 해인사 승가대학장을 맡고 계신 원철 스님을 연사로 소개하셨다. 미사가 이뤄지고 있는 성당은 잠시 긴장의 기운이 감돌았다. 소개를 받은 원철 스님께서 연단에 올라 간단한 소개를 하셨다. 1986년에 출가하셔서 수많은 어려움을 겪으셨고, 대한불교 조계종 교육원 불학연구소장과 총무원 기획국장 등을 역임하시면서 현재는 해인사 승가대학장이라는 직책을 맡고 계신다. 이번 미사에서는 '나를 찾아 떠나는 여행'이라는 주제로 강연을 하셨다.

길지 않았던 원철 스님의 특강은 나에게 많은 생각을 하게 했다. 나뿐만 아니라 그 자리에 있던 모든 사람들의 심금을 울리는 강의라고 나는 감히 장담해 본다. 어쩌면 바쁜 일상을 살면서 나를 잊어버리고 사는 모든 현대인들에게 하는 말이라고 생각한다. 높은 학점을 받기 위해 밤낮없이 공부를 하고, 좋은 회사에 취직을 하기 위해 노력하는 우리 대학생들은 정작 소중한 나 자신을 잊은 채 살아가고 있다. 하지만 내 안에 있는 원석을 찾아 그것을 잘 가공된 보석으로 만들어 세상에 내 놓는다면 그 보다 더 빛나는 보석은 없을 것이다. 그러나 나를 비롯한 많은 학생들은 내 안에 있는 숨은 보석은 잊어버리고 다른 곳에 있는 보석을 찾아 헤매고 있는 것이 현실이다.

원철 스님 특강의 요지는 이런 우리들에게 자신을 돌아보며 자기반성과 성찰을 통해 스스로 내 안에 있는 보석 찾는 일을 시작하라는 의미였다. 원철 스님께서는 '나는 누구인가[Who am I]?' 라는 질문을 던지시며 참선을 통해 수행하라는 말씀을 해주셨다. 이렇게 원철 스님의 자기 성찰에 대한 강의를 들으면서, 바쁘다는 핑계로 나 자신을 외면하고 살았던 나의 인생을 돌아보는 시간을 가지게 되었다.

처음 미사에 참가 할 때까지만 해도 타 종교에 대한 이해심이 부족하여 조금 안 좋은 생각을 했던 나는 미사가 끝나고 성당을 나서면서 새로운 결심을 했다. "무엇이든지 경험해 보지 않고 편견부터 가지는 버릇은 버리자!" 는 다짐이었다. 이러한 나의 다짐이 참선 수업에 조금 더 집중을 할 수 있게 만들고, 타 종교를 이해하고 배우고 싶다는 새로운 생각을 하게 됐다.

무교인:

인생의 새로운 전환점
'우주와 인생' 수강생 (2015학번)

2015년 9월 10일, 서강대학교 입학 후 처음으로 개강미사에 참관하였다. 개강 미사를 기념하여 휴강이지만, 강제로 참여하지 않고 자발적으로 참여하는 행사라는 점이 인상 깊었다. 입학 후 여느 학교들과 다르게 종교 강의나 채플 등을 강압적으로 듣지 않아도 된다는 사실에서 서강대학교의 성격을 엿볼 수 있었다.

사실 종교가 없는 나는 개강 미사라고 해도 박영재 교수님으로부터 개강미사 참관기 작성이라는 과제를 부여 받기 전에는 미사에 참여할 것이라고는 전혀 생각해 보지 않았다. 주변에 복사단 친구들이 더러 있는데, 그 친구들이나 절실한 천주교 신도들만이 참석하는 행사라고만 생각해 왔다. 하지만 교수님께서 서강대학교에 입학하였으면 한번은 참석해 볼 법한 행사라고 언급하셨을 때, 궁금한 마음 절반과 정말 이 학교 학생으로서 이 기회에 참여해봐야겠다는 생각이 먼저 들었다.

비록 종교는 없지만, 엄숙한 분위기 속에서 진행된 미사는 내가 이 학교에 다니고 있다는 생각 때문인지 이례적으로 축복의 말씀처럼 들렸고, 문외한이었던 나에게 굉장히 인상 깊은 의식이었다. 더욱이 원철 스님의 설법을 들으면서 나는 일단 무엇보다 개방적인 마인드에 감동했다. 미사에 신부님만이 강론을 펼치는 편협偏狹된 사고에서 벗어나 다른 종교인의 말씀을 경청하는 모습에 천주교의 특징을 엿볼 수 있었다고 할 수도 있겠지만, 나로서는 다름을 인정하고 학생들 개개인의 꿈을 융합하여 이뤄낼 수 있도록 도와주는 우리 학교만의 장점으로 되새길 수 있는 시간이었다.

원철 스님께서는 대개 사람이 하고자하는 바를 못 이루고 습관에 져 버리는, 즉 작심삼일 인간형을 설명하시며, 개인이 바뀌기 위해서 필요한 만권 독서와 만리 여행을 강조하셨다. 습관을 지속해왔던 세월의 힘이, 새로이 결심한 힘보다 더 크기 때문인데 이를 바꾸기 위해 끊임없는 자기반성과 성찰을 통해 내가 나아가고자하는 새로운 목표에 대한 의지를 키울 수 있다는 교훈이었다.

경청하는 내내 나 자신에 대해 많은 생각들을 하게 되었는데, 나의 뇌리를 스치며 가장 큰 감동으로 다가온 것은 '내가 바뀌면 내 주변이 바뀐다'는 말씀이었다. 지금껏 항상 내 주변을 탓해 온 경향이 있었는데, 스스로도 그것을 잘 알고 있었다. 하지만 무언가 내가 편해지기 위해, 혹은 내 마음이 평온해지기 위해 내가 실패한 이유를 주변에서 찾았고, 내가 하고자 하는 일에 도달하기 전에 스스로 먼저 무너졌을 때는 나에게 책임을 묻기 이전에 내 환경을 탓하고 싶었다. 내 환경이 이랬다면, 저랬다면 하는 상상 속에서 그랬다면 나는 이랬겠지, 내가 원하는 마지막 순간에 다다랐겠지, 내가 이루고자하는 바를 이뤘겠지 등등 스스로에 대한 위로를 하며 살아왔던 것 같았다. 그렇게 해서라도 내 마음이 편해졌다면 나는 그것이 왜 잘못 되었는지 모르는 채로 지내왔을 것이다. 하지만 나는 그것에서 완전한 위로를 얻지 못했기 때문에 스스로 남을, 환경을 탓하는 자체가 나에게는 아무런 도움이 되지 않는다는 것을 이미 알고 있었다.

하지만 처음이었다. 내가 바뀌면 내 주변이 바뀔 수 있다는 것을 알게 된 것은. 꽤나 신선한 충격이었다. 여태껏 내 주변이 바뀔 수 없음을, 그저 내가 바뀌어야 한다는 사실만 알고 있었다. 아니 그 사실 때문에 오히려 내 주변을 탓했던 것 같다. 내가 바뀔 수 없음에, 스님의 설법대로 작심삼일에 그치는 내 자신을 한심해 하며, 한숨을 내쉬며, 나의 의지박약을 한탄하며, 다시 그 그물에서 벗어나지 못하고 나는 이건 환경 탓이지 하며 완전한 위로도 얻지 못한 채 그렇게 살아왔던 내 자신이 그 순간에 내 머릿속을 스친 것이다.

하지만 내가 그 환경을 바꿀 수 있다는 사실을 알게 해준 개강미사 강론은 내 인생의 새로운 전환점이 되어 버린 시간이었다. 물론 나도 잘 알고 있다. 내 자신이 바뀌는 것, 내가 목표로 하는 것을 이루는 것이 힘든 사실이라는 것을. 하지만 이 역시 끊임없는 자기반성과 성찰로써 새로운 도전을 해 볼 수 있지 않을까 하는 기대를 해본다.

박영재 교수님의 '우주와 인생' 강의를 들으며 수식관에 대해 배우고, 매 강의 시간 마다 여러 인물과 새로운 이야기를 들으면서 인생에 대해 뒤돌아보며 자기 성찰을 하는 시간을 갖게 된다. 하지만 '나는 항상 작심삼일형에 그치는 인간'이라고 내 자신을 그 우리 속에 가둬둔

채로 있었기 때문에 내 자신을 바꿔 내가 직접 나의 주변 환경을 바꾸겠다는 생각을 해보지 못했지만, 이제부터라도 그 우리 속에서 벗어나서 나와 나의 주변을 바꾸어 가는 주인공이 되어야겠다고 다짐해본다.

1학년 학부생으로서 앞으로 나의 꿈을 이루기 위해 진정으로 내가 하고 싶어 하는 것을 찾고자 하는 바람이 매우 크다. 앞으로 대학교 생활동안 남을 원망하고 탓하는 길보다는 내 자신에서부터 변화를 찾고 그로써 나의 주변을 바꾸게 하는 방법을 찾을 것이다. 또 실제로 교수님과 원철 스님의 설법이 일맥상통하듯 끊임없는 자기성찰로써 내 삶을 되돌아보며 앞으로 나아가는 길을 택할 것이다.

이에 진정한 가르침을 얻을 수 있는 독서와 또 더 넓은 세상에서의 경험을 얻을 수 있는 새로운 곳에서의 여행은 내 자신이 성장하는데 한껏 도움을 줄 것이라는 확신을 얻는 시간이었다.

뜻하지 않게 처음에 참관기를 작성하기 위해 참석했던 행사에서 인생의 큰 가르침을 얻게 되어 매우 기쁘다. 어떻게 생각하면 한 번도 참석하지 않고 졸업할 수 있었던 서강대의 한 학생으로서 매우 뜻 깊은 시간을 갖게 되었다. 앞으로 남은 학부생 기간 동안 매학기 개강미사를 들을 것이다. 그리하여 매 학기의 출발선 위에서 이렇게 좋은 분들의 좋은 말씀을 들으면서 새로운 각오를 다지며 매학기를 시작하게 될 것 같다. 이렇게 좋은 기회를 주신 박영재 교수님께 진정으로 감사드립니다.

불교인:

다른 종교에 대한 공부도 어느 정도 필요
'참선' 수강생 (2015학번)

'참선' 과목의 첫 수업 전날 사이버캠퍼스를 들어가 보고 놀라움을 금치 못했다. 그 이유는 불교의 수행 방법을 가르치는 것으로 알았던 참선과목의 첫 과제가 개강미사에 참여한 후, 그 후기를 써오는 것이었기 때문이다. 더 놀라웠던 것은 천주교 개강미사의 강론을 스님께서 맡으신 것이었다. 종교 간 구획은 분명하게 존재한다는 것이 이전의 내 생각이었고, 부모님을 따라 불교에 입문한 후로 교회, 성당 등 타 종교 장소에 단 한 번도 발을 들인 적이 없었기 때문에 이번 과제가 낯설고 어느 정도 꺼려지기도 하였다. 또 한편으론 성당은 한 번도 가보지 않은 곳이라는 생각 때문에 흥미롭기도 하였다. 낯선 곳을 처음 가보는 것에 대한 설렘과 약간의 두려움, 과연 스님께서는 어떤 강론을 하실지에 대한 궁금함 등을 가지고 개강미사에 참관하게 되었다.

떨리는 마음을 안고 미사 시작 시간에 딱 맞추어 들어갔을 때, 성당은 이미 앞서 온 사람들로 가득 차 있었으며, 분위기는 굉장히 엄숙하고 진지하게만 느껴졌다. 내가 절에서 느꼈던 불교의 조용하고 한산한 분위기와는 꽤 달랐다. 외국인 신부님의 주례와 성가가 번갈아가면서 진행되었다. 처음 듣는 어휘들이 많아 미사가 진행되는 동안 대부분 무슨 말인지 몰랐지만 신기하고 새로웠다. 주례가 끝나면 성가대를 중심으로 많은 사람들이 성가를 따라서 부르는 것도, 성호를 긋는 것도 처음 보는 모습이다 보니 색달랐다. '천주교란 이런 것이구나.', '되게 색다르고 신기하다.'는 생각이 많이 들었다. 하지만 기본적인 지식이 없기 때문에 소극적으로 의식에 참여할 수밖에 없는 부분은 조금 아쉬움으로 남았다.

이후, 신부님의 소개로 원철 스님의 강론이 이어졌다. 신부님의 주례나 성가 등 미사 진행을 통해서는 천주교라는 종교가 어떤 것인지에 대한 경험을 나에게 주었다면, 원철 스님의 강론은 내가 종교에 대해 갖고 있던 어떠한 편견을 깨뜨리는 신선한 충격으로 다가왔다. 내가 예상했었던 '불교는 어떻고, 천주교는 어떻다', '공존은 이렇게 해야 한다' 등과 같은 말씀 없이 원철 스님께서는 순전히 나를 찾는 여정이라는 주제로 강론을 하셨다. 그 안에 이번 개강미사만의 특별한 의의가 담겨있는 것 같이 느껴져 이 내용을 꼭 적고 싶다. 나를 찾는 여행의 해답으로 스님께선 만리여행과 만권독서를 제시하셨다. "많이 보고 많이 들으면 조금은 바뀐다."고 하시며 독서와 여행을 통한 사색과 경험을 강조하셨다. 그러나 새로운 것에 대한 경험을 얻거나 미사를 드리러온 것이 아니라, 단순히 과제라는 명목으로 오게 된 나에게는 스님의 말씀이 교훈을 주시는 것처럼 들렸다. 원철 스님의 말씀을 종교에 국한시켜 생각해 보았다. 옛 수행자들은 성지순례 등 만리여행을 하면서 자기신앙에 대한 깊은 탐구를 했을 뿐만 아니라, 여러 종교에 대한 경험도 쌓았을 것이다. 꼭 여행이 아니라 독서도 마찬가지다. 다른 종교에 관해서 깊은 신앙을 가진 사람들의 글을 읽으며 다양한 종교에 대한 이해, 깨달음을 얻을 수 있다는 것이다. 이 두 가지를 통해서 시야와 안목이 넓어지고, 가치관이 다양해진다는 것이다. 즉 만리의 여행과 만권의 독서를 통한 다른 종교에 대한 경험은 자기 종교에 대한 더 넓은 이해로 나아 갈 수 있다. 나와 같은 사람들에게 다른 종교에 대한 이해와 포용을 제안하는 듯이 들렸다. 그래서 나는 이 부분에 관한 말씀이 종교 간의 공존과 화합에 중요한 의미를 지닌다고 생각한다. 스님의 참석만으로도 이번 개강미사의 의의가 종교 간의 공존, 화합이라고 할 수 있다면, 원철 스님의 강연은 공존과 화합 등과 같은 단어의 사용 없이 그 의의를 역설力說한 매우 멋진 강론이었다고 생각한다. 물론 원철 스님의 의도는 달랐을지도 모르겠지만, 이러한 수용을 통해 나는 더 큰 인상과 깨달음을 얻게 되었다. 물론 중간 중간에 많은 좋은 말씀이 있으셨지만, 나에게 충격이라고 할 만큼 인상 깊게 다가온 말은 그 부분이었다. 만약 강론을 나와 같이 받아들였다면, 혹은 원철 스님의 의도가 그것이었다면, 종교 간의 구획을 당연시 생각했던 나 또한 반성하게 되었음은 물론이고 타 종교에 대한 무조건적인 배척을 하는 이들에게도 많은 깨달음을 줄 수 있는 강연임이 분명하였다. 지금 시대는 많은 종교가 존재하는 다종교 시대인 것은 맞지만, 그 종교들이 잘 조화를 이루고 공존하는 시대라고 말하기에는 아직 이른 것 같다. 자기 종교에 대한 우월주의나 보수적 태도를 지양하고, 앞으로의 인식들은 화합과 공존의 방향으로 점차 변화하는 계기가 되었으면 좋겠다.

　이번 미사참여는 천주교가 어떤 종교인지 깊게는 아니더라도 알게 되었을 뿐만 아니라 종교 간의 다양성 존중과 공존에 대해서 새롭게 생각해 볼 수 있는 좋은 기회였던 것 같다. 처음에 참선이라는 과목 자체를 종교적으로만 제한하여 생각한 내 자신도 반성하게 되었고, 앞으로 그런 점들을 초월해서 세상을 바라보는 안목을 넓히고, 더욱 다양한 사고를 할 수 있게 하시려는 교수님의 의도를 깊이 헤아릴 수 있게 되었다. 미사가 진행되는 동안 무슨 말인지 모를 어휘들이 난무했을 때 아무렇지도 않게 생각했던 것이 강론을 들은 후 부끄러워졌다. 최소한 내 종교에 대한 신념을 확실히 하기 위해서는 다른 종교에 대한 공부도 어느 정도 필요한 것 같다.

천주교인:

개강미사는 새로운 자극으로 다가왔다

2015년 2학기 '참선' 수강생 (2010학번)

　9월 10일 목요일, 1교시 수업을 마치고 나는 평소처럼 이른 점심을 먹으러 가지 않고 이냐시오 성당으로 향하였다. 2학기 개강미사가 곧 시작하기 때문이다. 2010년에 서강대학교에 입학한 이후로 매학기 하는 개강미사를 단 한 번도 가본 적이 없었고, 그 때문에 이냐시오 성당 또한 제대로 가본 적도 없었다. 이번 학기도 여느 때처럼 '개강미사를 하나보다' 라는 생각만 있었지, 가봐야겠다는 생각은 하지 않았다. 그러던 중 참선 수업의 박영재 교수님께서 인생지도 작성에 이은 개강미사 참관기 제출을 두 번째 과제로 내주셨다. 교수님께서는 '자신은 학부 시절 매 학기 개강미사에 참석했고, 지금의 학생들 또한 졸업하기 전까지 적어도 한 번은 가봐야 한다고 생각한다.' 고 하셨고, 나는 이 말씀에 공감을 하여 별 거부감을 갖지 않고 개강미사를 가기로 하였다.

개강미사 이야기를 하기 이전에 먼저 나의 얘기를 잠시 하자면, 사실 나는 독실한 가톨릭 집안에서 성장하였다. 부모님께서는 나를 낳으시기도 전부터 성당을 성실하게 다니셨고, 나는 초등학교에 가기 전부터 이미 성당에 매주 가곤 하였다. 세례성사, 성체성사, 견진성사와 같이 가톨릭에서 행하는 종교적인 많은 절차들 또한 밟아왔다. 하지만 고등학교 시절부터 종교, 구체적으로 말하자면 유일신인 하느님에 대한 회의감이 생기기 시작하였고, 이때부터 가톨릭에 대한 신앙심은 점차 사라져갔다. 하지만 가톨릭에 대한 신앙심이 사라져갔다 뿐이지 가톨릭을 싫어하거나 안 좋게 생각하는 것은 딱히 없었다. 오히려 미사를 드리는 성당 특유의 차분하고 엄숙한 분위기, 극단적이지 않고 부드러운 성향의 신자들에 대해서는 우호적인 감정을 지금까지도 가지고 있다. 그 때문에 매주 미사에 참석하지는 않지만, 1년에 몇 번 정도는 미사를 드리러 성당에 가기도 한다.

이렇게 가톨릭에 익숙한 나에게 우리 학교 개강미사는 새로운 자극으로 다가왔다. 먼저 오랜만에 미사에 참석해서 엄숙하고 차분한 미사 분위기를 느낄 수 있어서 좋았고, 신기한 것은 미사를 집전하는 신부님이 한 분이 아니라는 것이었다. 예수회 신부님들이 제단에만 다섯 분이 넘게 계셨고, 신자석 맨 앞자리에는 열 명 정도의 신부님이 계셨다. 한 미사에서만 15명 이상의 신부님이 계시는 것은 평생 동안 가톨릭에 익숙한 나에게도 신선한 장면이었다. 또 주례신부님인 서명원 신부님이 외국 분이셔서 한 번 더 놀랐다. 개강미사 포스터에서 봤을 때는 당연히 한국 신부님일 거라고 생각했는데, 미사 시작과 동시에 외국 신부님이 집전을 하시기에 '원래 오시기로 한 신부님 대신 오셨구나.' 라고 생각이 들 정도였다. 하지만 서명원 신부님은 유창한 한국말로 미사를 올리셨고 그 장면이 낯설기도 했지만 한 편으로 반갑기도 하였다. 서명원 신부님께서 하신 말씀 중에 마음에 깊이 와 닿는 구절이 있었다. 바로 자신은 오랫동안 불교와 부처님에 대해 공부를 하였고, 존경심을 가지고 많은 공부를 한 만큼 많은 것을 깨닫고 배웠지만, 단 한 번도 그리스도인으로서의 정체성이 흔들린 적은 없고, 오히려 더욱 깊은 신앙심을 갖게 되었다는 말씀이다. 흔히들 불교, 개신교, 가톨릭, 이슬람교 등 수많은 종교들이 있고, 이들 사이에는 조화보다는 갈등이 더 익숙하다고 생각한다. 하지만 서명원 신부님은 불교와 부처님에 대해서 존경심을 갖고 있는 동시에 자신의 가장 큰 가치관인 그리스도교인의 신앙심 또한 무엇보다 확고하며 다른 종교와 조화를 이루고 있는 것이다. 얼핏 들으면 모순되는 행동이라고 생각할 수 있지만, 하나의 산을 생각해볼 때 산 정상으로 올라가는 길은 하나가 아니지만 결국 맞이하게 되는 산 정상은 하나이며, 그곳에서 바라보는 풍경은 똑같기 때문에 서명원 신부님이 우리에게 보여주는 모습은 전혀 이상하지 않다.

  이런 모습을 한 번 더 볼 수 있던 것은 미사 중 강론시간이었다. 내가 알고 직접 경험한 바로는 미사를 집전하시는 신부님께서 직접 강론 말씀을 해주시지만, 이 날 개강미사의 강론은 해인사 승가대학장이신 원철 스님께서 맡아주셨다. 정말 신기한 장면이 아닐 수 없었다. 가톨릭 미사에서 신자들에게 불교의 스님이 말씀을 하시다니. 원철스님께서는 길 떠나고 싶은 가을이 왔다며, 자신은 떠나기를 너무 좋아하다보니 집까지도 떠나 이렇게 스님이 된 것 같다고 운을 떼시면서 '나를 찾는 여정'에 대한 강론을 시작하셨다. 예부터 계속 행해지는 불교의 성지순례와 가톨릭의 산티아고 성지순례, 그리고 최근 우리나라의 유명 도보길인 올레길 등에 대해 말씀해주셨다. 만권독서와 만리여행, 그것을 통해 진정한 자신을 찾고, 끊임없는 질문과 그에 대한 해답을 찾는 것이 우리들이 해야 할 행동이라고 말씀하셨다. 특히 끊임없는 자기반성과 성찰을 통하여 자기 자신을 밖이 아닌 안에서부터 파악하고 항상 새롭게 자신을 다듬어 나가는 자세의 중요성을 강조하셨다. 이런 생각들은 나 또한 평소에 중요하게 생각하고 실천하려고 노력하는 편인데, 이날 개강미사에서 스님의 말씀을 들으니 더욱 더 정진해야겠다는 각오를 다지게 되었다. 현실을 살다보면 여행을 가기엔 시간과 돈이 모자라고,

책을 읽는 습관이 안 들어 쉽게 책이 잡히지 않는 나에게 사색과 성찰은 나 자신을 돌아보기 위한 주요 도구이다. 큰돈이 필요한 것도 아니고, 한 번에 많은 시간을 들여야 하는 것이 아니기에 일상생활을 하면서 틈나는 대로, 주로 잠들기 전에 생각을 정리하고 나에 대해 한 번 더 생각하며 성찰을 하는 편이다. 최근에는 참선 수업에서 교수님께서 가르쳐주신 수식관을 통해 자아성찰과 조금 더 가까워지기도 하였다. 가부좌를 틀고 명상을 하는 것이 익숙하지는 않지만, 한 번 한 번 해감에 따라 점점 마음이 편안해지고 잡념이 줄어드는 것을 느낀다.

이번 개강미사를 통해 파란 눈을 가지고 한국인의 이름을 가진, 불교에 대한 존경심을 가지지만 누구보다도 신앙심이 강한 그리스도인인 서명원 신부님, 낯선 자리일 테지만 기꺼이 와주셔서 좋은 말씀을 해주신 원철 스님을 알게 되어 정신적으로 한층 더 풍부해짐을 느낄 수 있었다. 그리고 가톨릭 미사에 강론자로서 원철 스님을 초대한 우리 학교의 열린 사고방식이 참 자랑스럽고, 개강미사를 가볼 수 있게 기회를 만들어 주신 박영재 교수님께도 감사드립니다.

4장 | 성찰의 삶 지속하기

1절 | 참선 조기 교육의 필요성과 사례들

이 절에서는 참선 조기 교육의 필요성을 실감하게 하는 자료들과 그 사례들로 제가 주관하는 일반인을 위한 참선모임에 수년째 꾸준히 참여하고 있는 중학생과 초등학생의 성찰글을 함께 소개해 드립니다.

참선 조기 교육의 필요성

성찰배경: 2012년 9월 좋은 직장을 내던지고 진로를 바꾼, 적성과 관계없이 성적순으로 진로를 결정했었던 30대들에게 '인생 선배로서 후배 대학생들에게 하고 싶은 말은 없을까?' 란 기자의 질문에 이들이 '자기 자신부터 진지하게 바라보라.' 고 권하는 동아일보 기사를 접했던 기억이 납니다. 사실 이들은 먼 길을 돌아 '자기성찰' 의 필요성을 뼈저리게 느낀 것입니다.

참선 조기 교육의 효과

요즈음 우리들은 참선[마음챙김 명상]의 자기성찰 효과에 관해 보다 구체적인 기사들도 자주 접하고 있습니다. 그 가운데 특히 청소년을 위한 참선 조기 교육의 효과를 일깨워주는 일련의 기사들이 있습니다.

보기를 들면 영국 셰필드 지방의 한 초등학교와 부설 유치원에서 매주 2회 3주간의 마음챙김을 체험할 수 있는 놀이 프로그램을 운영한 후, 매주 프로젝트 진행 과정에서 15분간 마음챙김 실습을 하고 있는 교육 프로젝트가 주목받고 있다는 기사, 선거 스트레스를 명상으로 극복한 미국 하원의원인 팀 라이언이 저서 <마음챙김에 기반한 국가론>에서 "사람 사는 미국을 건설하기 위해 초등학교에서 '마음챙김' 을 정규 과목화해야 한다."고 역설한 기사, 금강선원에서 8주간의 청소년 기초참선 과정을 통해 자신을 성찰하며 집중력 및 성적 향상 등 변화를 직접 체험한 학생들이 스스로 심화반 과정에 입문했다는 기사 등입니다.

덧붙여 '갑'과 '을'의 관계라는 구조 아래 최근 군부대 내에서의 폭력 사태 등을 포함해 다양한 부정부패 및 범죄 행위들이 우리 주변에서 빈번하게 일어나고 있는 상황 속에서, 바른 인성 함양의 중요성이 사회적으로 강조됨에 따라 범국민적인 인성교육을 활성화하기 위해 2013년부터 교육부가 '인성교육 프로그램 인증제'를 도입·운영하고 있는데, 저절로 '이타자리利他自利'의 삶을 살 수 있도록 인도하는 참선 명상을 이 인성교육 프로그램에 접목시킨다면 우리 사회 전반에 걸쳐 그 효과를 더욱 빨리, 더욱 폭넓게 기대해볼 수 있으리라 판단됩니다.

'참선' 강좌 개설

한편 서강대에서는 1999년 3월부터 교양과정에 종교를 초월한 '참선'이란 과목을 신설하여 처음 몇 년간 제가 한 반을 맡아 오다가 수강 희망 학생들이 점점 늘어나게 되었습니다. 마침 1994년 3월부터 제가 주관했던 교내 참선모임을 통해 두 분 모두 독실한 천주교 신자이신 수학과 박성호 교수(천흠天欽 법사)님과 화공생명학과 박형상 교수(천보天堡 법사)님이 종교를 초월해 참선 수행과정을 모두 마친 다음부터는 두 분이 각각 한 반씩 담당하시면서 오늘에 이르고 있습니다. 그런데 최근 대학의 주요 보직을 맡으시거나 연구안식년 등의 사유로 두 분 가운데 한 분이 못 맡게 되시면서 저도 다시 2012년 9월부터 교대로 거의 한 반을 맡아오고 있습니다. 참고로 이 '참선' 강좌의 경우 2012년 2학기 개강 전 수강신청에 실패한, 무려 19명의 학생들이 이메일로 추가로 수강허가를 요청해와 그 열기를 더욱 실감할 수 있었습니다. 그 가운데 이메일 하나를 소개하면 다음과 같습니다.

"신방과 졸업 학기 학생입니다. (중략) 친구의 추천으로 교수님의 수업을 들으려고 계획하였습니다. 하지만 수강 인원이 이미 차버려서요. (중략) 마지막 학기의 스트레스를 참선을 통하여 다스리고 싶습니다."

이에 대해 거절 답신을 다음과 같이 보냈었습니다. "과목의 특성상 30명을 초과하면 수업 진행이 불가능합니다. 대신 다른 대안을 알려드립니다. 현재 서강대에는 학점과 관계없이 열리고 있는 참선 모임들이 있습니다. (중략)"

물론 추가 수강 불가 편지를 받고도 개강 첫날 강의실로 쳐들어온, 매우 적극적인 6명의 학생들에게는 그 정신을 높이 사서 수강을 허가해 주었습니다.

나눔 실천이 포함된 인생지도

그런데 제 강의의 특징 중 하나는 개강 2주를 전후해 부과하는 과제물로, 과거를 돌이켜 반성하고 나눔 실천이 포함된 미래에 대한 가능한 구체적인 인생계획을 세우고 현재에 몰입하겠다는 다짐이 담긴 '인생지도'를 제출받는데, 그 가운데 일상 속에서 수식관數息觀 수행을 지속하며 잘 적응해 가고 있는 한 학생의 글을 소개하면 다음과 같습니다.

"(중략) 휴학을 마치고 대학교 생활을 하면서 점점 적응해 지금은 졸업준비를 하고 있습니다. 다른 친구들은 한창 취업준비를 하고 있을 때 저는 마지막 학기를 어떻게 보내야 할지 생각하니까 좌절하고 자책감에 빠지고 스트레스를 받고 있던 중, 참선이라는 수업을 통해서 마음이 안정되고 집중이 잘되는 것을 천천히 느끼고 있습니다. 첫 수업을 하면서 처음엔 가부좌 자세가 힘들고 머리엔 온통 잡생각뿐이었는데 수업을 한 번 씩 진행해 나갈 때마다, 그리고 제가 집에 와서 자기 전 20분간 참선을 하면서 머릿속에 있는 것을 정리하고 하루를 끝내고 나면 마음이 한결 가벼워지고 자신감이 생깁니다. 또한 '어떤 일을 함에 있어서 집중력도 높아졌다.'는 것을 깨달았습니다. 참선을 통해 삶이 변화하고 있음을 느낍니다. 앞으로도 꾸준한 선 수행을 통해서 제 삶을 다시 되돌아보고 앞으로 나아가는 삶을 살 것입니다."

결론적으로 종교를 초월해 꿈나무들이 유치원부터 조기에 참선 교육을 받으며 성장한다면, 시행착오 없이 자기 적성에 맞는 진로를 제대로 선택할 것이고, 그렇게 될 때 신바람 나게 대학 생활을 보낼 것이고, 또한 이들이 대학 졸업 후에는 원하는 전문직에 종사하면서 통찰체험을 바탕으로 각자 있는 그 자리에서 자기만을 위한 이기적인 삶이 아닌, 나눔 실천적 삶을 지속하며 보다 살기 좋은 사회를 선도해 갈 것이라 확신합니다.

- 〈금강신문〉(2012년 10월 26일) 수정 증보본

참선 조기 교육 사례 1:

명상과 나의 특별한 인연

중학생 홍민주

2011년 가을, 나는 이모님의 권유로 '선도회' 지부 가운데 하나인 인사동모임에 나가게 되었다. 첫 모임에서는 명상이 무엇인지 그리고 하는 방법을 배웠다. 그 날 처음 뵈었던 법사님은 평온하고 안정된 이미지셨다. 명상과 나의 특별한 인연은 이렇게 시작되었다.

첫 모임 이후 약 1년 간 내 명상은 일정치 않았다. 열심히 했다가 귀찮아서 잘 안 했다가 했었다. 하지만 시간이 흐르자 명상은 내 삶 속에 자리 잡아 갔고, 점점 규칙적이고 꾸준하게 하게 되었다.

이렇게 명상을 하면서 내게는 많은 변화들이 생겼다. 제일 큰 변화들은 내면의 것들이었다. 나는 '여유'를 만나게 되었고, 남을 이해하고 받아들이는 공간이 넓어졌다. 또한 전에는 감정기복이 좀 심한 편이였으나, 지금은 대개 평온하고 차분하다. 무엇보다 큰 변화는 배짱이 생겼다는 것이다. 원래 소심한 축에 들었는데, 이제는 당당하고 자신감이 많아졌다.

내면의 변화들은 대인관계에서의 변화들도 이끌어 냈다. 내가 여유를 찾고 남을 받아들일 공간이 넓어지자, 다른 사람들을 대할 때 더 넓은 마음으로 그들을 받아들이며 대할 수 있게 되었다.

명상은 공부하는 데에도 큰 도움이 되었다. 나는 집중이 안 될 때 명상을 하는데, 그러면 복잡하고 혼란스러웠던 머릿속이 정리가 되고 집중력이 올라갔다. 한 번은 이런 일도 있었다. 전혀 풀지 못한 수학 문제를 명상을 하고 찍었더니 맞는 답이었던 것이다.

나를 많이 바꾸어놓은, 그리고 더 바꿔놓을 명상.

오늘도, 내일도 나는 명상을 하며 하루를 시작한다.

2014년 10월 31일 홍민주 합장

스승의 날 편지

중학생 홍민주

법사님께

법사님, 안녕하세요? 저 민주에요.

먼저 감사하다는 말씀을 드리고 싶어요.

저는 명상을 만난 이후로 많이 변했어요. 배짱도 전에 비해서는 많이 생겼어요. 마음의 여유도 좀 가지게 됐구요. 또 좀 더 차분해졌어요.

집중력도 높아졌고요.

저는 이런 변화들이 저를 이끌어주시고, 지도해주신 법사님 덕분이라고 생각해요.

감사해요. ♡

앞으로 명상 더 열심히 할게요.　　　　　2015년 5월 15일 민주 올림

참선 조기 교육 사례 2:

스승의 날 편지

초등5 홍연지

법사님께

안녕하세요, 법사님! 저 연지에요.

스승의 날이어서 짧지만 마음이 담긴 편지를 드려요.

그동안 가르쳐주셔서 감사합니다.~

명상을 통해 더 차분해진 것 같아요.

앞으로는 더 열심히 명상을 하겠습니다~!

스승의 날 축하드려요~!

2015. 5. 15.(금) - 연지 올림-

군더더기: 2015년 8월 현재 중학교 3학년인 홍민주 양과 초등학교 5학년인 동생 홍연지 양이 처음 참선 모임에 나왔을 때는 모두 매우 내성적이며 눈도 제대로 마주치지 못하고, 심적으로 매우 불안한 상태였습니다. 그런데 몇 달이 지나자 심적으로 안정된 상태를 회복했습니다. 특히 동생은 처음 얼마 동안 언니와 함께 입실해 절할 때도 늘 곁눈질해가며 언니를 따라 했으

나, 이제는 혼자 입실하게 되면서 곧 입실 전후 문도 '쾅!' 닫고 나가게 될 정도로 당당해졌습니다. 참고로 홍민주 양은 참선 수행을 하기 전부터 전교에서 늘 1,2 등을 해 오고 있었는데 예전에는 1등을 빼앗기면 어쩔 줄 몰라 했었으나, 이제는 담담하게 받아들이게 되었다고 합니다.

참선 조기 교육 사례 3:

2015년 5월 15일 스승의 날 편지
중1 조혜원

참선 선생님께

안녕하세요, 선생님.

저 조혜원이에요. 스승의 날을 맞아 이렇게 편지를 쓰고 있어요.

제가 참선을 하기 시작해서 선생님을 만난 지 반년쯤 되었으니까, 이 정도면 꽤 오래 되었네요. 덕분에 시험 볼 때와 일상생활 할 때, 그리고 할 일을 할 때 여러모로 실수가 줄어들고, 집중도 더 잘 하게 돼요. 저에게 좋게 가르쳐주셔서 감사합니다.

그리고 어린이를 위한 <명심보감>과 같은 것들도 좋은 사람이 되도록 해주셔서 감사합니다. 앞으로 저, 도덕적으로 좋은 사람이 될 수 있도록 노력할 거예요.

앞으로도 선생님 말씀 잘 듣고, 꾸준히 참선하고, 공부도 더 열심히 해서 대단하고 멋진 사람이 될 거예요.

여러 가지를 저에게 가르쳐주셔서 감사합니다.

스승의 날 축하드려요! 그럼, 안녕히 계세요.

조혜원 올림

참선 조기 교육 사례 4:

스승의 날 편지

초등4 조혜인

참선 선생님께

안녕하세요? 저는 혜인이라고 합니다.

참선 하는 방법과 '어린이 명심보감' 등 한자도 알려주셔서 감사합니다.

그리고 '어린이 명심보감' 에 나오는 한자들 가운데,

한자가 쓰여 있는 것 중 많이 나오는 게 있어서

조금이라도 알아보니까 정말 뿌듯했어요.

많은 한자를 알려주셔서 감사합니다!

2015년 5월 15일 혜인 올림

군더더기: 2015년 8월 현재 중학교 1학년인 조혜원 양과 초등학교 4학년인 조혜인 양은 약 6개월 전 부모님과 함께 인사동모임을 나오기 시작했습니다. 처음에는 둘 모두 자신감이 결여되어 있었으며, 특히 동생의 경우 에너지가 넘쳐 잠시도 가만있지 못하고 매우 산만했었습니다. 그러나 몇 차례 모임에 참석하면서 점점 차분해지더니 이제는 부모님들께서 생업에 바쁘셔서 함께 참석하지 못하는데도 자매들은 빠지지 않고 매번 모임에 참석하는 등 누가 보아도 매우 의젓해졌습니다. 참고로 혜원 양은 참선 수행 이후 차분해지자 부수적으로 성적도 향상되고 있다고 하네요. 아무튼 꿈나무들 모두 조기 참선 수행의 효과가 2015년 스승의 날 스스로 쓴 편지에도 잘 담겨있어 매우 흐뭇했습니다.

2절 | 넉 달간의 집중 참선 수업의 효용성과 한계

형편없는 마마보이로 성장한 저는 대학 2학년 때 종달 이희익 선사 문하에서 참선 수행을 하며 오늘에 이르기까지 통찰과 나눔이 둘이 아님을 온몸으로 체득하며 너무나 값진 체험을 하였습니다. 그래서 2012년 2학기에 다시 맡아 새롭게 진행했던 강의 체험을 바탕으로 2013년 2학기부터 진행해 온 강의에서는 종교를 초월한 '4달간의 참선여정'을 좀 더 성찰에 초점을 맞추어 교과과정을 운영하였습니다. 그런데 이번에 <금강신문>에 기고하기 위해 이 글을 쓰며 돌이켜 보니, 지난 40여 년간 저의 선 체험의 정수精髓, 즉 밑천을 이 학기를 통해 몽땅 드러낸 것 같습니다.

참선 실습의 효용성과 한계

성찰배경: 이 글은 5장 1절에서 다룬 '강좌를 통한 넉 달간의 집중 참선 수업'에 대한 후속 글로 '참선 실습의 효용성과 한계'에 대한 내용을 담고 있습니다. 특히 2013년 2학기에 저의 '참선' 강의를 수강한, 독실한 개신교 신자 학생의 넓어진 안목을 잘 엿볼 수 있습니다.

또한 매 시간마다 바닥에 방석을 깔고 25분씩 두 차례 좌선 실습을 하는 '참선' 강의를 심화과정이라고 했을 때, 2014년 2학기에 필자가 매 시간마다 10분씩 강의실 의자에 앉은 채 수식관 실습을 하는 입문과정에 해당하는 교양강좌 '우주와 인생' 은 4회의 성찰과제를 포함해 짧은 10분간의 수식관 실습임에도 불구하고 '참선' 강의 못지않게 수강생들 가운데 저로 하여금 무한한 보람을 느끼게 하는 학생들이 적지 않았습니다. 그 가운데 제 강의 의도를 잘 파악한, 한 학생이 학기말에 수강후기를 겸해서 제출한 '수정된 인생지도' 를 함께 소개해드리고자 합니다.

오늘날 우리는 다종교 다문화 시대를 살아가고 있습니다. 그런데 2014년 초 한국 성지 순례단이 이집트를 여행하다가 폭탄테러를 당하는 등 지구촌 도처에서 일어나고 있는 종교간 갈등이 끊임없이 폭력사태로 이어지고 있습니다. 사실 이는 대부분 자기 종교를 맹신하는 분들이 존중해야할 이웃종교들과 갈등을 일으키고 이런 과정에서 단순한 외국인 여행객에게까지 폭력을 휘둘렀다고 생각됩니다.

물론 이를 계기로 외국 관광객들도 어떤 의도를 가지고 다른 신앙을 가진 현지인들을 자극하지는 않았는지도 깊이 성찰하며 이런 일이 재발하지 않도록 더욱 조심해야 할 것입니다.

따라서 우리는 이런 현실 속에서 그 일환으로 세계 평화 구현을 위해 다양한 종교들을 두루 몸소 체험하며 이들이 어려운 이웃과 함께 서로 감사하고 나누며 살아가고자 한다는 점을 모두 깊이 자각하고, 그런 뜻에서 '산꼭대기는 하나이지만 올라가는 길은 여러 갈래가 있다.' 라고 제창한, 근세를 살았던 힌두교의 성자 라마 크리슈나의 가르침을 포함해 열린 마음으로 이웃종교들을 존중하며 새롭게 주목할 필요가 있습니다.

참선 실습의 효용성

그래서 이번 글에서는 먼저 한국 사회에 내재해 있는 이웃 종교들 간에 갈등을 해소하기 위한 일환으로 부과했던 과제를 통해 참선실습의 효용성을 다루고자 합니다.

구체적으로 <함께 앉고 함께 나누기: 좌선>(본북, 2013년 증보판)에서 서양인이 각자 자기 신앙 안에서 행한 참선수행을 통해 변화된 모습을 담은 '서양인, 좌선에 심취하다' 란 대목을 읽고 소감을 제출하게 했었는데, 다음은 독실한 개신교 신자 학생의 소감문 가운데 발췌한 대목입니다.

"모태신앙으로 기독교를 믿고 있는 저는 처음에 참선이 단전호흡 수업인 줄 알고 수강을 했습니다. 하지만 개강 초에 불교 내용을 접하고 당혹스러웠으나 수업이 진행되면서 이 과목이 삶의 질을 높이는, 나 자신의 고양을 위한 내용이 주라는 것을 느끼게 되었습니다. 사실 이번 과제를 통해 접한, 천주교를 믿는 외국인 참선 수행자들도 마찬가지였을 것입니다. 그들은 개종을 한 것이 아니라 자신의 신앙을 더 발전시키는데 참선을 이용하였습니다. 또한 체험 수기들을 읽으며, 제가 과연 기독교의 가르침을 제대로 알고 실천하는지, 선에 있어서의 가르침과는 어떻게 대비되는지에 대한 고민을 하게 해주었습니다. 그 결과 앞으로 참선수행을 삶의 나침반으로 삼으며 열심히 나아가 작은 목표와 더불어 행복한 인생을 살도록 노력해보겠습니다."

참선 수업의 한계

한편 참선수업의 한계에 대해 살펴보면 다음과 같습니다. 서로 다른 종교나 신념을 가진 대부분 학생들의 변화된 이런 성찰 태도에 매우 보람을 느낍니다. 그렇지만 방학 후 비록 강의는 끝났지만 수강 학생들에게 가끔 이메일로 성찰에 관한 글들을 보내주다가 1달이 지날 무렵 가장 적극적이었던 또 다른 한 학생에게 안부 및 수행 점검차 "방학 후 매일 이른 아침 좌선과 함께 하루를 열며 방학을 보람 있게 보냈는지 궁금하네."로 시작하는 이메일을 보내고 받은 다음과 같은 답신은 시사하는 바가 매우 큽니다.

"죄송합니다. 방학을 시작하고 곧바로 인턴 겸 아르바이트를 하게 되어서 일에 적응하느라 정신없이 살다보니 주말을 제외하고는 좌선을 잘 하지 못하고 있습니다. 머릿속이 복잡하고 정리가 필요하다고 늘 느끼면서도 피곤함에 아침에 5분, 10분 미루다가 오늘도 좌선을 하지 못하고 출근하였습니다. 보내주신 메일을 보고, 다시 한 번 마음을 가다듬어 좌선 수행을 다시 한 번 놓치지 않고 해보겠습니다! 신경써주셔서 항상 감사드립니다."

결론적으로 학생들이 대부분 스스로 4개월간의 참선실습을 통해 꽤 단단히 기초를 다졌으며, 앞으로 매일 좌선과 더불어 하루를 열겠다고 마음먹었지만 바쁜 일상에 쫓기다보면 언제 그랬냐는 듯이, 비록 120일간의 긴 참선여정을 체험했지만 현재 세간에서 진행되고 있는 1주일이나 30일의 수행 프로그램들과 역시 마찬가지로 '1학기 1회성에 그치기 쉽다!' 라는 것입니다.

즉, 자신과 코드가 맞는 스승과의 정규적인 만남을 통해 흐트러져 가는 마음자세를 늘 다시 추스를 수 있는 비영리적인 수행 시스템을 갖추지 않는 한 '도로나무아미타불'이 될 것은 불 보듯 뻔합니다.

- 〈금강신문〉 (2014년 03월 03일) 수정 증보본

수식관 실천 사례:

수정된 인생지도

'우주와 인생' 수강생 (2012학번)

빡빡하게 살아온 대학 3년

학기 초에 과제로 인생지도를 제출한 뒤로 약 3개월이 흘렀다. 지난 인생지도에서 나는 몇 년 동안 내 인생이 예상 못했던 정도로 많이 바

뛰었지만 죽기 직전에 후회하지 않겠다는 큰 뼈대는 지키며 살아가겠다고 결심했다. 고3 때 물리학과에 지원한 이후, 작년 이 무렵 더 구체적으로 물리학자를 향한 내 향후 몇 년간의 미래를 계획하고는 절대 바뀌지 않을 거라 생각했다. 그리고 그 길대로 살아가고 있었다. 그러나 지금 내 미래는 완전히 바뀌려고 하고 원점으로 돌아갔다.

이번 학기, 길지도 짧지도 않은 시간 동안 많은 일이 있었다. 대학 입학 후 지난 3년간 여러 동아리 활동과 스터디그룹 활동을 통해 방학 때에도 제대로 쉬지 않고 달려왔다. 그렇게 내가 하고 싶은 일들을 하며 후회하지 않도록 살아가는 게 잘하는 일이라 생각했다. 그렇지만 사람이 한계가 있다는 걸 미처 고려하지 못했다. 휴식을 생각하지 않고 빡빡하게 살아온 생활이 3년쯤 되니 너무 지친 증세를 보였다. 안하던 실수도 잦아지고 정신도 못 차리며 삶에 끌려가는 기분으로 사는 나를 발견하게 되었다. 이런 생활이 지속되어서는 안 되겠다는 생각과 함께 스스로에게 실망감이 들기도 했다. 그런 스스로에 대해 고민과 성찰을 하던 중 내가 꿈 꿔온 미래에 대한 회의감까지 들었다. 내가 그 동안 과연 맞는 선택을 한 것일까? 더 깊은 고민을 위해서든, 휴식을 위해서든 바쁜 생활을 접는 게 맞겠다는 생각이 들었다. 그래서 몇 년을 꿈꾸며 있었던, 정들었던 곳을 안타까운 마음으로 떠나게 되었고, 이제는 푹 쉬면서 방학 때 내 앞으로의 길을 천천히 다시 생각하리라 결정하게 되었다.

수식관의 필요성 절감

바쁘게 살고 있다고 느끼며 정신이 없을 때든지, 여유 있는 마음으로 내 앞길에 대한 고민을 할 때든지 나에게 큰 도움이 된 건 바로 '우주와 인생' 강의를 통해 배운 수식관數息觀이었다. 다이어리에 해야 할 일들을 꼬박꼬박 정리하며 살아가면서도 정작 계획대로 할 일을 하면서 일에 치여 머릿속이 뒤죽박죽 정신없을 때에는 다이어리에 적힌 계획이 큰 도움이 될 수는 없었다. 그러나 책상에 앉은 자리에서 허리를 펴고 가만히 눈을 감고 수식관을 잠시 하고 나면 머리가 그나마 좀 편안해지는 기분을 느낄 수 있었다.

그런데 꼭 소원을 빌 때에만 찾는 기도처럼 나도 아직은 필요할 때에만 수식관을 했고 나의 습관으로 정착시키지는 못했다. 이번 방학이 지나면 또 당분간의, 적어도 남은 대학생활 1년을 포함하여 그 너머의 미래를 결정하게 될 것이다. 나이가 들어서도 원하는 바가 있으면 이뤄나갈 수 있겠지만, 아무래도 더 기회가 많고 가능성이 많은 청춘의 시간은 더 소중할 수 있는 만큼 수식관을 습관으로 정착시켜야겠다는 생각이 든다. 수식관을 하며 정신을 맑게 한 상태라야 더 현명한 생각을 할 수 있으리라 생각하기 때문이다.

좌일주칠을 내 방학 계획에 넣기

구체적으로 '우주와 인생' 시간에 배운 '좌일주칠坐一走七'을 내 방학 계획에 넣고자 한다. 하루 24시간 중에 잠자는 시간을 제외하고 나머지 16시간을 8등분하여 그 중에 일곱 조각은 일상생활을 열심히 생활하는 데 쓰고, 나머지 한 조각을 좌선하며 본인을 성찰하는 데 쓰면 좋다는 뜻의 사자성어이다. 교수님께서는 그 한 조각의 2시간 중 아침, 저녁으로 30분씩 수식관을 하고 나머지 한 시간은 독서를 하는 데 쓰는 것도 좋다는 말씀을 하셨다. 나의 길을 찾기 위해서는 혼자 성찰하는 것만으로는 힘들 것이다. 성찰하며 나 자신에 대해, 나 자신의 특성에 대해 생각해보고, 내가 나와 맞다고 생각하는 길이 실제로 좋을지 판단하기 위해서는 방학 동안 적어도 그 분야의 책을 읽어야 할 것이다. 지금 나의 상황에서 좌일주칠은 유용하고 꼭 실천해야 할 일인데, 막연하게 '수식관도 하면 좋을 것 같고, 책도 읽으면 좋겠지'가 아니라 구체적인 시간이 규칙처럼 내 머릿속에 자리 잡게 되었다.

'우주와 인생'이라니!

또한 지난 인생지도에서 15년 동안 학교를 다니며 수업시간에 들은 내용 중 내 삶에 영향을 받은 것들을 적었다. 그러면서 '우주와 인생'을 통해서는 또 어떤 배움을 얻을 수 있을지 기대하기도 했다. 그 후로 한 학기 동안 우주와 인생을 수강했다. '우주와 인생'이라니! 매우 넓은 뜻을 가진 이름의 과목이었다. 그래서 과학에 대한 내용과 종교에 대한 내용, 종교 중에서도 불교의 참선에 대한 내용은 물론이고 예수회의 기원에 대한 내용, 선사님들의 이야기는 물론이고 천주교 신부님에 대한 이야기와 혁신적인 교회를 이끌고 계신 개신교 분들의 이야기까지. 그뿐만 아니라 현대 사회의 문제점인 성형 중독, 스마트기기 중독 등에 대한 내용도 언급하셨다. 그동안 잘 실천하지 못했던 '효'에 대해서도 생각하게 되었다. 그러면서도 너무 잡다하지 않고 중심 흐름과 그 곁가지를 잘 구분하며 들을 수 있는 수업이었다. 하나에 얽매이지 않고 손가락이 아닌 달을 보는 능력이 중요하다는 걸 깨닫게 되었다. 즉, 앞으로 내가 살아가면서 편견을 갖지 말고 본질을 보고자 해야겠다는 걸 깨달았다. 한 친구가 '우주와 인생' 수업은 나와 딱 잘 어울리는 수업이라는 이야기를 한 적이 있다. 그만큼 이 수업에서 많은 것을 느끼고 배우고자 노력했다. 이 소중한 기회를 잘 마친 지금, 이번 학기에 배운 수식관과 여러 성찰 자료들, 잊지 말고 내가 앞으로 살아가는 데에 큰 밑거름이 될 수 있도록, 그리고 내 몸에 익도록 부단히 노력해야겠다.

더 높이 도약할 수 있는 미래 그리기

지난 인생지도에서, 매 순간이 항상 이전 순간만큼 좋지는 않다는 걸 알고 있지만, 추세선趨勢線을 그리면 증가하는 인생 그래프를 그리고 싶다고 썼다. 이 글을 쓰며 이번 학기를 되돌아보니, 이번 학기도 물론 내가 자부할 수 있는 일들이 없었던 건 아니지만 대체적으로는 증가하는 함수가 아니었던 것 같아 속상했다. 그런데 생각해보니 다 내가 선택하고 다 내가 자초한 일이었다. 그러니까 안 좋은 기분에 더 이상 사로잡히지 말고 이번 학기를 발판삼아 더 높이 도약할 수 있는 미래를 그려나가고자 한다. 그 도약에 '우주와 인생'에서 배운 내용들과 마음가짐이 함께 할 것이다.

3절 | 반 학기 참선 수업 소감문

 2015년 2학기 '참선' 수업에서는 중간고사 대체 과제로 '반 학기 참선 수업 소감문'을 제출하게 하였습니다. 물론 그 의도는 한 학기가 끝날 무렵 '수정된 인생지도'를 제출받고 난 다음에는 대부분의 수강생들과 다시 소통할 수 있는 기회가 거의 없기 때문에 중간 점검을 통해 수강생들이 어떻게 변화해 가고 있는지를 포함해 좋아하는 점들은 강화하고 아쉬워하는 점들은 즉시 개선하기 위해서입니다.

'참선' 강의 반 학기 소감문
개신교인(2013학번):

참선을 수강하면서 겪은 크고 작은 변화

 벌써 중간고사 기간이 됐다. 여름방학 중에 수업시간표가 나오고 다음 학기에 들을 수업들을 정하면서 6학기가 어떻게 흘러갈지 상상하던 게 엊그제 같은데 벌써 학기의 절반이 지나가버린 것이다. 시간표를 짤 당시에는 이번 학기에 듣게 될 수업들이 내게 굉장히 중요한 수업들이 될 것이고, 이번 학기에 듣는 수업들을 통해 정말 많은 것을 배우고 많은 것이 바뀔 거라고 상상했었다. 실제로 이번 학기를 시작하고 많은 것이 바뀌었다. 하지만 이번 학기에 나를 바꿔준 것은 내가 상상했던 수업들이 아니었다. 정말 보람찰 것 같고 내 삶에 많은 도움과 깨달음이 될 것 같았던 수업들은 다 기대 이하로 실망스러운 것이 많았고, 수업시간에 가서 수업을 듣기만 할 뿐 내가 뭔가 변화된 건 없었다. 내게 변화를 준 주인공은 바로 별 기대 없이 단순히 학점을 채우기 위해 수강 신청했던 참선 수업이다.

이번 학기에 참선을 수강하면서 여러 가지 변화를 겪었다. 상당히 크다고 생각되는 변화들도 있지만, 변화되기 시작한 것은 비교적 작은 것들로부터이다. 우선 자세가 교정되었다. 평소에는 의자에 앉아있어도 엉덩이를 뒤에 딱 붙이지 않고 비스듬히 앉아서 마치 몸이 흘러내린 것 같은 자세를 많이 취했었다. 그리고 어깨를 움츠리고 목을 집어넣고 할 일을 했는데 참선을 수강하고부터는 컴퓨터를 할 때도, 글을 쓸 때도 엉덩이를 등받이에 딱 붙이고 허리와 가슴을 쭉 펴고 목을 위로 곱게 뻗는다.

또한, 소화가 잘 되기 시작했다. 참선을 할 땐 복식호흡을 하는데 참선을 어느 정도 하다 보니까 일상에서도 복식호흡을 하기 시작했다. 수강 이전에는 평소에 가슴으로 숨을 쉬었는데, 배로 숨을 쉬기 시작하니까 이전과는 비교도 안 될 정도로 소화가 잘 되기 시작했다. 식사 후 더부룩할 때 참선을 하면 몸속에 쌓여있던 가스들이 배출되면서 얹힌 것이 내려가는 느낌이 든다. 아침에 화장실도 더 잘 가게 되었다.

참을성도 많이 길렀다. 나는 교회를 다니는데 참선 수강 전에는 예배

중에 수없이 뒤척이면서 자세를 계속 바꿔댔었다. 하지만 참선에서 다리 틀고 20분간 꼼짝하지 않고 앉아있는 연습을 하다보니까 예배 시간에도 자세를 한 번도 안 바꾸고 허리를 꼿꼿이 세우고 예배를 드릴 수 있게 되었다. 그리고 수식관도 수업 초기에는 잘 안 되고 얼마 지나지 않아 딴 생각을 하기 일쑤였는데, 이제는 거의 후반까지 집중해서 수만 셀 수 있게 되었다.

이렇게 사소한 것들이 변하면서 정말 중요하다고 생각하는 변화들도 일어나기 시작했다. 우선 종교에 대한 생각의 변화를 겪었다. 원래 나는 기독교 외의 다른 종교들을 배척하는 경향이 있었다. 근데 참선 수업을 들으면서 수업 숙제로 개강 미사를 가기도 하고, 수업 시간에 법사님들과 선사님들의 이야기를 많이 듣기도 하니까 마음속에서 다른 종교에 대한 인식이 점점 바뀌어가는 것을 느꼈다. 각각의 종교가 본질적으로 추구하는 것은 다르지만, 그렇다고 어느 하나만을 고집하고 다른 종교들을 인정하지 않는 배타적 사고는 좋지 않다. 다른 종교도 인정하고 경험해보아야 그 종교로부터 배울 점을 찾을 수 있고, 또한 내 종교를 더욱 잘 이해할 수 있게 된다. 지금 내가 참선을 하면서 그걸 직접 경험하고 있다. 예를 들면 참선을 하면서 뭔가 하나에만 집중하는 것과 기도를 드릴 때 하나님과의 대화에만 집중하는 것이 비슷한 맥락이라는 걸 느꼈다. 그래서 전에는 기도할 때 다음 예배순서, 남은 기도시간, 일상 생각 등 다른 잡생각들도 많이 했지만, 이제는 그런 것들을 신경쓰지 않고 하나님과의 대화에만 집중하려고 노력한다. 이러한 종교적 변화를 겪으면서 다른 종교가 내 종교에 도움이 될 수도 있다는 것을 깨달았다.

또한 하루를 마치고 그 날의 반성을 하게 됐다. 지키지 못하는 날도 많지만, 하루 일과를 다 끝내고 집에 오면 침대 위에서 참선을 하면서 그 날 내가 지키지 못한 계획들, 다른 사람에게 하지 말았어야 할 말을 한 것들, 내가 좀 더 참았어야 하는 것들을 되돌아보면서 다음에는 그러지 말아야겠다는 다짐을 한다. 전에는 일과를 다 끝내고 집에 오면 컴퓨터로 만화를 보다가 불도 다 켜놓고 그대로 누워서 잠들곤 했었는데, 이번 학기 참선 수업을 듣고 나서부터는 일과를 다 끝내고 침대에 눕기 전 참선을 하고 하루의 반성과 앞으로의 다짐, 그리고 내일의 계획과 우선순위를 생각하면서 잠이 든다. 이 변화가 내 삶에 큰 영향을 줬다. 원래는 아침에 비몽사몽 일어나서 첫 수업에 지각하지 않는 것만을 목표로 하루를 시작했었는데, 이젠 아침에 그 날 해야 되는 것들을 생각하고 언제 어떻게 할지에 대한 계획을 세우며 하루를 시작한다.

이렇게 참선은 나에게 많은 변화를 주었다. 그런데 만약 내가 깊지 않은 깨우침과 현란한 말솜씨로 참선을 가르치는 엉터리 스승을 만났다면 이러한 변화들을 겪지 못했을 거라고 생각한다. 또한 앞으로의 수업들도 아무 영양가 없었을 것이다. 다행히도 국내 최고의 선사 가운데 한 분이셨던 종달 선사님의 직계 제자이자 선도회 지도법사인 법경 박영재 교수님을 참선 지도교수님으로 만나서 이렇게 바뀔 수 있었다고 생각한다.

앞으로도 참선 수업을 통해 많이 배우고 바뀌고 싶다. 친한 형이 한 명 있는데, 그 형은 평소에 삶의 이유와 존재 가치, 인간관계 등에 대한 고민으로 많이 힘들어했었다. 그런데 그 형이 어느 날부턴가 참선을 시작하면서 그런 고민들을 하나둘씩 마음속에서 해결해나갔다. 그 형은 요즘 전보다 훨씬 밝아졌고, 매사에 적극적으로 참여한다. 나도 그 형처럼 인생의 고민을 해결하고 싶다. 나도 현재 가지고 있는 고민들이 많다. 군대에 대한 고민, 진로에 대한 고민, 연애에 대한 고민 등 정말 중요하고 반드시 내 스스로 답을 내려야 하는 고민들이다. 수업과 일상의 선에 더 열심히 임해서 그 고민들에 대한 답을 내릴 수 있을 거라고 믿는다.

무교인(2008학번):

여태 알지 못한 새로운 세계에 눈뜨다

1. 두 달 간의 수식관을 체험하고

좌선하는 법을 처음 배우고 20분간 좌선한 자세로 수식관을 했을 때 그 시간이 무척이나 길게 느껴졌습니다. 또 허리를 펴고 다리를 꼬아서 20분을 앉아 있는 것 자체가 힘들었습니다. 평소에 느끼기에 20분은 매우 짧은 시간이었음에도 불구하고, 참선 시간에서의 20분은 적어도

30분 이상 많게는 40분 정도 흐르지 않았을까 생각이 들었습니다. 하지만 조금씩이나마 꾸준히 수식관을 이행하고, 그러면서 또 정신을 가다듬으려고 노력했습니다. 당시에는 그 짧은 시간이 좀처럼 가지 않아 지루했고, 조금도 익숙해지지 않는 것 같았습니다. 어린아이가 아님에도 20분조차 견디기 벅차다는 사실이 많이 부끄러웠습니다. 이제 겨우 2달의 시간 밖에 흐르지 않았지만, 그래도 처음에 비하면 자세도 많이 좋아졌고, 무척 익숙해졌다고 생각합니다. 매 순간은 그 변화가 인지할 수 없을 정도로 매우 작아서 처음 그 모습에서 항상 정체하고 있다고 생각했지만, 아주 작은 부분이어도 두 달여간의 시간 속에서 처음에 비하면 많은 변화가 있었습니다.

그 중에 제 몸과 관련해서는 개인적으로 정말 놀라움을 감추기 힘듭니다. 추석을 일주일 앞두고 하루 종일 움직이지 못할 정도로 허리를 다친 이후에 약 일주일 동안 허리근육이 놀란 상태가 지속되었고, 그 이후에는 디스크증상이 찾아왔습니다. 왼쪽 다리가 저린 탓에 의자에 앉아있기가 힘들었고, 아침에는 양말을 신는데 꽤 오랜 시간이 걸렸습니다. 게다가 16살에 비슷하게 다친 이후 약 1년 간 이와 같은 증상을 겪은 경험이 있었기 때문에 앞으로가 두려웠습니다. 하지만 아침이 되면 좌선은 못하더라도 누워서 긍정적인 마음가짐을 갖도록 노력했습니다. 추석 연휴가 돌아와 집에서 푹 쉰 후에 그 뒤에는 통증이 있더라도 앉으려고 노력했습니다. 실제로 수업 시간에도 한쪽 팔을 짚더라도 최대한 자세를 유지하고 허리를 곧추 세우려고 했습니다. 매번 마음을 가다듬으려고 했지만, 한쪽 팔을 짚었음에도 통증이 몰려들어 이번 학기를 어떻게 보낼 수 있을지, 허리는 정말 괜찮은 건지 우울감에 빠져들고, 또 마음을 가다듬기를 반복했습니다.

그런데 그렇게 마음속에 혼란이 거듭되면서도 놀랍게도 허리가 하루가 다르게 좋아졌습니다. 보통 그럴 수 있다고 생각할 수 있지만, 제가 16살에 똑같이 아팠을 때에는 몇 개월 동안 정형외과에서 물리치료를 받고 한의원에서 침도 맞고, 5km 이상 빠른 걸음으로 걷고, 수영도 하는 등의 수많은 노력을 해서 나았기 때문에 그때와 비교하면 꾸준한 병원치료도 받지 않았고, 수영 등의 운동을 하지 않았는데도 불과 몇 주라는 아주 짧은 시간에 이토록 회복된 것은 정말 놀랍고 신기한 일이었습니다. 저는 좌선과 수식관을 통한 마음의 단련이 정말 큰 도움이 되었다고 느낍니다.

2. 신사홍서원이 미친 나의 인생지도

신 사홍서원 중 '날마다 한 가지 선행을 행하오리다.'를 실천하면서 거창하고 복잡한 일을 하지 않더라도 이 세계의 구성원으로 아주 작은 부분이나마 기여할 수 있고, 이 작은 선행이 모여 큰 일이 될 수 있다는 생각을 갖게 되었습니다. 지금은 학생이니까 나중에 더 큰 사람이 되어서라는 등의 평계를 대고 눈앞의 작은 선행의 기회를 미뤄왔습니다. 특히 고시를 준비하면서 '고시만 되면'이라고 생각했던 모습이 부끄러웠습니다. 이제는 고시를 준비하지 않지만, 지금도 그리고 앞으로도 다른 일을 하게 되어도 매일 적어도 한가지의 선행을 행하고, 또 제가 속한 공동체, 작게는 우리 가족과 서강공동체, 크게는 우리 지역과 국가의 구성원으로 제 역할을 다하고 도움이 될 것입니다.

그리고 신사홍서원의 4가지 실천 사항은 아래로 갈수록 더욱 어렵다고 생각됩니다. 지금은 신사홍서원의 두 번째 구문인 '날마다 한 가지 집착을 버리오리다.' 도 쉽지 않지만, '날마다 한 구절 법문을 익히오리다.' 와 '날마다 한 차례 화두를 살피오리다.' 까지 온전히 실천하고 싶습니다. 하지만 그렇게 되기까지 많은 시간의 생각과 노력이 필요할 것입니다. 그리고 특히 마지막 주제에 대해서는 사회의 주요 요직에 있는 사람들, 우리 사회의 지도자들이 반드시 갖추어야 할 덕목이라는 생각이 들었습니다.

3. 개강미사를 처음 참관한 후

저는 종교가 없지만, 여태까지 8학기를 다니면서 한번은 개강미사에 가봐야겠다는 생각을 했으나 결국 한 번도 가지 않았습니다. 그리고 이번 기회에 개강미사에 참관한 후에 개강미사가 1학기에 한번 뿐인 귀중한 시간이라는 것을 알게 되었습니다. 또 여태까지 갈 기회가 몇 번 있었음에도 불구하고 한 번도 가지 않았던 것이 후회되었습니다. 제가 종교를 가지고 있지 않은 탓에 평소에 종교에 관해 많이 접할 일이 별로 없고, 그나마도 뉴스 등을 통해서 들려오는 폭력과 차별 등의 안 좋은 모습들뿐이었습니다. 하지만 개강미사를 통해서 제 개인적으로 종교의 참 모습이 이래야 하겠다는 것을 느낄 수 있었습니다. 그것은 아가페적인 사랑, 약자에게 관대하고 자비로운 모습, 진리를 찾아가기 위한 모습, 그리고 타 종교를 배척하지 않고 존중하며 수용하는 모습이었습니다. 그리고 우리학교 서강공동체가 자랑스러웠습니다. '그대 서강의 자랑이듯, 서강 그대의 자랑이어라.'에 어울리도록 저 역시도 멋지고 바른 모습과 자세를 가져야겠다고 생각했습니다.

  이번 참선 수업을 통해서 저는 여태 제가 알지 못한 새로운 세계를 알게 되었습니다. 자신과의 싸움, 수행이 얼마나 중요하고 값진 것인지 조금이나마 알게 되었고, 한 번도 가보지 못했던 개강미사도 참관했으며, 매일 새로운 작은 선행을 실천하려는 자세를 갖게 되었습니다. 또 앞만 보고 달려왔던 제 모습을 돌아볼 수 있는 성찰과 반성의 시간을 가질 수 있었습니다. 이러한 것들은 제 개인적인 것이지만, 이 길을 제시해주신 교수님께 깊은 감사의 말씀을 드립니다. 그리고 벌써부터 제시하신 화두 '한손으로 박수치는 것'이 너무나 궁금합니다. 여태까지 수강생 중 단 1명만 그 화두를 깨우쳤다는 사실을 생각하면 벌써부터 겁이 덜컥 나지만, 최대한 깨우침을 얻는 길에 가까이 갈 수 있도록 노력하겠습니다.

불교인(2015학번)

인생에 있어서 큰 삶의 변화의 계기로 작용할 것

박영재 교수님께

교수님 안녕하십니까. 저는 '참선' 수강생 15학번 ○○○라고 합니다. 처음 체육관 방음실에 입실하여 어색하게 다리를 틀고 수식관을 행하던 때가 엊그제 같은데 어느덧 한 달이 훌쩍 넘었습니다. 결코 길지 않은 시간이었음에도 많은 것을 느끼고 깨달을 수 있었던 기간인 것 같습니다. 그동안의 과제와 수업을 통해 느낀 소감과 성찰의 길로 인도해주신 교수님께 감사함을 잘 전달하기에 편지가 적합하다고 생각하여 이렇게 글을 올리게 되었습니다.

제가 참선이란 과목을 수강하려한 계기는 참선의 자세를 배워보고 제 평소 삶의 태도에 대해 성찰해보기 위해서였습니다. 그런 점에서 '수식관數息觀' 수행은 수강 전에 기대했던 바를 충족시켜준 좋은 수업내용이었습니다. 처음 수식관 수행을 하게 되었을 때는 솔직히 너무 힘들었습니다. 평소에 하지 않던 자세를 취하다보니 20분 수행을 한 번 하고나면 다리도 너무 저렸고, 무릎과 발목도 아렸습니다. 하지만 참고 꾸준히 수행해나가면서 점점 향상되어가는 제 모습을 볼 수 있었습니다. 수업이 있는 화, 목요일을 제외한 날에는 평소보다 25분 일찍 일어나서 다리를 틀고 앉아 수행을 한 후 등교하려고 노력하였습니다. 그러자 자세도 전보다 편안해졌고, 잡념도 예전보다 훨씬 많이 줄어 수 세기도 제법 집중해서 잘 해내는 것 같습니다. 아직은 자세나 집중력에 있어서 부족한 부분이 많다고 생각합니다. 더 꾸준히 몰두하여 실천해서 완성된 자세와 마음가짐을 갖출 수 있도록 노력할 것입니다.

그동안 교수님으로부터 부여받은 과제들을 수행하면서 제 스스로에 대한 성찰을 많이 하게 된 것 같습니다. 먼저 학기초에 내주신 '인생지도' 과제는 제 자신에 대해서 깊이 생각해보고 처음 글로 나타내본 계기였습니다. 지금 현재 삶의 문제와 앞으로 짧은 미래 안에 어떻게 살아가야 할지에 대한 진지하고 깊은 성찰을 해본 기회가 된 것 같습니다. 그 당시 목표로 했던 수식관의 습관화 또한 마음에 새겨 계속해서 꾸준히 수행할 생각입니다. 또한 종교를 초월해 '개강미사참관기' 과제는 저에게 다양성이라는 개념에 대해 일깨워준 좋은 경험이었습니다. 개강미사를 통해서 새로운 종교에 대한 체험과 종교의 다양성에 대한 존중이라는 두 마리 토끼를 잡을 수 있었습니다. 그리고 추석연휴에 내주신 '신사홍서원실천기' 과제를 통해서 제가 가진 집착에 대해서 성찰해보았고, 제가 참선에서 배운 자세들을 잘 실천하고 있는지에 대해 생각해볼 수 있었던 계기가 된 것 같습니다. 나태해지지는 않았는지, 수행을 잘해나가고 있는지에 대해서 반성을 하였고, 더불어 부모님에 대한 감사함과 소중함도 다시금 새길 수 있었던 것 같습니다. 보통 '과제'라고 하면 얻어가는 것이 지식 확장의 측면인데 반해, 참선의 과제를 통해서는 내면적 성숙함을 많이 이루게 된 것 같습니다. 수강 전에는 기대도 하지 못했던 뜻밖의 수확이라 더 기쁩니다. 이번 수업을 통해 제 스스로의 변화를 가장 많이 불러일으킨 부분이기도 합니다. '참선' 강의를 듣기 전, 과제에 대한 저의 생각은 두려움이나 귀찮음이었다면, 이제는 어떤 내면적 성찰을 해보고, 어떤 깨달음을 얻을 수 있을까에 대한 기대와 설렘이 앞섭니다. 앞으로의 과제에서도 제가 평소에 간과하고 지나쳐온 것들에 대한 성찰을 해볼 수 있을 것 같아서 매우 기대됩니다. 교수님이나 선도회의 다른 동료 법사님들이 해 오신 것에 비하면 아주 단순하고 기초적인 성찰에 불과하지만, 작은 것부터 시작하여 경지에 이를 수 있도록 정진하겠습니다.

한편 교수님이 매 수업마다 25분씩 강의하신 내용으로부터도 많은 것을 깨닫고 배워간 것 같습니다. 우선 교수님의 수행에 대한 경험담은 제가 수행을 꾸준히 하려고 노력하는 데에 큰 동기부여가 되었습니다. 수식관 수행을 꾸준히 한 후, 엄청난 집중력의 향상과 학업성취도를 경험하셨다는 교수님의 말씀, 수업 초기부터 그 말씀에 대한 믿음을 가지고 열심히 수행할 수 있었던 것 같습니다. 또 '형식에 치우쳐 본질을 잊어서는 안 된다.'는 말씀도 기억에 남습니다. 단하소불(丹霞燒佛)의 일화를 함께 제시하시어 흥미롭게 들었습니다. 그 말씀으로부터 외면적 가치보다는 내면적 아름다움을 더 갈고 닦을 수 있도록 노력해야겠다고 스스로 다짐하였던 것이 기억이 납니다. 이뿐만 아니라 <좌선>(본북, 2013년) 교재로 수업하시면서 말씀해주신 뇌성마비장애자 철학자 혜천 알렉상드르 졸리앙 거사님의 이야기에도 감동을 많이 받았습니다. 몸이 불편하신 상태인데도 자신에 대한 성찰을 꾸준히 하신다는 사실이 저에게도 큰 자극이 되었습니다. 장애 때문에 와선臥禪을 하면서도 깊은 통찰의 경지에 도달하셨다는 것이 존경스러웠고, 그러한 분들을 보면서 더 성실히 수행에 임해야겠다는 반성을 했습니다. 이러한 내용이외에도 스스로 생각해볼 수 있는 화두들을 많이 제시해주신 것 같아서 매우 감사합니다. 앞으로도 남은 강의 기간 동안 교수님이 하시는 말씀에 귀를 쫑긋 기울이고 하나라도 놓치지 않고 새겨듣도록 하겠습니다.

　수업 외적으로 교수님의 인품과 인격에 대해서도 많은 가르침을 받았습니다. 과제를 못한 학생이나 종교적 이유로 개강미사에 불참하겠다는 학생들을 위해 대체과제를 내어주시는 모습 등에서 관용과 존중의 자세를 배울 수 있었습니다. 또 언젠가 제가 착각을 하고 실내에서 신발을 신었던 적이 있었는데 다그쳐주셔서 감사했습니다. 실내에서 신발을 신지 않은 다른 학생들에게 피해가 줄 수 있는 행동인데 잠시 망각했던 것 같습니다. 교수님의 훈계 덕에 그냥 넘어가지 않고 제 행동에 대한 반성을 뼈저리게 할 수 있었던 것 같습니다.

　참선을 수강한지 한 달이 조금 넘었지만 제 인생에서 가장 많은 생각을 하고 가장 많은 것을 배워간 시기인 것 같습니다. 이번 학기의 '참선' 수강이 제 인생에 있어서 삶의 변화에 큰 계기로 작용할 것이 분명합니다. 참선을 통해 스스로 변화하려는 계기를 마련한 좋은 수업인 것 같습니다. '성찰'이라는 것을 꾸준히 해본 것은 이번이 처음인 것 같습니다. 그래서인지 아직은 수식관의 자세나 성찰의 깊이 등에서 부족한 부분이 많다고 생각합니다. 앞으로 더 큰 변화가 있을 것이라고 기대하기 때문에 조금의 변화라도 고무적으로 생각할 것입니다. 이전까지는 제 머릿속에 의미 없는 잡생각이 주를 이루었다면, 성찰을 주로 이끌어내어 성찰하지 않을 수 없도록 하는 이번 강의를 들으면서, 그러한 잡생각들을 밀쳐내고 나 자신과 주변 친구, 부모님, 나를 깨우쳐줄 수 있는 스승 등에 대한 생각들이 자리 잡게 된 것 같아서 너무 기쁩니다.

  이러한 기회를 주신 점에 대해서 교수님께 진심으로 감사의 말씀을 드리고 싶습니다. 교수님이 올리신 강의 자료 가운데 '일기일회(一期一會)'라는 말처럼 교수님과의 만남을 평생에 있어서 소중한 만남이라는 마음가짐을 갖고 살도록 하겠습니다. 앞으로도 교수님의 말씀을 하나도 놓치지 않기 위해서 열심히 수강하겠습니다. 아직 자기 전에는 수행을 못하고 그냥 자는 경우가 많은 것 같은데, 자기 전 30분도 수행에 뛰어들 수 있도록 노력해보겠습니다. 환절기에 감기조심하시길 바라며 저는 이만 물러나겠습니다. 안녕히 계십시오.

2015년 10월 19일
참선 수강생 OOO 드림

ps. 이번 시험기간에 공부하면서 오랜 시간 앉아 있다가 공부가 안될 때, 잠시 5분정도 허리를 펴고 앉아서 수식관 수행을 하면 머리가 맑아지는 느낌이 들고 다시 공부에 열중할 수 있게 되어 도움이 많이 되는 것 같습니다.

천주교인(2010학번):

참선과 함께한 50일

개강한 지가 엊그제 같은데 벌써 중간고사 기간이 코앞으로 다가왔다. 새로운 한 학기에 대한 기대와 걱정과 함께 9월을 맞았는데 어느새 한 학기의 중간지점에 다다른 것이다. 50일여의 시간을 지내면서 나는 그 시간이 과연 나에게 어떤 시간이었는지 그리고 그 시간을 잘 보냈는지에 대한 물음을 던져보았다.

물음에 대답하기 위해 먼저 학기 초 나의 생각을 정리할 필요가 있다. 6학기에 다다른 시점에서 공대 특성상 취업학기가 시작되었고, 나는 6학기 재학생이 지원할 수 있는 인턴과 산학장학생 전형 중에서 산학장학생 전형에 집중하기로 하였다. 이를 위해서 기본적으로 지금까지 배운 전공과목들과 이번 학기에 배울 전공과목들에 대한 정확한 이해가 가장 우선시되었다. 전 학기까지 배운 과목들 중 전자회로와 물리전자공학의 주요 내용을 이해하고, 숙지하여 완벽하게 나의 것으로 만들 필요가 있고, 이번 학기에서는 반도체공학, 전자회로2에 대해 집중해야겠다고 생각하였다. 설령 학점이 높지 않더라도 각 과목에서 중요한 부분들에 대해 정확하고 깊은 이해를 하고 있다면, 나의 경쟁력을 높일 수 있을 것이라고 확신했기 때문이다. 이를 위해 나만의 전공 노트를 만들어 중요한 개념들에 대해 나만의 방식으로 정리하는 계획을 수립

하였다. 다음으로 관심 있는 기업에 대해 다방면으로 파악하는 것이 필요하다고 생각했다. 예를 들면 관심 기업이 현재 진행하고 있는 사업의 결과와 향후 방향, 기업의 핵심 기술과 그에 대한 기본적인 지식들에 대해 직접 조사하는 것 등이다. 기업 입장에서 지원자를 바라볼 때, 지원자의 전공지식과 더불어 그 기업에 대해 얼마나 알고 있는지도 지원자의 역량을 이루는 중요한 요소로 간주할 것이라 생각했기 때문에 이에 대해 계획을 짜기로 하였다.

이렇게 원대한 포부를 갖고 나서 한 달이 넘게 흐른 뒤의 나에겐 '만족'보다는 '분발'이 더 필요하다. 여러 기업들의 산학장학생과 인턴 전형을 지원하면서 한 번도 써보지 않았던 자기소개서를 몇 번 써봄으로써 감각을 익혔다.

또 관심 있는 기업에서 학생들을 초대해 하루 종일 진행하는 채용설명회에도 참석함으로써 채용과정과 기준, 중요한 정보들을 파악하기도 하였다. 하지만 무엇보다도 가장 중요한 전공지식이 아직 많이 부족하다. 이번 학기에 수강하는 과목들에 충실 하는 동시에 전 학기까지 들은 과목들의 중요개념들에 대해 정리하는 것 또한 부지런히 실행해야 애당초 정한 목표를 이룰 수 있을 것이다.

개강과 함께 참선 수업 수강도 시작되었고, 지금까지 교수님을 통해 많은 것을 보고 배우고 느낄 수 있었다. 수업은 항상 시작과 끝에는 좌선을 하고 중간에는 교수님의 말씀으로 구성되고 있다. 다리를 틀고 좌선을 하는 것이 처음에는 많이 낯설고 불편했지만, 시간이 지날수록 자세가 익숙해지고 마음속으로 수를 세는 데에 집중할 수 있었다. 강의와 더불어 교수님께서는 학생들에게 과제를 자주 부여하셨는데, 사실상 과제라기보다는 모두 우리에게 화두를 던져주듯이 성찰의 동기를 마련해주시는 것이었다. 일반적인 과제라고 생각하면 너무 잦다고 생각이 들겠지만, 그냥 교수님께서 '어떤 것에 대해 자유롭게 성찰해 보아라'라는 의미에서 부여하는 것이라고 생각하면 별로 부담되지 않는 정도라고 생각한다. 지금까지 부여된 과제들 각각이 현재의 나에게 어떤 의미를 갖는지 성찰해보겠다.

첫 번째, 인생지도

인생지도라는 개념은 사실 어떻게 보면 상투적이라고 할 수도 있다. 하지만 교수님께서 인생지도 과제를 부여해주신 후 성찰문을 직접 쓰기 시작했을 때, 지금의 나는 그런 상투적인 것조차도 쉽고 익숙한 게 아닌 상태라는 것을 느낄 수 있었다. 눈에 띈 점은 인생지도의 과거 부분은 어렵지 않게 작성할 수 있었지만 현재와 미래 부분은 그렇지 않았다는 것이다. 이를 통해 내가 과거에 대해서는 많이 생각하지만 상대적으로 현재와 미래에 대해서는 그 생각의 깊이가 덜하다는 것을 알 수 있었다. 막연하고 근시안적인 시각이 아닌 구체적이고 장기적인 관점에서 나의 현재와 미래를 고민해야겠다고 느꼈다. 인생지도를 작성하면서 생각이 든 것 중 하나는 인생지도가 마치 건강검진 같다는 것이다. 어쩌다 한 번 받는 것이 아닌 매년 주기적으로 받아야 제 역할을 하는 건강검진처럼 인생지도 또한 주기적으로 작성하여 내가 걸어온 길과 현재 나의 위치, 그리고 앞으로 가야할 길과 그 방향을 정확하게 파악하여야 할 것이다. 교수님께서 말씀하셨듯이 학기말에 다시 한 번 인생지도를 작성하는 과제가 부여되겠지만, 그 이후에도 6개월에 한 번이든 1년에 한 번이든 주기적으로 인생지도를 작성함으로써 나 자신에 대해 보다 구체적이고 객관적인 시각을 가질 수 있도록 노력해야겠다.

두 번째, 개강미사 참관기

개강을 하고 얼마 지나지 않아 여느 때처럼 학교에서는 개강미사가 열렸다. 이전과 같았다면 모든 강의들이 휴강이기 때문에 쉬거나 친구들과 시간을 보냈겠지만 이번 학기에는 개강미사에 참석하였다. 결론부터 말하자면 교수님께서 내주신 과제 때문에 간 것이지만 매우 의미 있는 경험이었다. 사실 어렸을 때부터 가톨릭 집안에서 자랐기 때문에 미사에는 매우 익숙했다. 다만 보통 사는 지역의 본당에서만 미사를 드리다가 예수회 바탕인 학교의 미사에 참석한 바, 집전하시는 서명원 신부님이 외국인이라는 것과 집전 신부님 외에 다른 신부님들도 같이 미사에 참여하는 것들이 신선하게 다가왔다.

하지만 정말 인상 깊었던 부분들은 따로 있었다. 첫째로 집전하시는 신부님께서 외국인이고, 가톨릭 신부님이시지만 불교의 선에 대해서도 깊은 소양을 가지고 계시다는 것이다. 일반적으로는 기존의 가톨릭 신앙을 가지고 있다면 타 종교의 철학 또는 신앙에 대해서는 배타적인 성향을 가질 것이라고 생각이 들기 때문에 서명원 신부님께서 가톨릭 신앙과 선의 철학을 동시에 갖고 계시다는 것은 굉장히 신선하게 느껴졌다. 하지만 신부님께서 말씀하셨듯이 선을 알고 체험하게 되면서 가톨릭 신앙이 약해지기는커녕 더욱 강하게 되었다고 말씀하신 부분이 마음에 깊이 와 닿았다. 교수님께서 수업시간에 해주신 말씀 중 '산에 오르는 길은 하나가 아니지만 오르다 보면 닿게 되는 산 정상은 하나이다.'는 것을 자연스레 다시 한 번 새길 수 있었다. 둘째로는 미사의 강론을 신부님이 아닌 원철 스님이 해주신 부분이다. 가톨릭 미사에서 다른 종교인 불교의 스님이 강론을 한다는 것은 그전에는 감히 상상도 할 수 없었다. 스님께서는 자기반성과 성찰을 통해 진정한 자신을 찾는 것의 중요성과 그 과정에서 자신에게 끊임없이 질문을 던지고 그에 대한 답을 찾는 것이 필수적이라고 강조하셨다. 스님의 강론은 종교와 상관없이 깊은 깨달음을 줄 수 있는 좋은 말씀이셨고, 정말로 우리 학교의 개강미사에 잘 어울린다고 생각하였다. 개강미사 참관 이후 자기성찰에 대해 더 강한 확신을 갖게 되었고, 매일매일 플래너를 작성하면서 일정 관리에서 그치는 것이 아닌, 나 자신의 하루하루를 성찰하는 기회를 만들고 있다. 빠지지 않고 꾸준히 성찰하는 것이 분명 쉽지는 않지만 어려움을 겪을 때일수록 포기하지 말고 꾸준히 하는 것의 중요성을 다시 한 번 되새긴다.

세 번째, 신사홍서원 체험기

　추석연휴동안 신사홍서원을 체험하고 그에 대한 소감문을 제출하라는 과제가 부여되었고, 연휴동안 짬을 내어 신사홍서원의 내용에 대해 공부하고 실천하였다. 수업시간에 항상 하는 수식관을 통해 매일 화두를 살폈고, 그 결과 짜임새 있고 효율적인 하루하루를 보내는 게 가능해졌다. 매주 번갈아가며 정해놓는 개인적인 중요가치관(근면, 절제, 겸손 등)을 중심으로 하루를 보내고 추가로 정신적으로 도움이 되는 문구들을 찾으면서 법문을 익히라는 항목을 실천하였다. 또 처음에 가장 막연하게 느껴지는 부분이었던, 집착을 버리는 항목은 '작고 사소한 것에 감사하라.'는 마음가짐을 가지고 연휴동안 지냄으로써 실천하였다. 마지막으로 내가 돌아다니는 곳의 주변을 정돈함으로써 나 자신은 물론 주위 사람들이 편할 수 있도록 작은 선행을 베풀기도 하였다. 신사홍서원을 실천하면서 어떻게 보면 당연한 사항들이지만, 그것들을 머리로 당연하게 알고 생각하는 것과 직접 하나하나 실천하고 몸에 익히는 것은 많이 다르다는 것을 알게 되었다. 이후로도 신사홍서원의 구절들을 되새기면서 일상에서 실천하여 통보불이의 삶을 살 수 있도록 노력하고 있다.

　이외에도 강의시간에 교수님께서 말씀하신 것 중 뇌리에 남는 것은 '식사오관'에 대한 부분이다. 성찰이라는 것은 시간과 공간을 따로 마련해야 할 수 있는 것이 아니라, 하루 세 번 일상적으로 먹는 끼니에서도 충분히 할 수 있다는 메시지를 주는 식사오관은 매우 크게 와 닿았다. 피곤해서, 시간이 없어서와 같이 이런저런 핑계를 대면서 성찰을 못하는 것은 정말 변명에 불과하다는 것을 느꼈다. 가장 중요한 것(성찰)을 가장 흔하고 일상적인 것(식사)에 녹여내어 성찰이 일상이 되고, 생활이 되어 통보불이의 삶에 더 가까워질 수 있는 방법이 식사오관이라고 생각하였다. 이후 까먹는 일이 다반사였지만, 생각날 때마다 식사오관을 실천하기 위해 노력하고 있고, 이는 일상생활에서 나 자신에 대해 한 번이라도 더 고민하게 함으로써 하루하루를 의미 있게 보내는 데에 큰 도움이 되고 있다.

한 달 반 정도가 지난 시점에서도 수업에 대해, 참선 수강생으로서의 나 자신에 대해 성찰을 하자면 글로 다 쓰기 힘들 정도로 많은 것들이 떠오른다. 길지 않은 시간이지만 심신에 양분이 되는 자세들을 많이 알 수 있었고, 아는 것에 그치지 않고 직접 실천함으로써 좀 더 성숙한 나 자신이 되기 위해 노력하겠다.

4절 | 끈질긴 인연들

성찰배경: 먼저 저는 1991년 9월부터 약 6개월 동안 1주일에 한 번씩 서강대 물리학과 대학원에서 입자이론물리학을 전공하던 대학원 제자들을 대상으로, 당시 비닐장판이 깔려있던 입자물리 전산실습실에서 처음으로 참선 지도를 실시했었습니다. 그래서 이번 글에서는 그 가운데 잊혀지는 듯 했었는데 이십 여 년의 세월이 흐른 뒤 끈질기게 이때의 인연因緣을 새롭게 다시 이어가고 있는 1984학번인 안창준 박사와 1985학번인 지승智承 김용완 박사를 소개하고자 합니다.

이제 20여 년 만에 한 바퀴를 크게 돌아서
안창준 박사 (1984학번)

참선을 다시 시작하게 된 마당에 지금까지 살아오는 동안 제가 목표하고 또 노력했던 시도들과 그 결과들을 되돌아보며 앞으로 마음공부의 디딤돌로 삼고자 합니다.

지금까지의 삶
자기를 확장시켜나가 닿을 수 있는 한계까지 이르는 것 그리고 궁극적으로 숙제처럼 주어진 삶을 초월하는 것이 제가 지금껏 추구해온 바였습니다. 그러나 현실에서 구체적으로 드러난 저의 삶은 그러한 거창한 목표에는 한참 못 미치는 모습이었습니다. 더 좋은 것을 누리고 싶은 욕구, 태만과 게으름 때문이었겠지요.

한편으로는 나름 노력해온 것은 사실이 아니냐고 자위해 보지만, 실제로 거둔 결실은 너무 미미해서 당혹스러울 따름입니다. 무엇이 문제였을까 곰곰이 생각해보니 그 모든 노력이 단지 집착에 지나지 않았던 때문이 아닐까 생각되었습니다. '나'의 불완전함으로부터 오는 불안과 온갖 고통에서 벗어나기 위해 더 완전한 '나'가 되려고 노력하고, 또한 겉으로 보여지는 삶을 초월하는 경지에서 쉼을 얻으려고 했지만 그 노력 자체가 집착에 불과했던 것입니다. 어쨌든 그 모든 노력이 아무런 효과가 없었다는 것은 분명해 보입니다. 그렇다면 이제 더 이상 지금까지의 헛된 시도가 아닌, 뭔가 완전히 다른 것을 해야 할 것입니다.

잘못 시도해온 노력들의 정리와 참회

돌이켜보면 참선을 통한 마음공부만은 아예 집착의 시도를 허용하지 않고 정직한 노력만을 요구하는 공부였습니다. 이제부터는 부질없는 노력을 거두고 남은 시간을 참선에 집중해야겠다는 생각입니다. 이에 공부를 시작하기에 앞서 지금까지 제가 집착으로 잘못 시도해온 노력들을 정리하며 참회하고, 앞으로 다시 반복하지 않도록 할 경책으로 삼고자 합니다.

1. 책을 통해 세상의 온갖 지식을 섭렵하기

단순한 지식욕도 있었고, 새로운 지식을 스승으로 삼으려 하였습니다. 그러나 이러한 욕구는 많은 부분에서 어리석은 허영심의 발로였습니다.

2. 전문가 되기

뭔가 잘하는 능력을 갖춘다면 좀 더 완전한 느낌을 가질 수 있을 것 같았습니다. 그러나 사실은 뭔가를 열심히 한다는 것으로 스스로를 정당화하려는 시도였습니다.

3. 참선하기

분명히 여기에 길이 있다고 생각했고 효과를 체험했지만, '나'를 인도해 주는 절대자[신神]의 공간이 없어서 갈등이 생겼었습니다. 그러나 사실은 부질없이 갈등을 탓하며 해야 할 일을 안했던 것이지요.

4. 종교에 귀의하기

어려서 떠났던 기독교에 다시 인도되어 여러 해 동안 하나님을 찾아 바쁜 회사일 중에도 1년간 하루도 빠지지 않고 새벽 5시 예배를 드리기도 했습니다. 그러나 하나님에게 다가가는 적절한 길을 찾을 수 없었습니다. 참선 참구처럼 잘 정비된 구도의 길을 제시해 주지 못하는 점이 아쉬웠습니다.

5. 마음이 가리키는 곳으로 직업 전환하기

물리학에서 소프트웨어 개발자로, 사업가로 그리고 지금은 비즈니스

코칭으로 나름 큰 직업의 전환을 하였습니다. 돌아보면 그 과정에서 여러 다른 세상을 경험했다는 점에서 보면 크게 후회는 없습니다. 지금 하고 있는 일은 자기를 확장하고 초월한다는 나의 삶의 목표를 추구하는 일과 한 방향으로 정렬된 일이라 직업적으로 잘 발전시켜 나가고 싶습니다.

6. 자기 확장의 기회에 민감하기

주위에 관심사를 공유하고 정보를 얻을 사람이 거의 없었던 탓에 책이나 우연한 인연을 통해서 얻게 되는 자기 확장의 기회에 민감했던 것 같습니다. 그러나 새로운 것에 대한 추구가 지금 총력을 기울여야 할 일에 집중하는 것을 방해하기도 하였습니다. 지나침을 스스로 늘 경계해야 한다고 느끼고 있습니다.

7. 다른 사람들과는 다르게 살려고 노력하기

저와 같은 것을 추구하는 사람들의 틈에 끼일 기회가 적다고 느꼈고, 그 속에서 서로 격려하고, 격려받는 기회의 적음을 아쉬워했습니다. 그러다 보니 저와 다르다고 생각하는 사람들 속에서 그들과 다르게 살아야 한다는 압박감이 커졌던 것 같습니다. 그러나 생각해보면 같음과 다름을 구별 짓는 생각을 갖는 것 자체가 오히려 제 마음 공부에 가장 큰 장애물이었습니다.

끈질긴 인연

이제 20여 년 만에 한 바퀴를 크게 돌아서 참선에 다시 다다른 만큼 마음공부를 마칠 때까지 열심히 정진하고자 합니다.

2015년 3월 4일 안창준 올림

찰나찰나 줄어드는 목숨

김용완 박사 (1985학번)

이 글의 제목은 초등학교 2학년 무렵, 자유교양문고라는 이름으로 초등학생들에게 독서를 권장하기 위해 보급한 책들 중 불교설화라는 책에 나온 소제목의 하나입니다. 왜, 무엇 때문에 이 구절이 어린 마음을 사로잡았는지 모르겠습니다만 이 후로 줄곧 마음속에서 떠나지 않는 말이 되었습니다.

어린 시절

당시 어머니께서는 평창동에 있는 절에 다니셨습니다. 버스를 내려서도 한참을 걸어 올라가야 했던 당시로서는 멀게만 느껴졌던 적막한 산길, 한 여름 무더위에도 차갑고 서늘한 냉기에 몸서리가 느껴지던 절 안에 위치한 작은 동굴의 그 묘한 냄새와 풍경, '부처님께 절해야지' 하시던 스님 말씀 쫓아 들어간 법당法堂의 짙은 향냄새, 스님께 작별인사를 드릴 때 작은 두 손을 꼭 잡고 쥐어주시던 지폐 몇 장, 그러던 사이 생경하게 느껴진 엄지손가락만 하나 뿐인 스님의 왼손, 잘 가라 손을 흔드시다 왼손 위에 오른손을 살며시 포개시며 미소 지으시던 그 모습.

인연因緣

    이렇게 새겨진 일들이 있어서 저 구절도 새겨지지 않았을까 가끔 생각해 보기는 하지만 그래도 여전히 알 수 없는 일입니다. 인연因緣이었을까요? 그리고 한참을 지났습니다. 박사과정 1년차였을 때입니다. 서강대 물리학과 신임교수로 새로 부임해 오신 박영재 교수(법경法境 노사老師)님께서 당시 석사 및 박사 과정에 있는 대학원생 제자들에게 수식관數息觀을 지도해 주셨습니다. 얼마 후 '무無'자字 화두를 받고 입실入室도 했습니다. 그러나 예의 '無' 자 화두가 갖고 있는 그 형언할 수 없는 어마어마한 외피外皮에 눌려 한참을 벗어나지 못했습니다. '無' 자가 너무 무거웠습니다. 앉아서 뜨거운 눈물만 쏟기도 했습니다. 죽기 전까지 화두가 무엇인지 딱 하나만이라도 투과透過할 수 있기를 얼마나 바랐는지 모릅니다. 그러나 그렇게 간절懇切하게 원했던 것도 진정으로 간절하지는 못했었나 봅니다. 그 무게를 이기지 못하고 입실도 없이 좌선을 하다 말다 반복하며 몇 해가 흘렀습니다. 아마도 인연이 아니었나 봅니다. 평생 물리학만 연구하며 살자는 생각이 삶에 대한 많은 다른 무게들을 상당 기간 덮어줬습니다. 눈감기 바로 직전에 '그래도 후회 없이 살았잖아?' 한 마디만 스스로에게 할 수 있다면, 그것으로 그만 족하지 않을까 생각하면서요.

희유한 인연

그리고 또 한참을 지났습니다. 잘 알고 지내던 작가 한 분과 불교 관련 일 또 출판 관련 일을 하시는 분들을 중심으로 인사동모임이 이루어졌는데, 저도 모르는 사이 참석하게 되었습니다. 전과 다르게 꾸준히 입실을 하게 되었습니다. 주위에 계신 분들도 모두 새로 시작하는 분들이셔서 마음이 편하기도 했습니다. 딱 하나의 화두만 투과하면 여한이 없겠다 했었는데, 느릿느릿 하지만 그래도 어느 덧 입문과정인 '시작하는 사람들을 위한 화두들'을 마치게 되었습니다. 벌써 오 년이 되어 갑니다. 대학원생 시절부터 따지면 이십 이삼 년만입니다. 아마도 선도회 회원 중 가장 오래 걸리지 않았을까요? 다시 돌아보면 인연因緣이 없는 것 같지는 않은데 아마도 선감禪感은 없나 봅니다. 그러나 인사동모임을 통해 알게 된, 무엇보다 가장 중요한 사실은 입실의 중요성입니다. 낯을 많이 가리는 편인지라 사실 지금도 입실이 많이 부담스럽습니다만 입실을 통해서만이 향상向上, 즉 앞으로 나아갈 수 있다는 사실을 이제는 알기에 주저躊躇하지 않으려 합니다.

두 스승이 같은 분

그리고 현재, 저에게는 두 분의 스승이 계십니다. 한 분은 학문의 스승이시고 또 다른 한 분은 선禪의 스승이십니다. 두 분 다 훌륭하십니다. 그런데 이 두 분이 또 같은 분이시기도 하십니다. 이 희유稀有하고 알 수 없는 인연을 감사하고 또 소중히 여기며 꾸준한 정진精進으로 조금이라도 보답이 될 수 있도록 노력하겠습니다.

2013년 12월 9일 지승智承 합장

성찰배경: 이번에는 서강대 철학과 1982학번으로 2년 수료 후 중퇴한 이후, 직장인이라는 어려운 여건 속에서도 먼 길을 돌아 현재 서강대 종교학과 박사과정에서 묵묵히 선학자禪學者의 길을 걷고 있는 이상호 회원을 소개하고자 합니다. 국토교통부 소속인 그는 최근 직장 부서 이동에 따라 제가 주관하는 목동본원에서 성북거점모임(주관: 법등法燈 老師)의 부산지부인 불문선원不聞禪院(주관: 무설無說 法師)으로 옮겨 수행을 이어가는 과정에서 느낀 점을 보내주신 소감문所感文입니다.

옛 인연因緣을 이어서 새 인연으로

이상호 회원

2003년도에 대학원 공부를 위하여 직장을 서울로 옮기면서 선도회 목동본원(주관: 법경法境 老師)에 12월부터 다시 입실入室하기 시작했다. 밀려 있던 석사논문을 완성하고, 새로이 대학원에 다니면서 하고 싶었던 공부에 원 없이 매진할 수 있었지만, 아쉽게도 화두의 진도는 무척이나 더뎠다. 결과적으로 오랫동안 의정疑情에만 매달려온 것과 나를 보다보니 나만 보는 게 습관이 되어버린 것이 한 원인이었다.

10여년의 객지 생활을 되돌아보면, 인생의 굴곡을 지나온 일들과 아쉬움 남는 일들이 주마등처럼 지나간다. 인생의 길목에서 가까운 사람들과 이별의 아픔도 있었고, 직장에서는 이방인처럼 마음이 편치 않았던 적도 있었으며, 뜻한 바 이루지 못한 일들도 많다. 분명한 것은 잘하든 못하든, 어떻게 시간을 보내었던 간에 지나온 그 시간들은 돌이킬 수 없는 나의 인생이라는 점이다.

그나마 직장에서 우여곡절에도 불구하고 지난 몇 년간 창조적인 업무수행으로 새로운 부서를 만들 정도로 열심히 일해서 나름대로 만족하는 바가 있었고, 학교공부는 아직 논문이라는 마지막 관문이 남았지만, 그 이전보다 한 걸음 더 내딛고 있다는 점에서 위안을 삼는다.

화두 공부도 이제 초심자 과정을 막 지나고 있는 상태지만 도저히 나에게는 열릴 것 같지 않았던 화두의 문이 이제는 조금씩 움직이기 시작했다는 것만으로도 더 없이 행복하다. 옛날 공자께서 '아침에 도道를 들으면 저녁에 죽어도 좋다'고 말씀하셨는데, 이제야 도를 들을 수 있는 귀를 갖추기 시작했으니 앞으로 인생은 도道를 들을 일만 남았다.

처음으로 시작하는 화두를 본격적으로 투과하기 시작하던 때는 2013년도 부친상을 당한 후부터였다. 생사일대사를 겪고서야 겨우 눈 뜨기 시작했으니 둔근기鈍根器임에 틀림없지만, 그만큼 화두공부는 우리네 인생사와 맞닿아 있다는 것을 새삼 알 수 있었다. 사실 그러고도 한참을 헛돌고 헛돌았다. 물론 앞으로도 역시 그럴 것이다. 그럴수록 더욱 더 스승님의 은혜가 얼마나 소중한지 알게 된다.

부산으로 발령 나고 2014년 9월 13일 법경 노사님께 입실했다. 그날 입실을 마치고 하루 종일 충격 속에 있었다. 화두수행은 늘 나의 기대를 배신하였다. 때로는 그 충격이 곧 환희심으로 되돌아오기도 한다. 이번 입실을 통해서 그동안 그렇게 먼 길을 돌아온 이유가 무엇이었는지 묻고 또 물었다. 한마디로 억울했다. 그렇게 단순한 것이라면 그동안 찾고자 했던 것들은 다 무엇인가? 세수하다가 코 만지기보다 쉽다고 옛 어른들이 말씀하셨다는데 이걸 두고 한 말씀일까?

그럼에도 불구하고 다시 새로운 화두를 들다보면 그 단순성을 잃어버리고 또 한참을 먼 허공 속에서 헤매다가 다시 그 자리로 돌아오곤 할 것이다. 결국 그 자리는 떠난 바 없지만, 내가 스스로 돌고 돌다가 다시 그 자리로 돌아온다.

생각해보니 지난 1983년 말경에 종달 선사님께 마지막으로 입실하던 때와 그날 법경 노사님께 입실 하던 때가 마치 데자뷰처럼 느껴진다. 삶에서 롤러코스터 같은 굴곡을 거치면서 입실을 통해 안정을 되찾으며 새로운 차원으로 진입하는 듯한 희망을 품는다. 다만 종달 선사님께 입실할 당시에는 마치 순간적인 자동증과 같이 나도 모르게 움직이면서도 또렷한 의식이 유지되는 현상을 체험한 후, 밖으로 나와서는 개운하면서도 충만한 마음, 그리고 가벼운 발걸음과 찬란한 햇살에 눈부신 외경계들을 생생하게 느꼈다. 그러나 그것을 의식적으로 개념화할 수는 없었다. 전체적으로 그 일련의 현상들이 무엇을 의미하는지 의문이 생겼고, 그 이후로 오랫동안 그것이 하나의 화두처럼 나에게 붙어버렸다.

법경 노사님께 입실해서는 겉으로 드러나는 강렬한 인상보다는 내면적으로 받은 충격과 함께 너무나 '단순한 사실'에 대해서 새로운 눈뜸이 생겼고, 그 이후 우연히 보게 된 선어록들이 이전보다 더욱 생생하게 읽혀지던 기억이 난다. 그 후 부산에 온다고 해서 별다른 감흥도 없이 고향의 직장으로 돌아오니 사람들이 거의 바뀌어 있었다. 간간이 낯익은 사람들과 잠깐씩 대화를 해보니 그들이 기억하는 나는 규정과 원리원칙만 따지는, 융통성 없는 사람이었고 그다지 환영하는 분위기도 아니었다. 모두가 자업자득이니 그 업보는 달게 받겠으나 그 업으로 인해 누군가가 받았을 상처를 생각하니 마음이 아팠다.

점차 시간이 지나면서 직장 내 숙원사업들을 거침없이 처리해나가는 것을 보고서 사람들의 인식도 달라짐을 느낄 수 있었다. 남들이 꺼려하거나 무관심 하던 일들에 대해서 오히려 의욕적으로 도전하였고, 그런 것이 나에게는 너무나 자연스러웠다. 모두가 찰칵을 투과한 힘이라고 생각한다. 복잡해 보이는 것도 사실은 아주 단순한 것으로부터 시작된다는 것을 이미 알고 있었으니 무엇이든 지레 겁먹을 필요도 없었고, 다만 부딪쳐나갈 뿐이었다.

그러는 동안에 성북거점모임의 부산지부인 불문선원에는 아직 나가질 않고 있었다. 독실한 기독교 신자인 동생은 회심한 바 있어 나보다 먼저 불문선원에 다니고 있었다. 다시 마음의 여유를 가지고 지난 6월 24일부터 부산모임에 참여하였다. 사람은 미묘한 냄새로 위치를 파악한다는 기사를 얼마 전 인터넷으로 읽은 적이 있다. 바다냄새가 주는 편안함 때문인지 불문선원의 분위기가 낯설지 않았고 금방 적응할 수 있을 것 같았다.

사실 '시작하는 사람들을 위한 화두'[찰칙察則] 중에서 <금강경>에 들어있는 '응무소주이생기심應無所住而生其心'이라는 화두를 받은 지는 수개월이 지났지만, 이번에 부산에서 입실 두 번 만에 투과하였다. 그런데 전혀 놀랍지 않았고, 아주 자연스러웠다는 그 자체가 오히려 놀라울 정도였다. 그간에 법경 노사님께서 세밀하게 이끌어 주신 가르침 덕택에 점점 익숙해져 가는 부분이 있었고, 이곳 무설 부법사님께서 이끌어주시는 힘을 반증하기도 한다. 청법가의 한 구절처럼 '옛 인연을 이어서 새 인연이 맺어지는 대자비'의 불은佛恩을 입었다.

이 찰칙을 투과하면서 또 하나의 변화가 있었다. 예전에 종달 선사님의 "'무無'자字로 뭉치고 일상생활에서 풀어야 한다."는 말씀을 마치 화두처럼 품고 있었는데, 그다지 자연스럽지 못하고 언제나 마음 한쪽에 걸리는 게 있었다. 그런데 이번 찰칙을 투과하면서 비로소 납득되는 바가 있었다. 또한 일상 상속相續에 대한 법경 노사님의 말씀도 비로소 눈에 들어오기 시작했다.

참 알 수 없는 일이다. 지나와서 되돌아보면 스승님은 분명히 곧바로 가르쳐주셨는데, 그게 왜 그대로 들리지 않고 그대로 보이지 않았는지…. 내 발 밑에 이미 고속도로가 쭉 뚫려 있건만 그냥 달리기만 해도 될 것을, 스스로 한발 한발 내딛기를 힘들어 하니 무슨 조화일까? 무엇보다 있는 그대로 받아들이면 간단한 것을, 그것이 그렇게 어려워 다른 길을 찾다보니 결국은 다른 데로 돌아가게 되었다.

이미 화두자체가 그런 구조를 지니고 있기 때문에 대체로 그럴 수밖에 없는 이유도 있겠지만, 그래서 앞으로도 새로운 화두를 들다보면 역시 똑같은 전철을 밟을 수도 있지만, 그대로 보고 듣는 법을 터득하다 보면 점점 더 숙달되는 날이 반드시 올 것이라고 믿는다. 그리고 그것을 반드시 실현할 날이 있어야 한다고 다짐해본다.

그간 서울에서 배움의 은혜를 베풀어주신 법경 노사님께 다시 한 번 깊이 감사드리며, 앞으로 또 새로운 인연으로 가르침을 받을 수 있도록 기회를 주신 무설 부법사님께도 감사의 인사를 올립니다.

2015. 7. 3. 이상호 합장

군더더기: 필자는 선도회 역사상 가장 오랜 기간에 걸쳐 입문과정 점검을 마친 이상호 회원께 지난 2015년 8월 30일 처마에서 떨어지는 빗방울 點滴이 바윗돌을 뚫는다는 뜻인 '점적천석點滴穿石'에서 두 글자 '적천滴穿'을 취해 거사호居士號를 드렸습니다. 사실 앞으로 이런 자세로 꾸준히 수행하신다면 〈무문관〉 점검도 무난하게 마치시고 남은 생애 동안 통찰과 나눔이 둘이 아닌 '통보불이洞布不二'의 멋진 삶을 이어갈 수 있을 것입니다.

5절 | 자기성찰의 지속적인 실천을 위하여

2013년 5월로 매달 기고하던 <금강신문>의 '통보선' 코너를 마치고 글쓰기를 쉬고 있는데 편집진의 요청으로 2013년 말 두 달에 한 번 기고하면 되는 '문화칼럼'을 새롭게 시작하면서, 그동안 제가 일관되게 다룬 주제는 한 학기, 즉 4달간의 참선 실습의 효용과 한계에 관한 것이었습니다. 이 절에서는 그 한계를 극복하고 누구나 종교를 초월해 각자 자기 신앙 안에서 별 어려움 없이 자기성찰의 삶을 지속하기 위한 실천 방안으로 '자기성찰의 지속적인 실천을 위하여'란 글을 소개하고자 합니다. 아울러 나와 남이 결코 둘이 아님을 보다 철저히 자각하게 하면서 동시에 남도 깨우치게 하는 바람직한 성찰글쓰기의 중요성을 인식할 수 있는 사례의 하나로 2014년 연말부터 최근까지도 대다수 국민의 깊은 관심 속에 꾸준히 기사화 되고 있는 '연말정산'에 관한 성찰의 글을 함께 소개해 드립니다.

자기성찰의 지속적인 실천을 위하여

사실 저는 지난 10여 년 간 '참선' 외에도 인문사회 분야 전공 학생들을 위해 개설된 필수선택 과목인 '자연과 인간'(2014년 2학기부터 모든 학생들이 수강 가능한 일반선택인 '우주와 인간'으로 바꾸어 담당)이란 교양강의도 맡아오고 있습니다.

수식관數息觀 실습

그런데 비록 강의실이기는 하지만 학기 초에 학생들에게 '수식관數息觀'을 알려줍니다. 그런 다음 시작 약 5분 전에 미리 강의실에 와서 자기 자리에 앉아 허리를 세우고, 수식관 수행을 하게 합니다. 그리고 시작종이 울리면, 저는 좌석표의 빈자리를 확인하며 출석을 부르고는 곧바로 강의를 시작합니다. 참고로 수식관을 통해 학생들은 마음을 차분히 가라앉히고 강의에 집중할 준비가 되어 있어 강의 분위기가 비교적 좋습니다.

일상 속 생활선 권고

아울러 학생들에게 집에서 아침에 기상하자마자 비록 좌선 자세는 아니라도 허리를 세우고 10분 정도 수식관을 한 다음, 마칠 무렵에는 오늘 해야 할 시급한 일을 머릿속으로 정리하게 하고는 하루 일과에 온 몸을 던져 뛰어들게 합니다. 또한 잠자리에 들기 전, 자세를 잡고 먼저 하루를 돌이켜 반성하고, 수식관을 하다가 잠자리에 들라고 하여 각자 일상 속에서의 생활선生活禪 수행을 적극 권합니다.

성찰글 쓰기 과제 부여

여기에 '인생지도'나 '효'와 같은 주제들에 대해 성찰의 글을 지정과제로 줍니다. 그런데 이번 학기에는 새롭게 일상 속에서 쓴, 저나 선도회 회원들의 성찰글들을 수업시간마다 사례로 소개를 하다가, 학생들 모두에게 일상 속에서 현재 직면하고 있는 사회적 주제나 또는 성찰 소재가 될 수 있는 장면을 마주 대했을 때 사진을 한 장 찍고 이에 대해 A4용지로 한쪽 반 분량의 성찰글을 자유과제로 제출하도록 했습니다.

그 결과, 학생들 가운데는 이런 성찰과제가 마음에 들었는지 매일 쓰고는 저에게 일요일마다 성찰글을 과제와 상관없이 제출하고 있는 매우 적극적인 학생도 있었습니다. 또한 이 글들은 웹페이지를 통해 다른 학생들과도 공유하게 하다 보니 학생들 모두 다양한 시각들을 접하며 성찰의 깊이가 점점 깊어지는 것 같습니다. 그 본보기를 들면, 매일 성찰의 글을 쓰고 있는 이 학생은 성찰의 실천 효과에 대해 '실천을 통해 바뀐 나의 모습'이란 글을 통해 다음과 같이 술회하고 있습니다.

소감문: 실천을 통해 바뀐 나의 모습

"학기 초 어느 수업 시간에 교수님께서 매일 아무거나 성찰 거리를 하나 잡아서 글을 쓰는 것에 대해서 말씀하셨다. 당시에는 정신이 없어서 잊고 있다가 어느 날 문득, '자기성찰'에 대한 필요성을 느끼고는 교수님께서 말씀하신 것처럼 하루에 하나씩 작은 것 하나라도 느끼고 성찰하려고 노력했다. 지금 자기성찰 7주째를 지나고 있는 나는 재미있게도 그 짧은 시간 안에 많이 바뀌었다. 자기성찰의 꾸준한 실천을 통해서 나는 삶의 민감성을 되찾을 수 있었고, 이는 이제 하나의 내 습관으로 자리 잡게 되었다. 그리고 이러한 민감성을 지니고 있다 보니 자연스럽게 사소한 것에 감사함을 느끼게 되었다. 사실 자기성찰은 할 때마다 새로운 느낌이다. 오늘도 역시 자기성찰을 할 예정이고, 내일도 모레도 끊임없이 자기성찰을 할 것이다. 나중에 죽기 전에 내가 삶을 되돌아보았을 때, 자기성찰을 꾸준히 실천해 온 나의 모습은 후회하지 않을 내 삶의 행적 중 하나가 될 것 같다."

  사실 이 글을 통해 잘 파악할 수 있듯이 굳이 다리를 틀고 앉아 화두를 참구하지 않더라도 또한 돈오니 점수를 몰라도, 종교를 초월해 누구나 자기와 코드가 맞는 성찰방법을 익히고 일상 속에서 자기성찰을 생활화한다면 매사에 감사하며 통찰과 나눔이 둘이 아닌 가치 있는 삶을 잘 이어갈 수 있을 것입니다.

- 〈금강신문〉 (2014년 6월 17일) 수정 증보본

성찰글쓰기 사례 1:

연말정산 환급액의 큰 쓰임에 대하여

성찰배경: '연말정산'은 지난해 연말부터 최근까지도 언론을 통해 다루어지고 있는 중요한 주제의 하나인 것 같습니다. 그런데 대부분의 기사들은 이른바 소득공제에서 세액공제로 전환하는 세법 개정 때문에 연말정산 환급금이 많이 줄어들어 연말 정산 대란이 일어난 점에만 초점을 맞추고 있습니다. 그러나 이제 문제점은 잘 파악된 것 같기에 대다수 서민층을 위한 연말정산 제도 개선 문제는 전문가 분들께 맡기고, 이번 글에서는 '연말정산 환급액의 큰 쓰임'이라는, 다른 관점에서 연말정산을 바라보면 어떨까 해서 함께 성찰해 보고자 합니다.

'좀도리' 문화

사실 우리나라의 전통적인 미풍양속 가운데 어머니들이 밥을 지을 때마다 정성껏 쌀을 식구 1인당 한 숟가락씩 덜어서 항아리에 모아 두었다가 어려운 이웃돕기를 포함해 두루 요긴하게 활용하던 '절미節米'라는 뜻의 '좀도리' 문화가 있었습니다. 물론 지금도 몇몇 지방자치단체에서 '사랑의 좀도리쌀' 전달 운동 등을 통해 새롭게 이 좀도리 정신을 계승해오고 있습니다.

한편 제 견해로는 우리들 대부분은 매달 월급 때마다 초과해 떼어놓았던 세금을 연말정산을 통해 환급받고 있는데, 이 환급액 가운데 일정 부분을 형편에 따라 나눔을 위해 활용하는 것이 세계 10대 강국으로 진입한 21세기 한국에 걸맞는 좀도리 문화를 부활시키는 일이라 확신합니다. 참고로 미국의 경우 시민 1인당 매년 평균적으로 140만 원 정도를 나눔을 위해 보시한다고 합니다.

보시의 극대화

사실 저는 세법에 문외한이지만 보도 자료에 따르면, 소득이 오르면 오를수록 세액공제 방식의 적용으로 인해 높은 세율을 적용받도록 과표가 올라간다고 합니다. 즉, 과표가 6-38%까지 누진적으로 적용되기 때문에 소득공제 규모에 따라 더 늘어날 수도, 줄어들 수도 있다고 합니다. 예를 들어 과표가 4600만원인 경우 소득세율 세 번째 단계인 24%(과표 4600만-8800만원) 구간에 속하게 되며, 만일 여기에서 소득 과표가 100만원이 더 늘면 세금은 24만원으로 늘어난다고 합니다. 그런데 만일 이 늘어난 100만원을 연말정산 이전에 미리 공제 대상인 뜻있는 기부단체에 보시를 할 경우, 세금으로 24만원을 더 낼 필요 없이 보시를 극대화 할 수 있겠지요. 예를 들어 최근 일련의 안타까운 일들이 보도되고 있는데, 이의 시정을 위한 일환인지 지난 주말 서울특별시 강서구를 지나가다가 '찾아주세요. 알려주세요. 복지사각지대 위기

해소 특별조사'란 현수막을 목격하였습니다. 부디 조사만 하지 말고 복지사각지대에 놓여 있는 어려운 이웃들을 가능한 빨리 실질적으로 도울 수 있는 법적인 장치가 마련되기를 전망해 봅니다. 그렇지만 우리 모두 지금껏 겪어봐서 알듯이 워낙 복지부동인 분들이 도처에서 활약하고 계셔서 제도화되기까지는 아마 세월이 좀 걸릴 것입니다.

기부를 많이 하면 할수록 환급액 증가

그렇기 때문에 뜻있는 분들이 그때까지 복지사각지대에 놓인 어려운 이웃들을 도울 수 있도록 연말정산 환급액을 지혜롭게 활용해 보면 어떨까 해서 저의 사례를 말씀드리면 다음과 같습니다. 사실 지난 몇 년간 저의 경우를 돌아보니 공제혜택을 받을 수 있는 뜻있는 법인체들, 특히 주로 성찰사각지대에 놓인 분들을 위해 종교법인 선도회, 그리고 열악한 교육환경 개선을 위해 모교인 학교법인 서강대를 통해 기부를 많이 하면 할수록 환급액이 증가했으며, 이 환급액을 전액 다시 뜻있는 일을 위해 기부를 해보니 그해 연말에 역시 환급액이 줄어들지 않음을 피부로 느껴오고 있습니다.

월급 이외의 부수입에 대한 성찰

끝으로 월급 이외의 부수입에 대해 한 말씀 더 드리겠습니다. 우리 모두 월급의 경우는 대부분 가족의 생계 및 문화시민으로서의 삶을 위해 쓰게 됩니다. 그런데 저를 포함해 전문직 종사자들의 경우 자신의 주된 직업에 부수적으로 수행하거나 겸직으로 인해 생기는 부수입이 있습니다. 그런데 만일 무리하게 부수입에 집착하다 보면 본 직업에 소홀하게 되기도 하고, 경우에 따라서는 부적법하게 욕심을 부려 최근 방위산업 비리를 포함해 끊임없이 보도되고 있는 부정부패 사건의 주인공이 될 수도 있습니다.

따라서 만일 환급액뿐만이 아니라 월급 이외의 부수입은 철저히 '봉사의 대가!'라고 마음먹고, 최소한의 필요경비를 제외하고 다시 이를 뜻있는 일을 위해 대부분 환원한다면, 우리 모두 청렴함을 잘 유지하면서도 힘닿는 데까지 함께 더불어 통찰과 나눔이 둘이 아닌 멋진 삶을 살아갈 수 있지 않겠습니까!

- 〈금강신문〉 (2015.03.20.) 수정증보본

성찰글쓰기 사례 2:

카톡 대화방을 통한 성찰: 나 먼저 바꾸기

성찰배경: 몇 개월 전 현재 (사)나마스떼코리아의 네팔 현지봉사단장직을 맹렬하게 수행하고 계신 하도겸 박사님의 초대로 제가 함께 하

게 된, 한 자유분방한 카톡방에 지난 2015년 7월 3일 하박사님께서 올린 것으로 영적 스승들의 가르침을 담은 '나 먼저 바꾸기'에 관한 성찰의 글과 이에 관한 저의 댓글들을 함께 소개드리면서 카톡 대화방을 통한 그룹 성찰 사례를 소개드리고자 합니다.

하도겸 박사:

간디는 "세상이 변하기를 원한다면 스스로 먼저 그렇게 변하라."고 말했습니다.

부처님도 그렇게 가르쳤습니다.

나무시아본사 석가모니불.

하도겸 박사 연속글:

남만 바꾸려고 하지 마시고 나도 바꾸셔야 합니다. 나만 바꿔서도 안 되겠지만.

상구보리上求菩提 하화중생下化衆生, 통보불이洞布不二입니다.^^

생활선의 뜻이기도 하구요.

나무 나의 스승 나마스떼코리아회원^^

法境 댓글:

하박사님의 '바꾸기' 성찰주제에 도움이 되는 글입니다. 적지 않은 분들이 아시고 계시겠지만 모르시는 분들을 위해 소개를 드립니다. 사실 이 소개글은 생활선生活禪의 첫걸음인 '나 먼저 바꾸기' 입니다.

법경 합장

영국 웨스트민스터 대성당 지하묘지의 성공회 주교 묘비명

내가 젊고 자유로워서 상상력이 한계가 없었을 때
나는 세상을 변화시키겠다는 꿈을 꾸었다.

내가 성장하고 현명해질수록
나는 세상이 변하지 않으리라는 걸 발견했다.
그래서 내 시야를 약간 좁혀
내가 사는 나라를 변화시키겠다고 결심했다.
그러나 그것 역시 불가능해 보였다.

내가 황혼의 나이가 되었을 때
나는 필사적인 한 가지 마지막 시도로
나와 가장 가까운 가족을 변화시키겠다고 결정했다

그러나, 아아! 아무도 변화를 받아들이지 않았다.

그리고 이제 죽음의 자리에 누워
나는 문득 깨닫는다.
만일 내가 자신을 먼저 변화 시켰더라면
그것이 거울이 되어 내 가족을 변화 시켰을 텐데
그것의 영감과 용기로 부터
나는 내 나라를 더 좋아지게 할 수 있었을 텐데

그리고 누가 아는가
내가 세상까지도 변화시켰을지!

法境 연속 댓글:

묘비명이 길지요. 이러면 잘 안 읽게 됩니다. 추가로 간결한 원형을 소개드립니다.

(선종禪宗의 선사禪師에 해당하는) 이슬람 신비주의 종파인 수피즘(Sufism)의 영적 스승이었던 바야지드 바스타미(Bayazid Bastami, 804-874)의 간결한 '나 바꾸기 기도'에 관한 성찰글이 성공회 주교 묘비명의 원형이라고 합니다.

법경 합장

나 먼저 바꾸기 기도

내가 젊었을 때는
세상을 변화시킬 만한 힘을 달라고 기도했습니다.

중년이 되었을 때는
내 친구들과 가족들을 변화시켜 달라고 기도했습니다.

그러나 노년이 된 지금 나는
나 자신을 변화시켜달라고 기도합니다.

만약 처음부터 이 기도를 드렸다면
아마 내 인생은 훨씬 달라졌을 것입니다.

한 회원의 댓글:
두 번 올리신 덕분에 두 번 잘 읽었네요.
ㅎㅎ 감사합니다.

월간 <불광> 특집: 선도회 인사동모임 탐방기
(글 조혜영, 사진 최배문)

통보불이洞布不二로 나눔을 실천하는 선정바라밀

물리학용어 가운데 '퀀텀점프(Quantum Jump)'라는 말이 있다. 양자가 에너지를 흡수해 다른 상태로 변화할 때 서서히 변하는 것이 아니라 계단을 뛰어오르듯 급속도로 변하는 것을 의미한다. 한마디로 말해 대약진, 대도약이다. 여기 면벽 중인 한 수행자가 있다. 숨을 들이쉬고 내쉬는 호흡 끝에 화두 하나가 절절하게 매달려 있다. 사념은 멈추었고 시간은 영원 속에 있다. 궁극의 고요와 삼매. 어느 찰나, 화두가 들어 앉아 있던 자리가 열리며 의식이 공중부양을 한다. 퀀텀점프, 대도약의 순간이다.

일상에서 체험되는 선禪

다시 봄, 꽃은 피고 새는 노래하지만 여전히 세상은 시끄럽다. 세상이 시끄러운 것은 필연 내 마음이 산란하고 어지러운 것일 터. 변화를 원하는가? 보다 나은 세계를 꿈꾸는가? 그렇다면 지금 여기, 다시 선정바라밀이다. 복잡한 세상 한가운데 묵묵히 선禪의 길을 걸어가는 이들을 만났다. 그들은 흡사 태풍의 눈을 닮아 있었다.

지난 4월 셋째 주 금요일 오후 7시 반. 서울 종로의 두산위브에서 사단법인 선도성찰나눔실천회(이하 선도회) 인사동 모임이 열렸다. 그곳으로 들어가는 길에는 문이 없거나 혹은 두개의 문이 있다. 만일 당신이 그곳에 가고자 한다면 문 없는 문을 통과하거나 두 문을 동시에 투과해야 한다. 자, 당신은 어떻게 하겠는가. 이리저리 머리를 굴려 봐도 논리적으로는 답을 찾을 수가 없다. 생각만 많아지고 이내 포기하고 싶어진다. '까짓것, 안 들어가면 그만이지. 거기 뭐 별 게 있을라고?' 하지만 문 바깥은 낭떠러지가 내려다보이는 절벽 끝, 설상가상으로 태풍이 휘몰아쳐 발끝이 흔들려온다면? 문 안으로 들어가기만 하면 생사를 뛰어넘는 적정寂靜의 평화가 보장된다면? 그렇다면 모든 수단과 방법을 동원해서라도 문 안으로 들어가지 않을 수 없을 것이다.

<무문관無門關>은 중국 남송 시대의 선승인 무문혜개無門慧開 선사가 48칙의 공안을 해설한 책이며 <두문을 동시에 투과한다>는 서강대 물리학과 교수이자 선도회 2대 지도법사인 법경法境 박영재 법사가 쓴 책의 제목이다. 이 두 권의 책은 그 제목만으로도 선정과 깨달음의 세계로 들어가기 위한 화두가 된다.

선도회는 선정바라밀을 통한 깊은 통찰체험을 더불어 나누고 실천하는데 그 목적을 두고 있는 재가자 중심의 수행단체다. 선도회의 시작은 한국 불교 언론계에서는 이희익 거사로 알려진 한국불교에 생활선生活禪 수행 풍토를 만든 종달宗達 이희익(1905-1990) 선사로부터 비롯되었다. 입실점검을 통해 무문관 48칙을 점검받는 선도회의 전통 또

한 종달 선사에 의해 확립되었다.

흔히들 도를 닦으려면 세속을 떠나 산중으로 들어가야 한다고 얘기한다. 사방이 자연으로 둘러싸인 고요한 공간이라야만 선정에 머무를 수 있다고들 착각한다. 그럴수록 일상의 삶은 고요로부터 분리되고, 수행은 먼 곳의 이야기로 전락하고 만다. 날이 갈수록 복잡하고 힘들어지는 현대사회 속에서 감히 '선禪'만이 유일한 탈출구가 될 수 있다고 말하고자 한다면, 그 '선禪'은 반드시 일상의 삶속에서 체험되어야한다.

선도회의 활동이 반가운 이유는 바로 여기에 있다. 일단 도량의 접근이 용이하다. 서울 목동본원을 중심으로 성북, 독립문, 신촌, 인사동, 강남 등 서울만 해도 지부가 세분화되어 있으며 광주, 인천, 성남, 제천, 양평, 여주, 영주, 부산, 군산, 영천, 당진 등 각 지역별로 가까운 도량을 찾아 수행할 수 있다. 그리고 프랑스 디종에 국제선원이 있다. 모임은 먼저 30분간의 참선으로 시작된다. 각자 무문관의 공안이나 화두를 참구하는 시간이다.

선정 목표는 지혜와 자비로 나눔 실천

빌딩 숲 사이 어스름한 골목은 금요일 밤의 열기를 즐기는 사람들로 시끄러운 가운데, 도심에 위치한 두산위브 오피스텔 8층(최근 좀 더 넓은 11층으로 옮김) 작은 공간에서는 스무 명이 안 되는 사람들이 가부좌를 틀고 앉았다. 숨소리마저 가늘어 들리지 않는 투명에 가까운 고요다. 얼마의 시간이 흘렀을까 이내 맑은 종소리가 들려온다. 입실점검을 알리는 소리다. 한 사람씩 차례로 작은 방에 들어가 박영재 법사에게 화두에 대한 입실점검을 받는다. 스승과 제자 사이에 의식을 깨우는 밀어가 오고 간다. 이 과정을 통해 수행자는 상相으로 똘똘 뭉친 자신의 업식을 하나씩 해체시켜 나간다. 그렇게 입실점검이 끝나면 자기성찰 시간으로 <무문관>의 새로운 공안을 공부한다. 이날엔 무문관 48칙 가운데 제42칙 '여자출정女子出定'에 대한 박영재 법사의 제창이 이어졌다.

"무문 선사 가로되, (중략) 문수보살은 칠불의 스승인데 어째서 이 여인을 선정에서 나오게 하지 못했는가? 반면 망명보살은 제일 낮은 지위의 초짜 보살인데 어째서 그녀를 선정에서 나오게 할 수 있었는가? 만약 이에 대해 제대로 꿰뚫어 볼 수 있다면 끝없는 업식業識[중생]의 삶 그대로, (부처를 뜻하는) 큰용[나가那伽]이 삼매에 든 경지이리라!"

그런데 이렇게 <무문관>을 제창하는 이유는 초심자의 경우 간화선 수행에 필수적인, 한문으로 저술된 어록에 대해 친근감을 갖게 하기 위함이다. 한편 고참자의 경우 <무문관>에 들어있는 화두들을 낱낱이 점검받을 때, 그동안 익힌 한문강독 체험을 바탕으로 어록에 들어있는 화두의 핵심을 정확하게 파악하게 하기 위해서이다. 그래서 나중에 '여자출정'이란 화두를 점검받게 될 때 이 제창 자료를 참고하며, 일상생활 속에서 위의 공안을 바르게 참구한 후, 입실점검을 통해 또다시 자신의 상태를 확인할 수 있다.

그런데 선도회에는 꿈나무들도 참여한다. 그래서 부모님과 함께 온 청소년 회원들을 위해서 〈명심보감明心寶鑑〉에 들어있는 언행일치言行一致의 가르침들을 한 구절씩 다루어 오고 있는데 이번에는 '성심편省心篇'의 한 구절을 함께 읽었다.

소동파 거사가 가로되, 까닭 없이 천금을 얻는 것은
큰 복이 아니라 반드시 큰 재앙이 될 것이네.
[蘇東坡云 無故而得千金 不有大福 必有大禍.]

"참고로 소동파는 중국 북송 때의 시인이라고만 알려져 있는데, 부처님께 귀의한 불제자이면서 깨달은 도인입니다. 통보불이洞布不二이라는 말이 있죠. '통찰과 나눔은 둘이 아니다.' 라는 뜻입니다. 깊은 통찰 체험을 바르게 했다면 반드시 나눔을 실천하는 삶으로 증명됩니다. 당시 고위직 공무원으로서 소동파는 서민들의 어려움을 해소하기 위해 제도를 개혁하고, 관료가 사리사욕을 위해 뇌물로 바친 돈을 그 관료의 이름으로 기부하기도 했죠. 선정 수행을 통해 세상을 이롭게 하는 지혜가 열린 것입니다"

박영재 법사는 나눔이 빠진 깨달음은 진정한 깨달음이 아니라고 말한다. '자리이타自利利他' 가 아닌, 즉 먼저 남을 이롭게 하고 그 다음에 부수적으로 내가 이로우면 좋다는 뜻의 '이타자리利他自利' 를 선양하는 것이 선도회의 가풍이다. 자비와 지혜를 양 날개로 하는 나눔이야말로 선정의 궁극의 목표가 되어야 하는 것이다. 그 일환으로 선도회 회원들은 각자의 자리에서 다양한 나눔과 재능기부를 실천하고 있다. 얼마 전 교도관으로 일하는 광주모임의 한 회원이 교정센터에서 재소자들을 위한 참선모임을 열었다. 그 가운데는 우리가 이름만 들어도 아는 재소자도 있다고 한다. 선도회 회원들은 양로원이나 요양원 봉사를 비롯해 청소년들과 대학생들을 위한 참선지도까지, 자신이 있는 자리에서 임제 선사의 '수처작주隨處作主 입처개진立處皆眞'을 직접 실천하고 있다.

"석가모니 부처님께서는 사문출유四門出遊를 통해 출가를 하셨지만 오늘날 우리가 사는 세상은 다문출유多門出遊라고 할 수 있습니다. 일상에서 깨어있기만 한다면 모든 것이 다 화두이며 수행이지요."

매순간 깨어있기 위해 박영재 법사는 원오극근 선사의 선어록을 빌려 '좌일주칠坐一走七'을 이야기한다.

"하루 중에 8시간 잠은 충분히 자고 깨어있는 16시간 가운데 1/8은 좌선을 하고, 7/8은 맡은 바 일을 충실히 한다는 뜻입니다. 재가에 있으면서 자기 전문직에는 소홀히 한 채 산중으로 쫓아다니는 것이 수행은 아닙니다. 잠자는 시간은 빼고, 아침에 일어나서 1시간, 잠들기 전에 1시간 좌선과 자기 성찰을 하면 나머지 14시간을 본업에 온전히 매진할 수 있습니다. 그렇게 될 때, 그 본업은 타인을 이롭게 하는 일이 되겠지요. 며칠만 한 번 해보세요. 피로도 사라지고, 날마다 생수불이生修不二가 저절로 될 겁니다. 숭산 스님이 말씀하셨죠. 오직 할 뿐이다."

삶과 수행이 둘이 아닌 이치. 결국 일상 속의 선정이란, '오직 할 뿐'인 마음 안에서 이루어지는 '무아無我'와 '회향回向'의 다른 이름일지도 모른다. 문 없는 문을 통과하였는가, 혹은 두 개의 문을 동시에 투과하였는가? 오직 모를 뿐!

사단법인 선도성찰나눔실천회(선도회)

홈페이지: www.seondohoe.org

- 월간 〈불광〉 2015년 5월호 수정증보본

3부 사례

성찰 여정旅程
사십 년

5장 | 선禪과의 만남 이전

어머니 장롱에서 돈을 훔치다

초등학교 입학 직전인 1961년 전후의 일입니다. 당시 아버지께서 개업하시던 병원이 효자동 시장 가까운 곳에 위치했었는데, 아직 학교 가기 전이라 동네의 노는 형들과 어울렸습니다. 그러다가 당시 한국에서는 아직 초콜릿 제품을 생산하지 못하던 시절이라 비싸게 팔리던 미제 초콜릿을 맛보게 됩니다. 그 후, 그 맛을 잊지 못하고 하루하루 아버지께서 진료를 보시고 받으신 수입을 어머니께서 장롱 속에 넣어두시는 것을 알고 몰래 뒤져서 조금씩 빼낸 돈으로 동네 형들과 함께 나누며 (?) 한동안 그 맛을 즐겼습니다. 그런데 꼬리가 길면 잡힌다고, 어머니께서 그 사실을 알아차리셨습니다. 어느 날 저녁, 여느 때처럼 밖에서 놀다가 저녁 때 귀가를 하자 대야에 따뜻한 물을 받아 제 발을 씻어주시면서 이 문제를 조심스럽게 거론하셨습니다. 이때 어머니께서는 '아무리 비싸도 네가 먹고 싶다고 하는 것을 언제 안 사준 적이 있었느냐?'고 하시면서 자연스럽게 저의 소통 부족을 일깨워주셨습니다. 비록 마마보이 철부지였지만 곧 상황을 파악하고 잘못했다고 말씀드리면서 다시는 그런 일이 없도록 하겠다는 약속을 드렸고, 그 후 다시는 도둑질[절도竊盜]을 하는 행위는 없었습니다.

지금 돌이켜 보면, 입이 까다로워 정성스레 차려주시는 음식도 먹는 둥 마는 둥 하며 비리비리 하게 성장하는 것도 모자라 일찍이 도둑질까지 했으니, 얼마나 불효막심한 마마보이였는지를 다시 한 번 뼈저리게 반성하게 됩니다.

그런데 그나마 다행인 것은 초등학교를 들어가면서부터는 비록 한 번 전학을 하기는 했지만 학교생활에 충실하며 별 탈 없이 성장했던 것으로 기억됩니다. 한편 성적은 4학년 1학기까지 효자동에서 청운국민학교를 다닐 때에는 심한 경쟁 속에서 중간 정도였습니다. 당시 고개 하나를 사이에 두고 논밭이 있던 답십리로 이사와 답십리국민학교를 다닐 때에는 조금만 공부를 해도 반에서 3등 안에 들자 신바람 나서 하다 보니 6학년 졸업 때에는 전교에서 2등으로 졸업을 하게 되었습니다.

특히 전학 후 좋았던 또 다른 점은 도심과는 달리 마당이 넓은 집이라 할머니께서 닭도 키우시고, 친구들은 대부분 순박해 저를 잘 대해 주었습니다. 여름방학 때는 함께 고개 넘어 강가에서 물놀이도 하고, 논밭 도랑에서 미꾸라지, 개구리도 잡으며 정서적으로 매우 좋은 환경 속에서 성장했던 것 같습니다.

군더더기: 참고로 이 절도 사건은 제가 성장 후 어느 날 문득 떠올라 어머니와 웃으며 담담하게 이에 대해 이야기를 나누었던 사건이기도 합니다. 사실 사건 당시 상황에 대해 저는 어렴풋이 그랬었다는 생각은 났었지만, 어머니께서 당시를 회상하시기를, 장롱을 뒤져 돈을 훔친 일이 발각나자 어처구니없게도 집을 나가겠다고 협박(?)까지 했었다고 하셨습니다. 아무튼 이 사건은 필자가 진짜 형편없는 마마보이였음을 입증하는 사건이었습니다.

무협소설 읽기를 중단하다

필자가 철들기 시작할 무렵인 경동중학교 2학년에 올라가자, 학급 친구들 가운데 친한 친구 한 명이 쉬는 시간이면 내 옆 자리에 있는 다른 친구 곁에 다가와서는 서로 읽은 무협소설에 대해 열을 올리며 이야기를 주고받았습니다. 그런데 이런 모습을 지켜보다가 나도 그만 무협소설에 푹 빠지게 되었습니다. 돌이켜 보니 의협심이 강한 주인공이 대체로 처음에는 매우 나약했으나 무술을 익혀 악인들을 제압하고 무림武

林의 평화를 찾는 그런 내용에 흥미를 가졌던 것 같습니다. 그러다 3학년 2학기가 되면서 무협소설 읽기를 중단했습니다. 그 계기는 중학교를 졸업하고 경동고등학교에 자동적으로 동계진학을 하지만, 구조조정을 통해 경동중 8반과 삼선중 4반이 통합되고, 그 과정에서 고1 때부터 우수반 4개반, 열등반 8개반으로 나눈다는 이야기를 듣고 어린 마음에 걱정이 되어서였던 것 같습니다.

군더더기: 그런데 돌이켜 보면 무협소설에 빠졌던 시절이 꼭 허송세월을 보낸 것만은 아니었다고 판단됩니다. 왜냐하면 이때 하룻밤에 다섯 권을 읽어치우는 빠른 독서법을 습득했기 때문입니다. 또한 무협소설의 차례에 들어 있는 소제목들이 대개 한자로 된 사자성어四字成語였고, 간혹 매우 어려운 한자들이 섞여있어 한문세대가 아닌 필자가 자연스럽게 어려운 한문도 익히면서 어느 정도 그 뜻을 알 수 있게 되었습니다. 그 후 이런 경험은 선가禪家에 입문하면서 별 어려움 없이 자연스럽게 불경佛經과 조사어록祖師語錄을 대할 수 있게 해주었습니다. 그 뿐만 아니라, 아직도 기억에 생생한 소제목 하나로써 눈 위를 걸으면서도 전혀 흔적을 남기지 않는 뛰어난 경공법을 뜻하는 답설무흔踏雪無痕 이란 사자성어四字成語가 있었는데, 선가禪家의 세계에서는 이것을 '눈 위를 걷되 흔적을 남기지 말라!' 라는 화두로 새롭게 제창提唱해 활용할 수도 있으니 이 얼마나 묘한 인연입니까!

중학교 시절 어머니께 쓴 편지

　필자가 중학교 3학년 시절 어머니날(매년 5월 8일, 지금은 어버이날로 바뀜)을 기리기 위해 어머니께 쓴 편지는 '오늘의 나'를 성찰할 때마다 늘 과거에 했던 미래의 전망이 제대로 오늘 실천되고 있는가의 잣대가 되곤 합니다. 그래서 가끔 이 편지를 읽곤 하는데 그 전문全文은 다음과 같습니다.

　"어머니께
　어머니, 오늘은 어머니날입니다. 매일 같이 우리를 돌보아 주시어 우리들이 그 은혜를 보답하는 날입니다. 어머니께서는 저를 위해 얼마나 애를 쓰고 계신지 모르겠습니다.
　제가 강에 가려고 하면 물에 빠질까 못 가게 하시고, 산에 가려고 하면 떨어질까 못 가게 하시고, 어디 갔다 늦게 돌아오면 마음을 졸이고 계시다가 어디 갔다 지금 오느냐 하시며 걱정해 주셨습니다. 또 어머니의 마음은 언제나 우리들이 남들보다 지지 않게 열심히 우리들을 뒷받침해 주셨습니다.
　저는 이 어머니날을 계기로 열심히 공부해서 이 세상에서 제일 훌륭한 사람, 즉 나라를 위해 아니 더 나아가 인류 공영에 이바지 하여 어머니의 마음을 기쁘게 해드리겠습니다.
　어머니, 저는 어머니 앞에서의 이 결심을 제가 죽을 때까지 지켜나가겠습니다.

그럼 어머니의 건강을 빕니다.

1970. 5. 8. 불효자식 영재 올림"

군더더기: 그런데 당시 담임선생님을 통해 수업 시간에 반강제적으로 썼던 이 편지는 비록 형편없는 마마보이로서 피상적으로 쓰기는 했으나, 이때의 다짐은 종달 선사 문하에 입문하면서 닦은 간화선 수행과 함께한 필자의 삶의 여정을 통해서 어느 정도 이행되고 있다고 느껴지기는 합니다. 물론 세밀히 돌이켜 보면 아직도 크게 부족함을 뼈저리게 통감하고 있습니다.

아버지의 조언: 의사만은 하지 말아라

한편 히포크라테스의 선서를 일생동안 지키셨던 아버지께서는 환자들을 치료하고 돌보시는 일을 정말 성실히 수행하셨습니다. 그 한 예로 제가 중학교 3학년 때의 일입니다. 하루는 아버지께서 제 방에 오시더니 "아들아! 네가 생명존중에 대해 특별히 사명감이 없다면, 다른 직업은 다 택해도 좋지만 절대로 의사만은 하지 말아라!"라고 하신 말씀은 아직도 귀에 생생합니다. 그러시면서 덧붙이신 말씀은 "정상적인 사람들을 하루에 열 명 정도 만나도 피곤한데, 아픈 환자들을 몇 십 명이나 만나 치료를 해주고 또한 그것으로 끝나는 것이 아니다. 환자가 돌아간 뒤에도 용태가 좋아지겠는지 하는 생각에 한시도 마음이 편할 날이 없다."는 것이었습니다.

　사실 이날 이후 저의 머릿속에서 의사란 직업을 완전히 지워버렸는데, 아버지의 이 조언에 대해 저는 지금도 뼈 속 깊이 감사드리고 있습니다. 그리고 교수가 된 이후 강의 도중 이공계 학생들에게 한번은 꼭 이 이야기를 언급합니다.

군더더기: 그런데 돌이켜 보면 아버지께서는 육신의 병을 고치는 의사가 되신 반면에 저는 물리학자로서의 삶 이외에, 종교와 종파를 초월해 자기성찰을 위한 지도자들을 배출하고 있는 (사)선도회의 법사로서 무한 경쟁시대 속에서 심신이 지친 분들의 마음을 치유하는 심의心醫의 역할을 어느 정도 하고 있다는 생각이 들곤 합니다.

생애生涯 첫 일기장의 첫 장

　요즈음 이 책을 엮으면서 저의 지난 세월을 회고回顧하다가 함께 살피면 좋을 것 같아 이 지면을 빌어 소개를 드립니다. 제가 중학교 3학년 졸업을 앞 둔 16살 무렵인 1971년 2월 7일(일요일, 날씨 흐림)부터 쓰기 시작한, 물론 온통 이원적 분별의 글 일색이지만 희망찬 미래를 꿈꾸고자 했던, 생애生涯 첫 일기장의 첫 장은 다음과 같습니다.

　"나는 오늘 친구들과 (무협武俠) 영화를 보면서 생각을 했다. 요사이 며칠을 돌이켜 보건대 영화관만 다니고 예전의 나답지 않게 방종한 생각이 들었다. 그래서 다시 예전의 나로 환원하기 위해 일기를 써서 그 날을 반성하고 미래를 계획하기로 결심했다. 과연 이 결심이 얼마나 갈 것인지는 모르겠다. 나는 이 일기가 내가 살아있는 한 계속되기를 마음 속으로 빌어야겠다.

인제 얼마 안 있으면 고등학생이 된다. 철이 들대로 들었다. 부모에게 효도하고 누나들과 동생들과도 좀 더 잘 지내고 그리고 친구와 진정한 우정을 나누어야겠다.

오늘은 웬일인지 자꾸 글이 쓰고 싶어진다. 이 김에 (엉터리) 시나 지어야겠다.

나의 앞길

나의 미래
순조로울까?
험할까?
두고 봐야 알 것이다.

나의 미래
성공할 것인가?
실패할 것인가?

지나봐야 알 것이다.

아! 궁금하도다
나의 희망찬 미래

"오늘을 반성한 자 내일은 행복할 것이다."

군더더기: 사실 세속적 잣대에 의해 이처럼 성공과 실패를 나누는 이원적 분별들은 20세인 1975년 10월 18일 종달 선사님 문하로 입문해 선 수행을 시작하면서 정리의 길을 걷게 됩니다.

엉뚱한 성찰이 기연奇緣으로

 앞에서 언급했듯이 중학교 3학년 2학기가 되면서, 고등학교에 올라갈 때 우열반을 나눈다는 이야기를 듣고, 어린 마음에 걱정이 되어 석달간 시험공부에 몰두한 결과, 고1 때 우수반에 편성되었습니다. 그리고 그 효과가 고1 첫 번째 월말고사 때까지 지속되는 바람에 월말고사 성적이 60명 가운데 4등에 들었습니다. 그런데 문제는 그 다음에 터졌습니다. 두 번째 월말고사를 방심하고 치른 결과 44등을 했는데, 유독 학생들에게 깊은 애정을 갖고 지도해 주셨던 담임선생님께서 성적표를 나누어 주시면서, 성적이 1차 고사와 15등 이상 차이 나는 학생들은 부모님을 모시고 오라고 말씀하셔서 눈앞이 캄캄해졌습니다. 3차 고사는 조금 노력을 해서 13등을 했었으나, 4차 고사는 또 묘하게도 44등을 해 어머니께서 한 번 더 학교를 방문하셨어야 했습니다. 그러자 널뛰기하는 성적을 안정시키기 위한 지혜로운 방안(?)으로 성적을 반에서 30등정도(그래도 우수반이었기 때문에 학년말에 전교 726명 가운데 93등)가 되도록 자율적으로 조절하였으며, 이 습관으로 인해 고등학교 2학년 때까지 그저 학교 수업을 따라가는 정도로 편안하게 공부를 하게 되었습니다.

군더더기: 그런데 이때를 세밀히 돌이켜 보면 고1 담임선생님의 학부모 면담 제도가 저로 하여금 적당히 공부하게 하였는데, 그 덕분에 종달 선사 문하로 입문할 수 있는 통로가 유일하게 열려있던 서강대학교를 무난히 들어갈 정도의 실력을 갖추게 하는데 크게 기여하였다고 여겨집니다. 덧붙여 대학 입시 보름 전 '서강대학교' 란 이름을 이때 처음 알게 되었고, 천주교 집안에서 성장했으며 또한 천주교 예수회 재단이 설립한 서강대학교에서 단지 물리학을 전공하고자 입학하였습니다. 그런데 그뿐만 아니라 불교 동아리인 '혜명회' 김용관 선배님을 통해 종달宗達 이희익 선사禪師님을 뵙고 모든 치우친 편견을 철저히 놓아버리게 하는 간화선 수행까지 겸할 수 있었습니다. 이와 같이 두 마리의 토끼를 동시에 쫓게 되는 희유한 기연奇緣을 만난 것은 지금도 그저 불가사의不可思議할 뿐이라는 생각이 듭니다.

방황의 시기

맨 처음 대학 시험을 칠 당시, 필자가 대학에 가려는 목적은 그저 막연하게 학문을 하기 위해서였습니다. 그러나 대학에 들어간 후 나의 첫 학기는 거의 고등학교와 비슷한 '시킴을 당하는 생활'이었습니다. 요즈음 웬만한 대학이 다 평준화되었지만 그 당시에는 유독 서강대가 그랬습니다. 말로만 듣던 꿈과 낭만이 가득한 그런 곳은 결코 아니었습니다.

게다가 필자는 서강대 이공대학을 1등으로 입학한 후, 우물 안 개구리 식의 사고방식에서 벗어나지 못하고, 다만 어느 부모님께서 21세기는 중국의 시대가 올 것이라며 중국말을 하나 더 배우게 하기 위해 보냈던 화교 학교를 졸업한 한국인 친구와 성적에 관해 경쟁적인 노력을 계속하였습니다. 그런데 이 친구는 이미 미국식 교육제도를 도입한 대만식 교육을 중고등학교 때부터 받아 왔기 때문에 미국식 교육 체재로 이루어진 대학의 풍토와 잘 연결되어 있었습니다. 따라서 암기식 교육에 길들여져 있던 나로서는 매우 힘겹게 이 친구를 쫓아갈 수밖에 없었습니다. 이렇게 한 학기를 보내고 나니 학문과 삶에 관한 나의 얄팍한 가치관이 뿌리째 흔들리면서 모든 일에 회의가 밀려들어 왔습니다. 그러다 여름방학이 시작되면서 나는 대학에서의 나의 현 위치와 삶에 관해 보다 더 강렬한 회의에 빠져들기 시작했습니다. 그리하여 방학 내내 정신적인 갈등 속에서 밤잠도 제대로 못 자면서 괴로워했습니다. 그러나 이런 괴로움 속에서도 방학이 끝나 갈 무렵 나는 내 삶에 관한 최초의 결론에 도달했습니다. 물론 다른 사람들도 다 그런 생각을 갖고 있겠지만, 정신적인 갈등에 빠져 있는 당시의 나에게는 유독 실감나는 것이었습니다. 그 결론은 "내가 택한 길에 최선을 다해 성실히 노력해 가야 한다!"는 것이었습니다. 이제 적극적이고 능동적인 삶을 살아가야겠다는 다짐을 나 자신에게 한 것입니다.

군더더기: 그런데 가끔 이때를 돌이켜 보면 내가 그 후 참선 수행을 하지 않았더라면 틀림없이 '작심삼일作心三日'에 해당하는 그런 결심이었으리라 생각됩니다.

불교와의 만남: 방황기를 마치다

그 후, 뜻은 세웠으나 구체적인 실천 방안은 서 있지 않았기 때문에 인간과 삶에 대한 생각이 구체화되어져 가는 과정에서 첫 번째 겪었던 괴로움보다 더 심한 진통을 겪었습니다. 이때 학문에 관한 깊은 회의도 동시에 밀려들어 왔습니다. 그래도 나에게는 주로 무협소설이기는 했지만 독서하는 습관이 붙어있었던 까닭에 여름방학이 되자 그 당시 내가 가지고 있던 문제의식을 해결하기 위해 닥치는 대로 책을 읽기 시작했습니다. 이때 내가 책을 접하는 방법은 큰 책방에 가서 마음에 드는 책을 골라 다 읽고 나면 또 다른 책을 사서보곤 하였습니다. 이때의 심정은 물속에 빠진 사람이 지푸라기라도 붙잡으려는 것과 똑같은 상태였습니다.

그러다 1975년 7월 27일 종로서적에서 석가세존께서 활약하던 초기 불교 시대에 관한, 법정法頂 스님께서 번역하신 〈숫타니파타〉란 책을 대하게 되었고, 이 책을 차분히 읽어 가면서 들뜬 상태 속에서 헤매던 나의 방황기도 서서히 막을 내려갔습니다. 나는 너무나 인간답게 살아간 인간 석가의 물 흐르는 듯한 가르침 속에서 내가 나아가야 할 길을 뚜렷하게 찾게 된 것입니다. 그리하여 나는 지금까지 잘못된 교육을 받아 옴으로써 갖게 되었던 분석적인 사고방식, 즉 어떤 대상을 보면 갈기갈기 찢어 버려 본래의 모습을 없애 버리는 그런 태도를 벗어 던지고 석가세존의 길을 따라 있는 그대로를 느낄 수 있는, 이른바 직관하는 방법을 추구하기 시작했습니다.

군더더기: 참고로 〈숫타니파타〉 가운데 첫째 장章인 사품蛇品에 들어 있는, 당시 필자의 마음을 송두리째 사로잡았던 세 구절을 인용하기로 하겠습니다.

1. 넘쳐흐르는 애착의 물줄기를 남김없이 말려 버린 수행자는 이 세상도 저 세상도 다 버린다. 마치 뱀이 묵은 허물을 (미련 없이) 벗어버리듯이!

2. 소치는 다니야가 말했다. '나는 이미 밥도 지었고 우유도 짜 놓았습니다. 마히이 강변에서 처자와 함께 살고 있습니다. 내 움막은 지붕이 덮이고 방에는 불이 켜졌습니다. 그러니 신神이여! 비를 뿌리려거든 비를 뿌리소서!'

3. 숲 속에서 묶여 있지 않은 사슴이 먹이를 찾아 여기저기 다니듯이, 지혜로운 이는 독립과 자

유를 찾아 무소의 뿔처럼 혼자서 간다!

독화살의 비유에 눈뜨다

한편 1975년 8월 8일부터 21일까지 충청북도 영동군 양산면 누교리에 위치한 영국사에 머물며 2학기에 배울 물리과목 예습과 불교 서적들을 읽던 시기를 제외하고, 독서 습관을 통해 <숫타니파타>를 접한 1975년 7월 27일 이후부터 2학년 2학기 개강 직전까지 당시 규모가 가장 컸던 종로서적을 매일 방문하며 불교서적 코너를 섭렵했습니다. 특히 현암사에서 나온 불교 관련 개론 수준의 시리즈들은 그 내용이 매우 이해하기 쉬워서 짧은 시간에 불교를 개괄적으로 파악할 수 있었고, 특히 <잡아함경>에 담겨 있는 석가세존의 말씀 가운데 다음과 같은 비유가 나의 마음을 가장 크게 흔들어 놓았습니다.

"독화살을 맞아 신음하고 있는 사람이 있다고 하자. '이 사람이 해야 할 가장 시급한 일은 무엇인가?' 하는 것이다. 만일 독화살을 뽑고 치료할 생각을 하지 않고 누가! 왜! 나를 쏘았는가! 하고 고민하다 보면 독은 온몸에 퍼져 아무 것도 모른 채 그저 죽어갈 것이다. 그러나 독을 먼저 치료하고 튼튼한 몸이 되었다면 얼마든지 진상을 밝힐 수 있을 것이다."

필자는 교수가 된 이후 이 비유를 한 학기 강의 중에 꼭 한 번은 학생들에게 들려주곤 합니다. 즉, 살아가는 순간순간 '과연 이 순간 나에게 가장 시급한 일은 무엇인가?' 하고 스스로에게 물어 보라고 가르치면서, 이런 가운데에 정말 멋진 인생을 살아갈 수 있는 스스로의 가치관을 확립할 수 있다고 가르칩니다.

군더더기: 사실 이러한 태도는 종교와 종파를 초월해 일상 속에서 효과적인 자기성찰참선參禪 수행을 이어간다면 자기도 모르는 사이에 저절로 길러지며, 그럴 경우 가장 시급한 일들을 신속 정확하게 대처해 가며 모든 것이 제자리를 잡아가기 때문에 그야말로 세월을 자기 뜻대로 부리며, 적극적이고 능동적으로 그 무엇과도 바꿀 수 없는 삶을 살아가고 있는 자신을 발견하게 될 것입니다.

〈불교개론〉을 하루에 독파하다

개천절 공휴일이었던 1975년 10월 2일(금)에 쓴 일기 가운데 성찰 관련 내용은 다음과 같습니다.

"(上略)
자기가 의지할 곳은 자기뿐이니
그 밖의 어디에 의지할 데 있으랴
자기가 잘 조어調御될 그때

아주 희귀한 의지처가 생기리.
- <법구경의 한 게偈에서>

(中略)

사람의 생각은 어디에라도 갈 수 있다.
그러나 어디에 가든 자기보다 더 사랑스러운 것을 발견하지는 못한다.
그와 같이 다른 사람들에게도 자기는 더 없이 소중하다.
그러기에 자기가 사랑스러움을 아는 사람은 남을 해쳐서는 안 된다.

(下略)

　　이상은 목욕으로 몸을 깨끗이 하고 마음을 정리한 후, 오늘 저녁 독파한 증곡문웅增谷文雄이란 분이 저술하고 이원섭 선생님이 번역한 <불교개론佛敎槪論>(현암사)에 담겨져 있던 글들이다. 우선 나로 하여금 이 책을 접할 수 있도록 한, 물리학과 동기생인 오철이에게 진심으로 감사한다. 이 책을 읽는 동안 나의 눈과 마음은 혼연일치가 되어 정定의 상태에 몰입했다. 그동안 내가 갈구하던 서술방식을 택한 책이다. 나로 하여금 쉽게 불교사상에 접근시켜 주었다. 나는 지금 희열로 가득 차 있다. 거울에 비춰진 내 눈동자는 전에 없이 빛을 발하고 있었다. 읽은 내용 중 다른 것들은 희미한 기억 속에 남게 될지 모르나 두 가지는 뚜렷이 기억될 것이다. 하나는 '자기가 잘 조어調御될 그때 아주 희귀한 의지처가 생기리.' 라는 글귀와 또 하나는 '자기가 사랑스러움을 아는 사람은 남을 해쳐서는 안 된다.' 라는 글귀이다. 이 두 가지는 지금 나에게 다가온 인생의 제 문제 중 절실히 동감하고 있는 것이다. 나는 이제 확실한 뒷받침의 근거를 얻었다. 이제 내가 해야 될 방향은 불교사상을 하나하나 알아가며 그것을 자기화 하는 일이다. 독서는 하루하루를 보내는데 커다란 기쁨을 나에게 안겨주고 있다. 어제와 같이 …"

덧붙여 그 다음날에도 역시 종로서적을 방문해 김달진 선생님께서 역해譯解하신 〈법구경〉(현암사, 1974년 제19판)을 구매하고 1장 쌍서품을 읽으며 마음속에 깊이 새겼습니다.

군더더기: 돌이켜 보면 당시 특히 다음과 같은 맨 마지막 구절을 접하고 불교교리 공부과정을 뛰어넘어 곧 바로 선禪의 세계, 즉 종달 선사님 문하로 입문하게 되지 않았나 하는 생각이 듭니다.

경전經典을 아무리 적게 알아도
법을 따라 도道를 행하고
탐심과 성냄과 어리석음 버리어
지식은 정당하고 마음은 해탈해서
이승에서도 저승에서도 집착이 없으면
그야말로 부처님의 제자이니라.

시언소구 행도여법 제음노치 각정의해 견대불기 시불제자
時言少求 行道如法 除婬怒痴 覺正意解 見對不起 是佛弟子

종달 선사 진영(완묵 서광일 作)

6장 | 선禪과의 인연 이후

종달 선사님과의 만남

2학년 여름방학이 끝나고 학기가 시작되자마자 서강대 불교 학생모임인 '혜명회慧命會'에 발을 들여놓았습니다. 불교 학생모임에 참가하는 학생들은 어떤 인생관을 가지고 대학 생활을 하고 있는가가 매우 궁금했기 때문입니다.

몇 번 모임에 참가하다 1975년 10월 18일 선배 한 분이 일반인을 위한 선禪 모임에 가자고 해서 그저 따라 나섰습니다. 사실 이때 태어나 처음으로 선禪이라는 말을 알게 되었습니다. 오후 3시 무렵 세검정에 있는 '불심원佛心院'에 도착해 법당 안으로 들어가니 앞쪽에 할아버지 한 분이 앉아 계시고 그 뒤로 일반인들이 여러분 앉아 계셨습니다. 나는 비어 있는 맨 뒷자리에 방석을 하나 깔고 그냥 앉았습니다. 조금 있으니까 할아버지께서 내게로 다가오셔서 자세를 바로 잡아 주셨고, 이렇게 해서 종달宗達 이희익李喜益 선사禪師님의 지도와 더불어 나의 삶에 새로운 장章을 여는 선禪수행이 시작된 것입니다.

군더더기: 참고로 함흥에서 세 번째 갑부집의 막내아들로 태어나 형편없는 원조 마마보이로 성장하셨던 종달 선사께서는 일본대학 철학과를 수료하신 다음, 1928년 일본 임제종臨濟宗 경성별원京城別院과 경도京都 남선승당南禪僧堂의 조실祖室이셨던 화산대의華山大義 선사 문하에서 수행하셨으며, 동경에 있던 낡은 도림사道林寺를 개축하여 한국 유학승을 위한 도량 불사를 하셨습니다. 해방 후에는 1953년 해인대학(지금의 경남대학교) 교수, 1956년 동국대학교 강사, 1960년 월간 〈법시法施〉 편집인을 지내셨습니다. 그 후 1963년 1월 당시 조계종 종정이셨던 효봉曉峰 선사님의 사제이며, 일본 유학 시절부터 절친이셨던 화봉華峰 선사(시인 유엽)님과의 인연으로 조계사 포교사에 임명되시어 매주 수요일마다 조계사에서 일반인을 위한 참선법회를 주관하셨습니다. 그리고 이 모임이 바탕이 되어, 드디어 1965년부터 선도회禪道會를 조직하시고 제1대 지도법사로 계시다가 1990년 6월 7일 새벽 열반에 드셨습니다.
한편 선사께서 일생을 통해 온몸을 던져 입실점검을 지속하신 결과, 65명의 거사居士와 대자大姉를 배출하셨고, 그 가운데 10명이 선사님께서 설정하신 점검과정을 모두 마치고 법사직

을 부여받았습니다. 아울러 선 수행하는 사람들에게 요긴한 십수 권의 선서禪書를 저술하셨습니다. 끝으로 80세 되시던 해에 쓰셨던 자서전 〈인생의 계단〉에서

'가까스로 조주무자를 얻어 평생을 쓰고도 다 못쓰고 가노라.
재득조주무자纔得趙州無字 일생수용불진一生受用不盡'

란 경계를 나투셨습니다.

혜명회 동아리방에서 좌선을 하다

촉촉이 가을비가 내리던 1975년 11월 6일(목) 일기 가운데 성찰 관련 대목은 다음과 같습니다.

"(上略) 요사이 나의 불교에 대한 고찰 태도가 소극적에서 적극적으로 바뀌어 가고 있다. 서강대 불교동아리인 혜명회慧命會에 가입을 했고 선을 중심으로 활동을 펴나가는 것 같다. 토요일, 일요일 양일 동안 겨울방학 때 수련대회를 가질 예정인 절에 답사를 가는데 나도 갈 예정이다. 오늘 동아리방에서 좌선을 해보았다. 몇몇 여학생의 불교에 대한 열의는 대단한 것 같다. 이로서 대학에 들어와 갖는 나의 인간관계는 UNSA, 서강합창단, 혜명회의 회원으로 확장되어 갔다. 보다 많은 대인 관계로 인해 내가 보다 나은 인간으로 발전해 가기를 빌고 또 반드시

그렇게 되어야 한다. (下略)"

군더더기: 그런데 훗날 가장 불교에 열정적이었던 후배 여학생 둘이 독실한 천주교 신자인 물리학과 1년 선배님들과 만나 결혼하면서 독실한 천주교 신자로 대변신을 한 것은 그 무슨 인연인지 지금도 불가사의하게만 느껴집니다.

첫 집중 좌선수련회 참가

참선수행을 시작하고 두 달 뒤인 1975년 12월 21일 저녁 10시에 혜명회 회원들과 함께 호남선 완행열차를 타고 8시간 걸려 정읍에 도착했습니다. 22일 아침에 정읍에 내려서 국밥으로 아침을 먹은 다음 버스를 타고 선운사 입구 정류장에서 내렸습니다. 그리고 2km를 걸어 선운사에 도착하니 호탕하신 주지 스님께서 반갑게 맞이해 주셨습니다. 마침 동짓날이라 낮에 팥죽으로 점심공양을 하고 3시간 좌선 수행을 했습니다. 그리고 저녁 공양 후 수련회를 지도해주실 진원 스님이란 분이 '생활 속의 선'이란 주제로 유익한 법문을 해주셨으며 저녁 8시쯤 차담회를 가졌습니다. 그리고 잠자리에 들려는데 밖에는 바람에 흔들리는 풍경소리 들리고 또한 '솨!' 하는 물 흐르는 소리도 들려오고 있었습니다. 23일에는 거의 7시간 정도 좌선 수행을 이어갔습니다. 참선 수행을 시작하고 가장 오래 한 것이라 다리가 쑤셔 와서 혼났던 기억이 생생합니다. 24일에는 좌선을 1시간 한 후, 주지 스님께서 쌍계사 '아자방亞字房' 선방에 얽힌 전설을 주제로 법문을 하셨으며, 점심 공양 후 도솔암을 거쳐 낙조대까지 올라가 서해바다를 보았습니다. 저녁 공양 후 7시에 주지 스님을 모시고 다과회를 가졌으며, 다과회를 마친 직후인 8시 45분 혜명회 회원끼리 촛불기념회를 가졌는데, 각자 가지고 있던 촛불을 하나하나 켜갔으며 다 켠 후 서로 느낀 점들을 한 마디씩 했습니다. 이때 제 차례가 되자 저는 2학년 여름방학 때 영국사에서 같은 방에 묵었던 과묵하신 분에게 들은 후부터 늘 염송하던 침묵시를 읊었습니다.

침묵, 침묵
태어난 날부터 침묵하는 것이 아니라
짓눌린 오뇌懊惱가 있기 때문에 침묵한다.
흐르는 노래는 아름다운 정열의 찬가가 아니겠는가!

그리고 25일 하루 더 좌선수련회를 가진 다음 26일 상경하였습니다.

- 1975년 12월 25일 일기장에서 발췌

군더더기: 그런데 돌이켜 보면 첫 4박5일간의 집중 좌선수련회를 가진 후, 특히 23일에는 하루에 7시간, 25일에는 13시간 동안 온몸에 각인될 정도로 좌선수행을 체험한 후 일상 속에서 하루에 한두 시간 좌선하는 일은 식은 죽 먹기보다 수월해졌던 것 같습니다.

군대 간 친구에게 보낸 답신

군대 간 친구에게 참선을 은근히 선전하고 있는 1976년 1월 2일에 쓴 일기 전문은 다음과 같습니다.

"눈에는 강물소리 급하고
귓가에 우레바퀴 번쩍이며
예와 지금의 이 모든 일을
돌사람이 알았다고 고개를 끄덕인다.

안리강성급眼裡江聲急
이반전광섬耳畔電光閃
고금무한사古今無限事
석인심자점石人心自點

- 경허성우鏡虛惺牛 선사

봉춘이에게 편지 썼다."

여기서 봉춘이는 대학 동기로 당시 군대에서 복무 중인 친구였습니다. 일기장에는 단지 '편지 썼다'라고만 되어 있지만 다행히 일기장의 해당 쪽에 성찰에 대한 내용이 담긴 초고가 끼워져 있어, 이를 참고해 정리한 편지 전문을 소개하면 다음과 같습니다.

"봉춘아!

추운 날씨에 고생이 많겠구나! 그동안 내가 군대 간 친구들에게 너무 무심했다는 것을, 네 편지를 받는 순간 크게 느꼈다. 그래도 무정한 친구를 잊지 않고 소식을 전하니 고마운 마음 금할 길 없다. 네 엽서를 읽어보니 네 마음은 항상 시정詩情으로 충만되어 있구나. 이 시점에서 고생이란 것은 다 사라져버려 너에게는 발붙일 곳도 없는 것 같구나.

봉춘아! 나는 2학년 동안 너무나 많은 경험을 했다. 또 이 경험들은 거의 대부분이 나의 의지에 의한 것이다. 내가 인생에 대해 눈을 뜨기 시작한 것은 1학년 여름방학 때부터였다. 겉으로는 내색을 하지 않았으나 2학년 1학기는 거의 들뜬 상태에서의 방황이었다. 최고조를 이룬 때가 1학기말 시험 1주일 전이었다. 시험을 억지로 끝내고 마음의 안정을 찾기 위해 닥치는 대로 독서를 했다. 그러다 불교에 관한 서적을 접하면서 나의 마음은 고요를 찾았다. 여기서부터 내 세계의 기반이 마련되어져가기 시작했다. 비록 1학기 휴강 사태로 여름방학이 짧아지기는 했지만, 지금까지의 그 어느 방학보다도 알차게 지냈다. 나의 안정된 마음을 유지하려는 내적인 요구는 나로 하여금 서울을 벗어나게 하고야 말았다. 지도 한 장을 들고 조용하다고 생각되는 절로 무작정 떠났다. 한 번은 허탕을 치고, 하여 간 곳이 충청북도 영동군 부근의 영국사란 절이다. 여기에서의 15일간의 생활은 너무나 멋있었다. 아침 6시부터 낮 12시까지의 공부는 서울에서 10시간 이상 했던 공부보다도 능률이 있었다. 점심 먹고는 이곳이 옛날 공민왕이 홍건적의 난을 피해 도망

왔던 곳이었기 때문에 고적이 많아 고적 답사를 했다. 저녁때는 경건하게 저녁 예불을 드린 후 촛불을 켜 놓고 내 방에 조용히 앉아 벌레울음 소리를 들으며 명상을 하다가 나도 모르게 대자연 속에 묻혀 나 자신까지도 잊어버리곤 하는 생활을 했다. 여름 방학이 끝나고 새로이 2학기를 맞았다. 이때 나는 경험에 굶주려 있는 나를 발견했다. 평소에 노래를 좋아해 합창반 활동을 하면서 합창공연을 했고, 축제 때에는 홀로 유유히 속리산 문장대를 올랐다. 혼자 여행하면서 사람을 사귀는 것도 꽤 멋있었다. 그러면서 점차 인생의 제 문제에 대해 진지하게 접하기 시작했다. 이것은 내가 하려고 해서 한 것이 아니라 어쩔 수 없이 그렇게 됐다. 들뜬 상태로부터 안정을 찾은 후 얼마 있다가 안정된 상태 자체 내에서의 움직임이 일기 시작한 것이다. 이것은 다른 어떤 것에 의존할 수도, 의존될 수도 없는 성질의 것이다. 오직 자기 스스로가 해야 할 뿐이다. 내 스스로가 해결해야 한다는 것은 불교사상에서 확신을 얻게 되었다. 불교는 접하는 사람에 따라 종교도 될 수 있고, 사상도 될 수 있고, 철학도 될 수 있다. 불교는 다른 종교와는 달리 인간 본연의 자세에서 모든 것을 나타내고 있다. 이것은 석가세존께서 활약하던 원시불교시대에서 확실히 알 수 있다. 세존은 깨달은 분이었으나 그도 도를 구하는 분들과 함께 승가라는 공동체의 일원이 되셨다. 나도 인간 자체에 근거를 둔 이런 불교사상을 접한 다음, 지금은 禪이란 곳에 이르게 되었다. 그래서 나의 하루는 선으로 시작하고 선으로 끝나고 있다. 12월 21일에서 26일까지 불교학생회의 겨울수련대회를 다녀왔다. 마지막 날은 13시간 좌선을 했다. 선으로 내가 다다르게 된 이유는 내가 인생의 문제에 대해 실마리를 풀어가려고 애쓰다보면 좀 해결이 되어 가는 것 같이 느껴지다가도 어느 새 제 자리에 되돌아 와 있다는 것을 여러 번 느꼈다. 그래서 직관에 의한 방법 밖에 남지 않았기 때문에 이것을 택하게 된 것이다. 너무 장황하게 떠든 것 같다. 몸 건강히 지내기 바라며 다음에 또 소식 전하겠다. 1976. 1. 2."

군더더기: 그런데 이 친구와는 군대 제대 이후 교류가 끊어졌으며, 몇 년 전 대학동창을 통해 신흥종교의 세계로 들어갔다고 전해 들었습니다. 참고로 사실 선도회에 입문했던 분들 가운데에도 법사까지 되었다가 퇴회退會하고 길을 바꾸어 가는 것을 보면 참으로 인연을 이어가는 것이 정말 힘든 것 같습니다.

아버님께 선 수행을 권하다

　참선 수행을 한 지 5개월쯤 되던 1976년 3월 7일(일) 오후 3시에 세검정에 위치한 불심원佛心院에서 열린 선도회 좌선법회에서 종달 선사님께 입실入室해 참구하고 있는 '無'字 화두에 대해 '…'라고 경계를 제시하니, "좀 가까이 오기는 했으나 그게 아니니 버려라!"고 하셨습니다. 그리고 점검을 마치고 입실방을 물러나오려는데 아버님께도 禪을 권해드려 보라고 하셨습니다. 그 후 차일피일 미루다가 비록 선에 대해 잘 알지는 못하면서도 용기를 내어 방학 중인 1976년 7월 1일 일본 진료소 의사로 근무 중이시던 아버님과 어머님께 드린 편지 내용은 다음과 같습니다.

　"아버님!
　제가 아버님께 들려드리고 싶은 이야기가 있습니다. 아버님께서 일본으로 떠나신 후 1975년 10월부터 저는 禪이라는 것을 접했습니다. 禪이라는 것은 일종의 인간 수양의 방법입니다. 그런데 이것을 행함으로 해서 부수적으로 정신력과 몸을 강하게 합니다. 몸을 튼튼히 한다는 것은 의학적으로도 증명이 됩니다. 왜냐하면 禪을 行할 때 복식호흡을 하기 때문입니다. 우리는 평소에 폐로 숨을 쉬기 때문에 내장운동을 시킬 수 없으나, 의식적으로 복식호흡을 하면 배가 들어갔다 나갔다 하면서 내장운동을 시켜 내장을 튼튼하게 합니다. 제 스스로도 禪을 행한 후 이것들을 체험하게 되었습니다. 지난 겨울방학 동안 집에 열흘 이상을 붙어있지 않고 돌아다녔는데도 감기 한 번 걸리지 않은 것으로 보아 제 몸이 얼마나 튼튼해졌는지 알 수 있을 겁니다. 또 그렇게 돌보아 주시던 부모님들과 떨어져 있는데도 지금까지 평온한 나날을 보내며 공부에 전념할 수 있었던 것으로 보아서 제 정신력이 강해졌다는 것도 증명이 됐을 것 같습니다. 또 이조 때 유학의 최고봉인 퇴계 이황의 일기 속에도 선의 일종인 정좌靜坐를 행한 기록이 있습니다. 제가 보기에 퇴계 이황으로 하여금 그런 위치까지 끌어 올린 것은 禪의 힘이라고 생각됩니다. 그래서 아버님께서 좀 한가한 시간이 있으시면 가까운 곳의 임제종 스님께 선禪을 배워 보셨으면 합니다.

어머님!
사진을 보니까 너무 걱정스러워 하시는 표정을 지으신 것 같습니다. 그저 죄송할 뿐입니다. 아무 걱정하지 마시고 다음부터는 활짝 웃으시는 어머님의 모습을 뵐 수 있게 되기를 빌겠습니다.
아버님 어머님 다음 소식 전할 때까지 내내 무고하시기를 빌며"

처음 일 년 간의 선禪 수행

필자가 종달 선사님 문하에서 선 수행을 하기 시작하면서 삶은 보다 활기를 띠기 시작했습니다. 이때부터 학문과 인생은 하나가 되기 시작했고, 나의 삶에게는 나름대로의 의미가 절로 주어지는 것이었습니다. 누구나 올바른 삶을 살아가려고 노력할 때 한 번은 해야만 하는 결단을 내린 것입니다. 그 후 내 주위에서 일어나고 겪는 일들이 비록 당장은 힘들고 어려운 것들일지라도 모두 나로 하여금 보다 올바르고, 인내하는 인간이 되도록 하는 것으로 받아 들여졌습니다. 그 결과 나에게 다가오는 괴로움도 곧 즐거움으로 변하게 만들고야 말았습니다. 확실히 아랫배에 길러진 힘(똥배짱)은 나로 하여금 어렵고 힘든 일을 피하지 않고 마주 부딪쳐 극복하게 하는 원동력이 되었던 것입니다.

이런 생활이 일 년쯤 지난 어느 날 종달 선사께 입실入室을 해서 들고 있던 화두에 대한 경계를 아랫배에 쌓인 힘을 폭발시키며 집안이 떠나가도록 외치며 제시했습니다. 그러자 환한 미소를 지으시면서 처음 왔을 때는 모기만한 소리를 내더니 언제 그런 힘을 키웠냐고 매우 기뻐하셨습니다. 그리고 필자 또한 이때의 기쁨과 종달 선사님의 환한 미소는 평생 잊지 못할 것입니다.

군더더기: 참고로 이 무렵은 다른 사람에 비해서는 짧을지도 모르나 그러나 값진 방황기를 끝내고 참선 수행과 더불어 나의 삶과 학문에 관한 뚜렷한 가치관을 확립해 가는 동시에 열심히 학업에도 열중하던 시기였습니다. 그 결과 당시 학점이 짜기로 소문난 서강대에서 3학년 두 학기를 모두 4.00만점에 4.00을 받았습니다. 이는 물론 필자가 남보다 뛰어나서라기보다는 새벽 6시에 일어나 참선으로 하루를 열고 강의 시간을 빼고는 내내 도서관에 있다가 밤 9시 무렵

집으로 돌아와 합기도와 참선으로 하루를 마무리하며 대학생으로서의 일상사日常事에 전념한 결과라 확신합니다.

졸장부가 대장부의 기개를

사실 필자는 누님 세 분과 여동생 둘 사이에서 남자라고는 늘 혼자 자랐기 때문에 성격이 너무 내성적이어서 고등학교 다닐 때까지만 해도 버스를 탔을 때 내 옆자리에 여학생이 앉으면 내릴 때까지 내내 얼굴이 빨개 있을 정도였습니다. 그런데 이런 형편없던 마마보이가 일 년이 지나자 똥배짱이 생기며 모든 일에 자신감이 들자, 이 길이 바로 나 같은 졸장부가 당당한 대장부가 되는 길이라는 것을 확신하게 되었습니다.

한편 우리 주위를 살펴보면 자기의 삶을 자신감을 가지고 당당하게 살아가고 있는 분들을 볼 수 있습니다. 사실 이런 분들은 따로 선 수행이라 이름 붙여 수행할 필요가 없습니다. 그들의 살아가는 태도 자체가 이미 선 수행이기 때문입니다. 그러나 대조적으로 남에게 이끌리어 왜 사는 지도 모르는 그런 분들도 얼마든지 있습니다. 물론 그런 삶의 태도에 대해 그 분들을 탓할 자격은 우리에게 없습니다. 단지 그 분들이 자라난 환경이 그 분들을 그렇게 살아가게끔 했던 것이기 때문입니다.

군더더기: 그런데 곰곰이 생각해 보면 사실 본래 졸장부니 대장부니 나눌 수도 없는 것이며 단지 피상적으로 졸장부처럼 느껴질 뿐입니다. 그래서 그런 분위기를 철저히 뒤바꾸기 위해 선 수행이 필요한 것이고, 선 수행을 꾸준히 하신 분들은 언젠가는 자기도 모르는 사이에 문득 대장부로 탈바꿈돼 있는, (사실은 본래 대장부인) 아무 것도 부러울 게 없는 자기 자신을 인득하게 될 것입니다.

이웃 종교와의 만남

    선 수행을 계속하던 어느 날, 집안이 천주교 집안이어서 그랬는지는 모르겠으나 무심코 천주교를 믿으며 삶을 살아가고 있는 사람들에게 눈을 돌리게 되었습니다. 선가禪家와 마찬가지로 틀림없이 그 무언가가 있기 때문에 역사상에서 사라지지 않고 꾸준히 이어져 왔을 것이라는 생각이 들어 신학神學에 대해서도 여러 과목을 듣기도 하고, 또 성직자를 포함해 영성적 삶을 추구하고 있는 천주교인들과도 대화를 나누는 가운데 선 수행을 하면서 내가 추구해 가는 방향과 너무나도 똑같은 일치감을 느꼈습니다. 이 분들도 불제자들과 마찬가지로 구도자의 입장에서 경건하게 삶을 살아가고 있는 모습을 본 것입니다.

    여기서 얻은 나의 또 하나의 확신은 누구나 자기가 택한 길을 열심히 살아가려고 노력한다면 궁극적으로는 같아진다는 것입니다. 이 같은 확신을 갖게 된 후 나는 이제 외골수로 보다 열심히 선 수행을 하게 되었습니다. 선 수행은 단지 석가세존釋迦世尊이나 선사禪師들, 또는 종교와 종파를 초월해 인류의 존경을 받았던 영적 스승들이 걸어간 길을 흉내 내며 그대로 따라가는 것이 아니고, 그 어느 누구와도 뚜렷이 다른 자기만의 길을 가는 것입니다. 그러나 밑바닥에 깔려 있는 공통점은 이 길을 자기 혼자만을 위해 가는 것이 아니라 나와 남의 구별이 없는 모두를 위한 길을 간다는 것입니다. 바로 천주교의 조건 없는 사랑을 행하는 것과 똑같은 것입니다. 그래서 지금 생각해 보면 사실 우리 집안은 할아버지 때부터 천주교를 믿고 있었기 때문에 아마 내가 괴로워하며 헤매던 당시 천주교 쪽으로 먼저 눈을 돌렸으면 지금쯤은 독실한 천주교인이 되어 있을 것이라 생각됩니다.

한편 만일 이와 같은 마음 자세로 이웃 종교들을 이해하고자 조금만 노력한다면 종종 주위에서 지속적으로 일어나고 있는, 다른 사람들이 믿는 소중한 종교들을 폄하하거나 종교 간의 형평성 문제 같은 것은 결코 일어나지도 않을 것이라 생각됩니다.

덧붙여 1976년 가을 학기에 장익 신부님(최근까지 춘천 교구장을 지내셨던 주교님)께서 담당하셨던 '신학적 인간학(신학106)'을 수강하면서 제출한 독서 보고서 속에 종교에 대한 저의 열린 견해가 들어있기에 이 지면을 빌어 결론 부분만 소개드리면 다음과 같습니다.

'결론적으로 신본주의와 인본주의로 나누어 이야기를 했으나 두 가지 서로 공통된 것은 확고한 신념인 것이다. 따라서 우리 인간이 확고한 신념아래 자기 나름대로의 삶을 추구하게 된다면, 그것이 바로 올바른 인간다운 생활을 영위하게 되는 것이고, 그렇게 될 때 인간사회에 존재하는 모순점들은 소멸되어 가고 의욕에 가득 찬 인간사회가 이루어질 수 있다고 생각한다.'

군더더기: 참고로 이때를 돌이켜 보니 학기가 끝나고 겨울방학 때 장익 신부님과 북한산 등산을 함께하면서, "아! 역시 이 분도 구도자로서의 삶을 치열하게 살아가고 계시구나!" 라는 점을 온몸으로 느끼고서 더 이상한 눈 팔지 않고 더욱 선 수행에 매진하게 되었던 것 같습니다.

취미가 아닌 본격적인 선禪 수행

종달 선사 문하에서 1975년 10월부터 입실점검을 받기 시작해 1년쯤 지나자, 이제는 선 수행을 통해 인간다운 삶을 살아갈 수 있다는 확신이 섰기 때문에 정말 온전히 여기에 몰두할 수 있게 되었습니다. 매일 아침 새벽에 한 시간, 저녁 잠자리에 들기 전에 한 시간, 하루에 두 시간씩 다리를 틀고 앉았고, 주말에는 거의 시간에 구애받지 않고 7시간에서 8시간 정도 앉았습니다.

그런데 이런 수행이 꾸준히 계속된 주간은 내 마음은 차분히 가라앉아 있어 모든 일이 무심한 가운데 하나하나 차근차근히 잘 진행되어졌습니다. 특히 주말 오후 스승님을 만나러 가기 몇 시간 전부터는 아랫배에 쌓여진 억제할 수 없는 힘을 느끼곤 하였습니다. 그리고 입실入室

하여 스승님 앞에 당당히 버티고 앉아 마음껏 아랫배에 쌓인 힘을 폭발시키며 한 주일의 수행을 확인 받곤 하였습니다. 아울러 이 힘은 나의 하루하루 속에서도 나로 하여금 모든 일을 자신 있게 해 나가도록 하게 한 원동력이기도 했습니다.

    참고로 필자의 경우, 처음에는 선 수행이 취향에 맞기도 해서 그저 취미삼아 시작했었는데, 본격적으로 수행하게 된 계기가 있습니다. 평소 건강하셨던, 중고등학교 시절 절친했던 친구 아버님(당시 50세)의 돌연사 소식을 접하고 생사生死 문제가 몸서리칠 정도로 나를 흔들어 놓았습니다. 또한 이 무렵 석지현 스님이 지은, 당시 좋은 선입문서 역할을 했던 〈선으로 가는 길〉(일지사, 초판 1975; 개정판 2001) 가운데 경허 선사에 관해 발췌한, 전율을 느끼게 했던 다음 대목을 접하며 취미가 아닌 온몸을 던져 본격적으로 선 수행을 하게 되었습니다.

    "동학사의 강백이었던 경허는 서른네 살이 되던 해인 1879년 여름 어느 날, 문득 옛 스승 계허 대사의 생각이 떠올라 곧 계허 대사를 찾아 나섰다. 도중에 어느 마을에 들렀는데, 집집마다 대문이 굳게 잠겨 있고 사람이라고는 그림자도 보이지 않았다. 큰 동리에 사람이 없는 사연인즉, 지금 이 동리에 염병(콜레라)이 퍼져서 집집마다 송장이 즐비하다는 것이었다. 이 말을 듣는 순간, 경허의 마음에는 벼락 치는 소리가 들렸다. 지금 그는 생사의 갈림길에 서 있는 것이었다. 그렇다. 우선 급한 것이 이 '나고 죽음'의 문제를 해결하는 일이다. 그 길로 발길을 돌려 동학사로 돌아온 즉시, 학인들을 떠난 보낸 다음, 경허는 평소 그렇게도 아끼던 책들을 모조리 불 질러 버렸다. 아무리 문자를 뒤지고 따져 봐도 이 '나고 죽음'의 문제는 해결할 수 없었기 때문이었다. 그는 문고리를 안으로 굳게 걸고 용맹정진에 들어갔다. 오직 '나고 죽음'의 이 문제만이 칼끝이 되어 그의 전신을 쑤시는 것이었다. '그렇다. 결국 인간은 어디서 왔는가? 이 세상에 태어나기 전의 나는 무엇인가? 그리고 이 목숨이 다하는 날, 나는 어디로 가는가? 나는 어찌 되는가? 왜 태어난 자는 죽어야만 하는가?' 등등의 '왜'라는 의문 부호가 끊임없이 그를 압박하는 것이었다. 그리고 그 해 겨울 11월 보름께 그의 방 앞을 지나가던 한 학인이 무심코 내뱉은, '소가 콧구멍이 없다'는 한 마디에 크게 깨쳤다."

군더더기: 참고로 필자는 이 무렵 또한 종달 선사 문하에 입문해 〈선문화〉의 원고 교정도 봐드리면서 참선 수행을 시작했었는데, 늘 공금은 오른쪽 주머니에 넣으시고, 사적인 찻값은 왼쪽 주머니에서 꺼내 지불하시던 모습이 지금도 눈에 선합니다. 아마 교외 강연 등을 통해 받는 강연료를 포함해, 월급 이외의 부수입에 전혀 눈독들이지 않고 모두 통찰과 나눔 실천을 위해 사회로 100% 환원하며 살고 있는 필자의 태도도 선사님의 이런 삶의 모습을 통해서 무의식중에 익혔으리라 판단됩니다. 한편 물론 지금도 글 솜씨가 형편없지만, 교정과정을 도와드리는 과정을 통해 성찰 글쓰기에 대한 태도를 자연스럽게 기르게 되지 않았나 하는 생각이 듭니다.

교지〈서강〉에 원고 청탁을 받다

  석사과정 1년차 무렵 필자는 1년에 1번 발행하는 교지〈서강西江〉의 편집실로부터 서강대 학부생에 초점을 맞추어 대학 4년 시절을 회고하는 글을 써 달라는 원고 청탁을 받았습니다. 앞에서 언급한 내용들과도 부분적으로 겹치는 다음의 결과물은 교지〈서강〉제8호의 '서강문예西江文藝' 코너 가운데 '동문수필同門隨筆' 란에 활자화되어 게재된 필자의 공식적인 첫 번째 글로써, 지금까지의 삶을 좌우한 가장 중요한 시기의 생생한 선禪 체험담을 담고 있습니다. 또한 이 글은 그 이후 내가 지금까지 쓴 성찰 관련 글들의 도처에서 새롭게(?) 재활용再活用하며 오늘에 이르고 있는데, 앞의 내용을 요약할 겸 전문을 소개하면 다음과 같습니다.

나와 禪

  대학에 갓 들어와 자유로이 변한 환경 속에서 인간에 대한 여러 가지 문제의식을 놓고 방황하는 1학년 후배들에게 도움이 될까 해서 이 글을 쓴다.
  맨 처음 대학시험을 칠 당시 내가 대학을 다니려는 목적은 그저 막연히 학문을 하기 위해서였다. 그러나 대학에 입학한 후 나의 첫 학기는 거의 고등학교와 비슷한 시킴을 당하는 생활이었다. 여름방학이 시작되면서 나는 대학에서의 나의 자세와 그리고 좀 더 범위를 넓힌 인생에 관한 강한 회의에 점차 빠져 들어가기 시작했다. 그리하여 방학 내내 정신적인 갈등 속에서 밤잠도 제대로 못 자면서 괴로워했다. 그러나 방학이 끝나기 직전 어느 날, 나는 내 삶에 관한 최초의 결론에 도달했다. 물론 다른 사람들도 다 그런 생각을 갖고 있겠지만 정신적 갈등에 빠져 있는 당시의 나에게는 유독 실감나는 것이었다. 그 결론은 '내가 택한 길을 최선을 다해 성실히 노력해 가야 한다.'는 것이었다.

그 후 인간과 그 삶에 대한 생각이 보다 구체화 되어져가는 과정에서 그때까지의 갈등보다 더 심도深度 깊은 진통을 겪었다. 이때 학문에 관한 깊은 회의도 나의 가슴에 밀려들어 왔다. 여름방학이 되자마자 그 당시 내가 가지고 있던 문제의식을 해결하기 위한 방편으로 닥치는 대로 책을 읽기 시작했다. 이때 내가 책을 접하는 방법은 큰 책방에 가서 마음에 드는 책을 골라 다 읽고 나면 또 다른 책을 사서 보곤 하였다. 그 심정은 물속에 빠진 사람이 지푸라기라도 붙잡으려는 것과 똑같은 상태였다. 그러던 어느 날 석가가 활약하던 원시불교시대에 관한 책을 대하게 되었다. 그리고 차분히 읽어 가면서 들뜬 상태 속에 헤매던 나의 방황기는 서서히 막을 내려갔다. 나는 너무나 인간답게 살아간 성인聖人 석가의 그 안온한 미소 속에서 내가 나아가야 할 길을 찾은 것이다.

그리하여 나는 곧 지금까지 교육을 받아옴으로써 갖게 되었던 서구의 분석적인 사고방식 즉 어떤 대상을 보면 갈기갈기 찢어버려 본래의 모습을 상실시키는 그런 태도를 벗어 던지고, 그 산에서 걸어 나와 좀 떨어진 장소에서 전체의 모습을 파악하는 이른바 직관하는 방법을 추구하게 되어 결국에는 선가禪家에 몸을 담게 되었다. 내가 선禪을 행하면서 나의 삶은 보다 활기 있고 의욕적이며 밝은 빛으로 가득차기 시작했다. 이때부터 학문과 인생은 하나가 되었고, 나의 삶에는 나름대로의 의미가 절로 주어지는 것이었다. 누구나 생을 살아가는데 한번은 해야만 하는 결단을 내린 것이다.

그 후, 내 주위에서 일어나고 경험되는 일들이 비록 당장은 힘들고 어려운 것들일지라도, 모두 나로 하여금 보다 올바르고 인내하는 인간이 되도록 하는 것으로 받아들여져 나에게 다가오는 고통도 종종 즐거움으로 화하게 되었다.

선禪 수행을 일 년쯤 계속하던 어느 날 크리스처니즘을 따라 신앙생활을 하는 사람들에게 눈을 돌려 보게 되었다. '선가禪家와 마찬가지로 틀림없이 무언가의 진리眞理가 있기 때문에 역사상에서 소멸하지 않고 존재해 왔을 것이다.'라는 생각 아래에 신학과목도 여러 개 듣고 성직자와 신자들과 대화를 나누는 가운데 선 수행을 하면서 내가 추구해 나가는 방향과 너무도 똑같은 일치감을 느꼈다. 성직자들도 불가佛家의 승려들과 마찬가지로 구도자의 입장에서 진리를 추구하고 있는 것을 본 것이었다. 여기서 얻은 나의 두 번째 확신은 누구나 영원성의 진리를 추구하며, 올바른 자세로 살아가려고 노력한다면 궁극적으로는 같아진다는 것이었다.

이 같은 확신을 갖게 된 후, 나는 이제 외곬으로 보다 강하게 선 수행을 하게 되었다. 禪 수행은 단지 석가의 길, 고승들의 길을 모방하여 그대로 따라가는 것이 아니라, 그 어느 누구와도 같지 않은 자기만의 길을 가는 것이다. 그러나 커다란 공통점은 이 길을 자기 혼자만을 위해 가는 것이 아니고, 자기와 타인의 구별이 없는 모두를 위한 길을 간다는 것이다. 크리스처니즘의 조건 없는 사랑을 행하는 길과 똑같은 것이다. 그런데 우리 집안은 할아버지 때부터 천주교를 믿고 있었기 때문에 내가 문제의식을 갖고 헤매던 당시 천주교의 門에 조금이나마 더 머물러 있었더라면 지금쯤은 독실한 신자가 되어 있을 것이라 생각된다.

지금까지 두서없이 나의 경험을 늘어 놓았으나 내가 후배들에게 하고 싶은 말을 요약한다면 다음과 같다.

〈절실성〉을 갖고, 자기의 삶에 관해 문제의식을 일으켜 간단없이 추구하다 보면 주역에서 '궁하면 통한다'는 말이 있듯이, 반드시 자기 나름대로 해결의 실마리가 풀려지게 되는 때가 온다는 것이다. 이때 망설이지 말고 결단을 내려 과감히 자기의 길을 택해야 한다. 우리의 주위에서 나름의 신념으로 자기만의 길을 걷고 있는, 인간답게 살아가는 사람을 간혹 보곤 한다. 그들은 생명을 건 결단을 내린 사람들로서 깊은 신앙심을 가진 자들이거나, 혹은 강한 자기 판단력을 가진 자들이다. 이것은 그들의 행동을 보면 누구나 잘 느낄 수 있을 것이다. 또 한 가지 내가 고민하던 대학과정 속에서 얻은 확신은 '우리에게 주어진 상황 자체는 평가할 가치가 없다. 그 주어진 상황 하에서 최대한의 자기 발전을 기하는 것이 중요한 것이다' 는 말이다. 대학이란 곳은 자기만 최선을 다해 성실히 노력한다면 자기가 원하는 모든 것을 실현시킬 수 있는 힘을 길러 주는 좋은 수련장이다. 모든 것은 자기 자신에게 달려 있다. 성실히 원하는 바를 추구해 보라!

色卽是空 空卽是色

세상에는 이런 인간이 있네.
色을 따라 살아가는 자
그게 좋은 줄 알고 나도 따라 갔었네.
그러나 나는 보았네.
황금, 권력, 명예를 따라 산 자
이 세상 떠나며 마지막 숨을 거둘 때
부질없던 지난날 후회하며
처절히 비명을 질렀네.

세상에는 또 이런 인간이 있네.
空을 따라 살아가는 자
그게 좋은 줄 알고 나도 따라 갔었네.
그러나 나는 보았네.
空을 따라 현실 피해 살아간 자

이 세상 떠나며 마지막 숨을 거둘 때

덧없던 지난 날 회상하며

씁쓸히 쓴 웃음 지었네.

헤매고 헤매던 어느 날

나는 만났네.

色은 空, 空은 色을 알고 있는 자

그는 色을 즐기며 때로는 空을 즐겼네.

그의 行은 걸림이 없는 行이었네.

그가

이 세상 떠나며 마지막 숨을 거둘 때

말없이

가벼운 미소 지었네.

〈15回 大學院 物理學科〉

군더더기: 참고로 그동안 교양강좌를 담당하면서 학생들에게 '성찰한 바를 글로 정리하기'의 중요성을 강조하며 적지 않은 글쓰기 과제를 부과해 왔는데, 젊은이들과의 눈높이를 맞추어 보고자 하는 의도를 담아, 비록 앞에서 언급했던 내용들과 겹치는 부분이 있기는 하지만, 그들과 비슷한 시기 때 쓴 필자의 이 글을 소개한 것입니다.

한편 마지막에 덧붙인 '색즉시공 공즉시색'이란 이 노래는 필자가 대학원 1학년 여름방학 때 송광사 수련 대회를 마치고 서울로 돌아오는 길에 종달宗達 선사님이나 구산九山 선사님으로

부터 똑같이 풍겨 나오는 선적禪的 삶의 체취를 진하게 느끼면서 지은 노래입니다.

여기서 황금에 얽매이지 말라는 말은 돈을 소홀히 하라는 뜻은 결코 아닙니다. 사실 우리는 돈을 제대로 써야 할 곳이 너무 많습니다. 그렇기 때문에 각자 자기의 전문 분야에서 바른 방법으로 열심히 돈을 벌고, 그렇게 번 돈을 얼마나 뜻있게 쓰느냐가 정말 중요한 것이며, 이렇게 될 때 정말 황금에 얽매이지 않게 되리라 확신합니다. 한 걸음 더 나아가 남에게 이름이 드러나지 않게 한다면 더욱 빛이 날 것입니다. 권력도 또한 마찬가지입니다. 자기 자신이 힘쓸 수 있는 위치에 있을 때 그 권력을 바르게 쓸 수 있다면, 이 또한 권력에 얽매이지 않는 경지에 서게 되는 것입니다.

참고로 옛날에는 거사居士가 될 자격 조건 가운데 하나가 '절대로 관직에 나가서는 안 된다.[불구사관不求仕官]'라는 것입니다. 그런데 그 뜻은 아마 정말 뚜렷한 가치관이 서 있지 않는 사람이 관직에 있게 되면 자기도 모르게 시류에 휩쓸려 타락하기 쉽기 때문에 아예 관직을 멀리하도록 가르친 것이라 생각됩니다.

명예도 마찬가지입니다. 명예를 얻은 사람이 명리에 집착하지 않고 남들이 나를 존경해 주기를 바라는 마음 없이 소신껏 자기의 뜻을 펼친다면 그만인 것입니다.

꿈속에서 물리 과제를 풀다

자나 깨나 한결같다는 뜻의 '오매일여寤寐一如'란 선어禪語가 있습니다. 참선 수행을 3년쯤 지속할 무렵인 석사 1학년 2학기 때 필수 이수과목인 전하를 가진 물체 사이의 상호작용을 다루는 '전자기학電磁

氣學'을 수강했을 때입니다. 담당교수님께서 1주일 전, 매우 풀기 어려운 문제를 수강생들에게 과제로 내주셨는데, 과제 제출 마감 전날 저녁부터 끙끙대며 씨름하다가 실패하고 지쳐서 잠자리에 들었습니다. 그런데 다음날 새벽녘에 꿈속에서 그 문제와 씨름하다가 잠에서 깨는 순간 해결의 실마리가 떠올라 즉시 문제를 풀었습니다. 그리고 그 결과를 수업시간에 제출했더니 교수님께서 매우 고무된 표정을 지으시며 맞게 잘 풀었다며 격려를 해주셨습니다.

군더더기: 아무튼 좌선 수행으로 길러진 아랫배에 쌓인 힘으로 화두 참구뿐만이 아니라 학문의 세계에서도 궁지에 몰렸을 때 통한다는 뜻의 '궁즉통窮則通'을 온몸으로 체험하고는 그 후, 학자의 길을 가면서도 자주 이런 방식으로 난제들을 극복하게 되었습니다. 참고로 이 교수님께서 결국 석사 2학년부터 박사학위를 받을 때까지 저의 지도교수가 되어 주셨습니다.

두 마리의 토끼를 동시에 잡기로 결심하다

기존의 전통적인 입자물리학을 전공하신 지도교수님인 김영덕 교수님과 김기용 교수님 외에, 석사과정 2년째인 1979년 3월에 과학원에서 입자물리학 분야 가운데 1970년대부터 새롭게 연구되기 시작한 '게이지 이론' 관련 세부 분야를 전공하신 서강대 1969학번 고인규 교수님이 부임하시면서 물리학과 대학원이 활기를 띠기 시작했습니다. 사실

이 무렵 저는 석사를 마치고 유학을 갈 예정이었으나, 마침 한국과학재단에서 석사 및 박사 연구장학생 제도를 만들어 등록금과 연구조원 인건비를 지원하기 시작하는 등 새로운 분위기에 고무되었습니다.

그리고 또 다른 한편으로는 1979년 여름방학 무렵, 참선 수행과정 도중에 있었는데, 만일 유학을 다녀오는 사이 연로하신 종달 선사님께서 입적하실 경우, 한 스승 밑에서의 일관된 선 수행이 중단될 지도 모른다는 생각이 들었습니다. 마침 김영덕 교수님께서 "자네, 이제 굳이 유학갈 필요가 없네. 내 밑에서 박사학위를 하도록 하게."라는 권고도 있기도 하던 차에 학문과 수행, 즉 두 마리의 토끼를 동시에 잡기로 결심을 하게 됩니다.

군더더기: 사실 첨단장비를 필요로 하는 실험물리학과는 달리, 고인규 교수님은 1979년 과학원의 이론물리 분야에서 박사학위를 취득하신 국내파 1세대로, 제가 전공하고자 하던 입자이론물리학의 경우 종이와 연필 및 관련 중요 국제학술지만 몇 종 구독할 수만 있다면 굳이 유학갈 필요는 없던 상황이 이미 국내에서 전개되기 시작하고 있었습니다.

미국 물리학회지에 첫 논문을 게재하다

박사과정 입학 후 '자기홀극(Magnetic Monopole)'이란 주제에 관해 수 개월간 연구한 결과를 논문으로 정리해 1981년 1월 국제 저명학술

지인 미국물리학회지에 투고했었는데, 이 논문에 대해 심사위원과의 몇 차례 교신을 통해 수정 과정을 거쳐 1982년 1월에 드디어 미국물리학회지에 처음으로 연구 논문을 게재하며 박사학위를 받을 수 있는 기본 조건을 갖추게 되었습니다. 그리고는 국제 학술지에 모두 6편의 논문을 게재하고 무난히 1983년 2월 졸업하였습니다.

그런데 연구를 하는 동안 어려운 문제에 부딪히게 되면 이것이 화두가 되어 깨어 있는 동안뿐만이 아니라 잠자는 동안에도 이것과 씨름하게 되었고, 어떤 때는 잠자리에서 일어나다가 문제가 풀리기도 하였는데, 이런 때의 기쁨은 천만금과도 바꿀 수 없는 그런 기쁨이었으므로 곧 별 어려움 없이 연구 논문을 국제 학술지에 싣곤 하였습니다. 물론 돌이켜 보면 학문적으로 이런 내가 있기까지는 이웃 분들의 고마움, 즉 은사 교수님들의 꾸준한 가르침과 격려, 그리고 지금은 여러 대학에서 연구와 교육에 몰두하고 계신 선배와 후배 교수님 및 대학원 제자 여러 분들의 헌신적인 도움이 없었으면 불가능했을 것입니다.

군더더기: 아울러 한 가지 밝혀 둘 것은, 나의 이런 학문적인 성취는 필자가 똑똑해서라기보다는, 물론 이것이 유일한 길은 아니지만, 간화선 수행을 통해 길러진 아랫배의 힘을 가지고 연구를 하다가 부딪치는 어려운 문제들을 마치 화두를 뚫어내듯이 투과하였던 것 같습니다. 또한 참선을 통해 길러진 부드러운 심성心性으로 인해 학문하는 사람들의 특성이기도 한, 개성이 강한 여러 분들과 원만한 인간관계를 꾸준히 유지할 수 있었기에 여러 사람들과 지속적인 공동 연구가 가능했던 것이라 확신합니다.

5년 간의 선 수행 후 나의 하루

꾸준히 선 수행을 통해 나의 삶을 다져 가기 시작한 지 오 년이 지났을 무렵인 박사과정 시절, 문득 처음 선 수행을 시작할 무렵의 나와 오 년이 지난 나를 비교해 보게 되었습니다. 그런데 이 오 년 동안은 부모님께서 외국에 나가 계셨기 때문에 본의 아니게, 그러나 돌이켜 보면 너무나 값진, 혼자만의 독거獨居 생활을 아파트에서 하게 되었습니다. 앞에서도 밝혔듯이, 나는 딸 다섯에 아들 하나인 집안에서 부모님의 보살핌을 혼자 독차지하며 아무런 어려움 없이 성장했었기 때문에 내가 선가禪家에 발을 들여놓고 수행자적인 삶을 살지 않았더라면 아마 견디기 어려웠을 것입니다. 부모님께서 보내 주신 풍족한 생활비를 그저 저축하는 줄만 알았지 만일 노는 친구들과 어울렸더라면 타락의 길을 걸었을지도 모릅니다. 지금 생각해 보면 이 모든 것이 참선을 통해 길러진 아랫배의 힘 덕분인 것 같습니다.

지난 5년 동안 비록 하루하루가 눈에 띄게 변한 것은 없으나, 그것이 몇 해가 지나고 보니 많은 차이가 있다는 것을 알게 되었습니다. 단적으로 선가禪家에 발을 들여놓기 전에는 하루하루가 끊어져 지나갔으나, 이제는 하루하루가 이어져 흘러가고 있었던 것입니다. 말하자면 하루의 중심이 잘 잡혀 있다고 할 수 있을 것입니다. 비록 여러분에게는 단조로운 하루로 보일지 모르나, 나의 입장에서 중심이 잡힌 하루는 이렇습니다.

다른 사람들보다 조금 일찍 일어납니다. 일어나자마자 거의 반사적으로 방석을 끌어 당겨 다리를 틀고 앉습니다. 물론 처음 몇 개월은 스스로에 의해서가 아니라 울리는 시계에 의존하여 의식적인 노력을 하고 난 후의 일입니다.

성찰을 위한 노래[게송偈頌] 등을 새기며 한 십여 분 있노라면 멍하던 정신도 맑아져 오고, 그런 후에 화두를 들고 한 시간 정도 참선을 합니다. 그리고는 마칠 무렵 하루의 일과를 차분히 생각하며, 그날 가장 시급한 일들이 무엇인가를 속으로 다짐해 봅니다. 그런데 신기하게도 이때 들고 있는 화두 심지어는 나조차 없어져 버리면 버릴수록 그날 하루 일과는 다른 어느 날보다 더 중심이 잡혀 있음을 느끼곤 하였습니다. 참선이 끝나면, 나의 본업인 연구를 하러 학교에 갑니다. 선가에 들기 전에는 그저 막연히 학문을 한다는 생각으로 공부했으나, 이제는 적어도 내 경우에 있어서는 왜 공부를 해야 하는지를 알게 되었습니다.

학교에서 일과를 마치고, 저녁때 집으로 돌아올 때 화두를 들며 밖에서의 일들을 하나씩 비워 갑니다. 집에 도착할 때는 한결 차분한 마음이 되어 있습니다. 이제 나의 하루가 거의 끝나 갑니다. 나는 다른 사람보다 일찍 일어나는 것에 비해서 또 다른 사람보다 일찍 잡니다. 그런데 잠자리에 들기 전에 십여 분간 하루의 중심이 얼마나 흔들렸었는지, 또한 나의 행동이 남에게 폐를 끼치지는 않았는지를 냉철하게 반성하고 성찰을 위한 노래[게송偈頌]을 새깁니다. 그리고는 화두를 들며 한 시간 정도 참선을 하고난 후, 내일을 위해 조용히 잠자리에 눕습니다.

이것이 나의 하루이며, 지금까지 계속 반복해 오고 있습니다. 비록 겉으로는 단순한 반복일지 모르나, 나에게 있어서는 하루하루가 새롭습니다. 아니, 순간순간이 새롭습니다. 이런 삶의 태도를 일깨워 주신 종달 선사님의 간절하셨던 가르침에 그저 고마울 뿐입니다.

사실 사람이 목적이 뚜렷할 때는 누가 해라고 해서 하고, 하지 말라고 해서 아니 할 사람은 아마 한 사람도 없을 것입니다. 틀림없이 자기의 목적을 위해 성실히 노력할 것입니다. 그렇지 못하다면 뚜렷한 목적이 없는 사람이라고 단정 지어도 좋을 것입니다. 내 경우 확실한 것은 선수행을 통해 나의 삶의 목표가 뚜렷해져 간다는 것입니다. 내 입장에서는 학문이란 대상 자체는 좋다 나쁘다 할 가치가 없습니다. 다시 말하면 농부, 어부, 기술자, 학자 등 서로 다른 길을 가는 사람들 사이에 비교할 그 무엇도 없는 것입니다. 중요한 것은 누가 자기 길을 얼마나 성실히 걸어가느냐 하는 것입니다. 농부가 철저히 농부로서 산다면 세상에 부러울 것이 무엇이 있겠습니까! 물론 사회적인 분위기도 같이 따라가 주어야만 합니다.

군더더기: 참고로 1980년대 말 일본을 방문했다가 텔레비전에서 20년 이상 어업에 종사하신 어떤 분을 정중하게 예의를 갖추며 '어사漁師' 라고 소개하는 프로그램을 보고서, 확실히 일본은 모든 것이 다 제자리를 잡고 있구나! 하고 다시 한 번 일본이란 나라를 크게 인식한 적이 있었습니다. 어느 분야든지 수십 년 종사하면 그 분야의 스승師으로 존경을 받는다는 것입니다. 정말 마땅하고 옳은 일이라 생각됩니다.

결혼

 박사과정 3학기 째였던 1981년 5월 24일, 집안끼리 아는 분의 소개로 불문학을 전공한 지금의 아내를 만났습니다. 만난 첫날 맑은 눈빛에 반해 5개월쯤 사귀다가 1981년 10월 9일 결혼식을 올렸습니다. 이로써 오년간 지속되던 필자의 독거獨居 시대는 막을 내렸습니다.
 그런데 막상 결혼 생활을 시작하다 보니 서로 청춘남녀로서 만날 때와는 여러 가지로 상황이 바뀌었습니다. 물론 근본 원인은 20여 년 이상을 서로 다른 가정환경 속에서 성장했기 때문에 처음에는 이해할 수 없는 점이 한두 가지가 아니었습니다.
 이때 그동안 행했던 참선 수행의 힘이 그 위력을 잘 발휘해 주었습니다. 아내와 다툴 일이 있으면 서재에서 다리를 틀고 앉아 '무無' 자字 화두와 한 몸이 되어 버렸습니다. 그리고 나면 다시 본래의 무심한 상태로 되돌아와 아내의 입장에서 이해를 하려고 애를 썼고, 아내도 그런 나의 노력에 호응해 무난히 넘어갔기 때문에 결혼 후 1년쯤 지날 무렵부터는 별로 다툴 일이 없어져 버렸습니다.

군더더기: 참고로 지금은 목동모임 법회가 비록 한 달에 두 번 주말에 열리고 있지만, 1990년 6월 7일 새벽 종달 선사께서 입적하신 이후 뒤를 이어 필자가 수 년 간 매주 토요일 오후 3시 30분에 열리던 선도회 목동모임을 이끌게 되었는데, 이 당시를 회상할 때마다 대부분의 주말을 남편 없이 어린 두 딸들과 함께 참고 잘 지내주었던 아내에게 늘 고마움을 느끼곤 합니다.

덧붙여 아내가 40대 후반에 접어들 무렵부터는, 그동안 집안일을 도맡아 하며 잘 꾸려온 아내에게 미안한 마음과 빚 갚은 심정으로 특별한 일이 없는 한, 거의 주말마다 함께 4시간 정도 등산이나 둘레길 산책을 하며 건강도 챙기고 동시에 대화의 시간으로도 잘 활용하며 권태기 없이 오늘에 이르고 있습니다. 물론 2015년 5월 초순에 둘째 딸까지 출가해 그야말로 부모로서의 기본 책무도 이제 다 마쳐 부부 모두 매우 홀가분한 상태입니다.

강원대학교에 자리를 잡다

1983년 2월 서강대 대학원 물리학과에서 박사 1호로 이학박사 학위를 받자마자 1983년 3월 공채를 통해 바로 춘천에 있는 강원대학교 물리학과에 조교수로 부임하였습니다. 그런데 이 당시만 해도 이공理工 계통의 경우 박사 학위 소지자가 적었기 때문에 국내든 국외든 어디에서 박사 학위를 했느냐에 관계없이, 그리고 그렇게 연줄이 없어도 연구업적만 조금 좋으면 바로 자리를 잡을 수 있었습니다.

참고로 부임 직후인 3월 둘째 주에 일어났던 저의 도덕관에 대한 일화가 있습니다. 갑자기 서강대의 은사교수님 한 분으로부터 전화가 왔습니다. 서울의 한 사립대에서 제가 원하면 즉시 특채로 뽑겠다는 연락이었습니다. 이때 저는 이미 발령을 다 받았고 학기 초 강의도 진행 중인데 도덕적으로 이곳을 그만두고 갈 수 없다는 뜻을 말씀드렸습니다. 몇 년 후, 제가 서강에 대한 이미지에 먹칠은 하지 않아서인지 동문

후배도 한 분, 교수로 부임하여 지금껏 강원대에서 잘 재직하고 있습니다.

한편 이와는 대조적으로 그 뒤 몇 년 후 사적인 모임에서 만난, 한 지방대 동문선배 교수님으로부터 교수채용과 관련해 어려움이 있었다는 이야기를 들었습니다. 사연은 이 분이 영향력 있는 인사위원이었을 때 이공분야로 미국에서 박사학위를 받은 서강 출신이 서류를 보내와 업적이 좋기에 뽑기로 결정하고 통보를 했습니다. 그런데 얼마 후 미국에서 자리가 날 것 같아 좀 더 연구역량을 쌓은 다음에 귀국하겠다고 해서 좋다고 했는데, 다시 연락이 오기를 마지막에 안 되어 다시 그곳으로 가도 되겠냐는 의사를 물어왔기에 즉시 환영한다고 통보를 보냈다고 합니다. 그런데 학기가 시작되고 일주일이 지나도 나타나지 않아 알아보니 아무런 연락도 없이 국내 다른 명문대 교수로 부임해 근무 중이라는 것을 알게 되었다고 합니다. 그러자 당시 그 대학 이사장께서 앞으로 서강대 출신은 절대로 교수로 뽑지 말라는 극언極言이 있어 매우 난처했었다고 합니다.

군더더기: 사실 이 문제는 개인의 문제이지 출신 대학의 문제는 결코 아닙니다. 그러나 인간인 이상, 그 대학 출신 후배들에게 한 동안 불이익이 가는 것은 어쩔 수 없는 일일 것입니다. 나중에 듣기로는 그 이후 10년 동안 서강 출신 교수를 뽑지 못했다고 합니다. 그러니 우리 모두 자신의 일거수일투족으로 인해 가까운 지인들에게 어떤 불이익이 갈 수도 있으니 결코 경거망동해서는 아니 되겠습니다.

뉴욕 주립대 연구원 시절

강원대에 재직하던 중, 1987년 4월 부교수(선진국에서는 5년 정도 조교수로 재직하는 동안 좋은 연구 업적을 내어야 부교수로 승진할 수 있으나, 한국은 당시 대부분 법적 연한만 차고 최소한의 자격 요건만 갖추면 자동적으로 승진됨)가 됐으며, 1987년 9월부터 1988년 8월까지 미국 뉴욕 주립대 부설 이론물리연구소의 연구원으로 1년간 연구 활동을 하였습니다. 이때 국내에서만 공부를 했었기 때문에 국제 경험이 없어서 영어로 소통하는 것이 익숙하지 않았지만, 그동안 참선을 통해 기른 아랫배의 힘으로 잘 버텼습니다. 특히 미국에 도착해서 한 달 만에 미국의 중진 물리학자들 앞에서 참선 수행을 통해 기른 똥배짱 덕택에 영어로 1시간짜리 전문 세미나를 무사히 마쳤습니다. 게다가 1976년에 초중력 이론을 제창하고 세계적인 물리학자로 널리 알려진 P. van Niuwenhoizen 교수께서 필자가 세미나를 했던 '군론群論(Group Theory)'에 관한 주제에 대해 더 알고 싶다고 하여 1주일에 두 시간씩 4주일을 강의를 했던 것은 지금 생각해도 신기하게 느껴질 뿐입니다.

또한 처음 6개월간을 월요일부터 금요일까지 열심히 연구소에서 연구한 보람이 있어 초중력 이론에 관한 연구 논문을 단독으로 완성하여 미국물리학회지에 투고했는데, 한 달 만에 게재 승락서를 받았습니다. 역시 연구는 전문가들이 많이 있는 연구 중심지에서 해야 제대로 할 수 있다는 것을 새삼 알게 되었습니다.

군더더기: 참고로 사실 선 수행도 마찬가지입니다. 역량을 갖춘 스승님을 모시고 좋은 도반들과 함께 지속적으로 꾸준히 바르게 수행한다면, 누구나 언젠가는 깊은 통찰체험을 바탕으로 함께 더불어 나눔 실천적 삶을 살고 있는 '참나'를 문득 인득認得하게 될 것입니다.

모교인 서강대로의 전직

미국에서 1988년 9월 귀국하여 1년간 강원대에 근무하다 모교의 부름을 받고 박사학위 취득 후 6년 반 만에 1989년 9월부터 서강대 물리학과 교수로 근무하게 되었습니다.

한편 이런 참선 수행과 꾸준한 연구 활동 외에 강원대에서의 좋은 벗[선우善友]들과의 만남은 나의 값진 체험 중의 하나입니다. 그리고 지금은 한국학중앙연구원 교수로 재직하고 계시지만, 당시 그 가운데 한 분인 강원대 역사교육과의 신종원 교수님과의 만남은 직접 또는 이메일 등을 통해 지금도 계속되고 있습니다. 그냥 좋아 만나는 것이 아니라 참선 수행을 통한 만남입니다. 강원대에 부임 후, 지금은 고인이 되셨지만 당시 강원대 철학과에 계시던 김지견 교수님 연구실에서 일주일에 한 번씩 불자 교수 몇 분이 모여 공부를 했었습니다. 그러다 어느 날 신 교수께서 참선에 관심이 있으신 것을 알고 내 연구실로 오시라고 하여 돗자리를 깔고 일주일에 한 번씩 참선을 했었습니다. 그리고 내가 서강대로 자리를 옮긴 후에도 서울 오실 때마다 바쁜 가운데에서도 나에게 입실入室을 하러 서강대에 꾸준히 들리시다가 참선 공부가 본 궤도에 접어들어 지등智登이란 거사호居士號도 받으시고 나서 2014년 12월말, 드디어 30여년 만에 <무문관>에 있는 화두 점검을 모두 마치시고, 선도회에서 부법사副法師 직을 수행하시게 되었습니다. 참고로 남송 시대를 살았던 대혜종고 선사의 '서신입실書信入室' 제도의 현대판인 이메일을 이용한 선도회의 '전자입실電子入室' 제도는 지등 거사님으로 인해 도입된 것입니다.

군더더기: 참고로 일본의 경우 학문의 정체성을 우려해 그 대학에서 박사학위를 받은 후 10년 정도 다른 연구 기관에서 뛰어난 연구 업적을 쌓아야 모교 교수로 초빙되는 것이 관례로 되어 있는데, 필자의 경우는 그다지 뛰어나지도 않았으나 옮길 당시 모교에 동문 교수가 한 분도 없었고, 뚜렷한 후보자도 없어서 어부지리로 가게 된 것 같아서 지금도 송구스럽게 생각하고 있습니다. 다만 참선으로 길러진 저의 심성이 당시 모교 교수님들의 마음을 움직였는지도 모르겠습니다.

그런데 다른 한편으로는 종달 선사께서 세상을 뜨시게 될 무렵이 되어, 서울로 올라와 선사의 후임으로 종교와 종파를 초월해 선도회禪道會의 재가 수행자들을 이끌어 가라는 하늘로부터 받은 필연적인 소명召命이라고 느껴질 때도 가끔 있습니다.

덧붙여 필자의 경우 전자입실을 통한 점검 시스템을 요즈음에는 교양과목 수강생들과의 소통에도 적극 활용하고 있습니다.

스승의 인가

나는 당시 한국과학재단의 해외연수 프로그램에 선정되어 뉴욕 주립대 스토니브룩에 소재한 이론물리연구소의 연구원으로 떠나게 되었습니다. 다행히 떠나기 직전인 1987년 8월 말경 선사께서 설정해 놓으신 모든 참선 수행 과정을 마무리 지을 수 있었습니다. 1987년 9월 5일 작별 인사를 드리러 선사님을 찾아뵈었더니 선사께서 다음과 같은 내용이 담긴 인가장印可狀을 써 주셨습니다.

印 可

無門關了畢

1987年 9月 日

朴英才 法境 居士 法正

군더더기: 사실 스승의 인가는 이제 혼자서도 제자를 잘 지도할 수 있는 동시에 스승의 도움 없이도 독자적으로 수행을 제대로 해 갈 수 있다는 뜻이지, 석가세존께서 체험한 바로 그 정각 正覺에 도달했다는 뜻은 결코 아닙니다. 참고로 필자는 인가를 받은 즉시, 비록 주목적은 물리학 연구를 위해서였지만 동시에 선도회를 포함해 불교 세계와는 완전히 고립된 미국으로 건너가 1년간 독거獨居의 값진 수행 기간을 갖게 되었습니다.

종달 선사의 유시遺示

　종달 이희익 선사께서 입적하시기 일 년 전쯤 후계자 선정을 위한 회의를 소집하셨습니다. 필자가 춘천 강원대 물리학과에 근무할 당시 회의소집에 관한 편지를 보내셨는데, 배달 사고로 필자는 받아보지 못해 회의에 참석하지 못했습니다. 이 날 첫 제자이신 철심鐵心 거사님(현재 선도회 회장 및 독립문거점모임 법사)께 뒷일을 부탁하시려고 했으나 극구 사양하셨습니다. 또한 차선책으로 거명되었던 필자는 회의에 참석치 않아 선도회를 맡을 생각이 없는 것으로 아시고 매우 섭섭해 하시며 회의는 그냥 무산됐습니다. 며칠 후 법등法燈 정경문 거사님(현재 성북거점모임 법사)으로부터 이 소식을 듣고 그 주 일요일(1989.11.12.) 법등 거사님과 함께 종달 선사님을 뵈었습니다. 그 자리에서 필자는 편지를 받지 못하였다는 말씀을 드리고 '만일 다른 분이 안 계시면 제가 심부름하는 자세로 선도회에 대한 선사님의 유지를 받들겠습니다.' 라고 말씀드렸습니다. 이때 선사님께서 미소 지으시며 안도하시는 모습이 지금도 생생합니다.

군더더기: 참고로 선사님께서는 그 자리에서, 입적 후 화장한 뒤 뿌릴 것, 그동안의 저작물을 전집으로 발간할 것, 선도회 선원禪院이 마련될 때까지 선사님의 자택을 계속 이용할 것을 유시遺示 하셨습니다. 한편 당시 만일 저도 맡을 의사가 없으면 현재 선도회 광주거점모임을 맡고 계신 혜정慧頂 노사(조선대 미대 김인경 교수)께서 맡기로 하셨다는 이야기를 나중에 알게 되었습니다.

선도회 제2대 지도법사직 승계

    필자가 1989년 9월부터 모교인 서강대학교로 돌아와 서강 입자물리 연구실의 도약을 위해 애쓰느라, 물론 개인적로는 아울러 꾸준히 선禪 수행도 계속하면서도, 춘천에 있는 강원대학교에 재직했을 때보다도 훨씬 더 선사님을 찾아뵙지 못했습니다. 이 무렵 선사께서는 급격히 노쇠해 가시면서도, 가까이 있으면서도 찾아오지 않는 필자가 바쁜 것을 알아차리시고 아무런 내색 없이 선도회 회원들의 입실 지도를 계속하셨습니다.

    그러던 가운데 필자가 서강대로 옮기고 10개월쯤 지나 어느 정도 자리가 잡혀가던 중, 1990년 6월 6일 선사께서 입적하시려 한다는 전갈을 받고 급히 목동 자택으로 찾아뵈었습니다. 벌써 몇 차례 의식을 잃으시곤 하셨다고 합니다. 필자가 도착해 선사님 옆에 앉아 좀 기다리노라니까 눈을 뜨셨습니다. 필자와 잠시 눈을 마주치시고는 평온한 안도의 눈빛을 지으시더니, 다시 눈을 감으시고는 내내 의식이 없으시다 다음 날 새벽 입적入寂하셨습니다.

군더더기: 참고로 이 날 새벽 평소에는 꿈을 잘 꾸지도 않던 필자는 선사님으로부터 선도회 간판을 받아 자루에 잘 넣어 벽장 깊숙이 밀어넣는 꿈을 꾸다 막 깨어났는데, 전화가 걸려와 선사님의 입적入寂 소식을 접했습니다. 당시 저는 선사께서 꿈을 통해 선도회의 기반을 철저히 다진 다음에, 세상으로 나아가 '통보불이洞布不二'의 가풍을 널리 선양하라는 유훈을 남기신

뜻으로 새겼습니다.

그 후 종달 이희익 선사님께서 세상을 떠나심으로 해서 선사님께서 하시던 일을, 필자가 법법을 제대로 이어 받아서가 아니라 참선에 뜻을 둔 분들을 돕는다는 심부름꾼의 입장에서 형식상 선도회 제2대 지도법사가 되어 선 수행을 원하는 분들의 입실入室 지도를 해 오고 있는데, 사실은 이 분들을 통해 오히려 필자가 선 수행을 지금까지 이어 오고 있는 것입니다.

선도회 존립을 위한 한결같은 마음들

필자가 세검정 불심원에서 열리던 참선법회에 1년 정도 빠지지 않고 나갔습니다. 그러자 하루는 당시 노장님들이셨던 도심道心, 법원法元, 법전法田 거사님들께서 법회를 마치고 귀가하려는 필자에게 시간이 있으면 따라오라고 하셔서 이 분들을 따라갔더니, 세검정 버스 정류장 근처 뒤풀이를 하는 막걸리 집이었습니다. 그 이후 늘 동참했는데, 이 분들은 참선법회가 끝나면 이곳에서 두부 안주 한 접시에 딱 막걸리 한 잔씩만 하고 헤어지셨습니다.

그런데 돌이켜보면 이 뒤풀이는 늘 순선純禪만을 제창하셨던, 그래서 자칫 심심할 수도 있는 종달 선사 문하에서의 참선 수행뿐만 아니라, 저에게 선가禪家의 야사野史를 들을 수 있는 좋은 공부의 장이었고, 이것이 저로 하여금 오늘날까지 지속적으로 선 수행을 이어가게 한 또 다른 한 축이었다고 판단됩니다.

군더더기: 참고로 이 분들과의 끈끈한 교류는 이 분들로 하여금, 종달 선사님 입적 이후 선도회 존립을 위해 한결같은 마음으로 지도법사 직을 수행하는 저를 적극적으로 성원하는 원동력이 되었던 것 같습니다. 아울러 종달 선사님 입적 이후 철심鐵心, 법등法燈, 법장法藏 법사님의 적극적인 성원과 그리고 저의 연구실을 몸소 찾아오셔서 저를 온힘을 다해 성원하겠다고 하셨던 혜정慧頂, 법성法性 법사님들 또한 오늘의 선도회가 있기까지 크게 기여하셨기에 이 지면을 빌어 다시 한번 깊은 감사를 드립니다.

숭산 선사님과의 만남

종달 선사님의 뒤를 이어 선도회의 지도법사로서 참선 모임을 지도하던 중, 한 스승 문하에서만 공부를 했었기 때문에 나의 경계를 확인받아 볼 필요성을 느껴 미국에 계신 숭산崇山 선사께 나의 진심이 담긴 편지를 드렸습니다. 아울러 이 편지에는 전통적인 스승과 제자의 일대일 입실점검과 달리 숭산 선사께서 대중들을 한 자리에 한꺼번에 모아 놓고 선 지도를 하시는 방법론에 관해 약간의 이의를 제기한 내용도 담겨 있었습니다.

한동안 편지를 잊고 있었는데, 선사께서 '서울국제선원' 건립 관계로 화계사에 나오셨다며 연락처와 함께 나에게 편지를 보내셨습니다. 즉시 미국인 제자인 무심 스님과 연락을 취해 드디어 1991년 8월 20일에 화계사로 숭산 선사님을 찾아뵙고 입실 지도를 청했습니다. 아침

8시에 뵙자마자 삼배를 올리고 거의 2시간 동안 독대獨對를 했습니다. 필자가 종달 선사의 제자라고 하자 숭산 선사님께서 종달 선사님과는 <불교신문> 관계로 같이 일을 한 적도 있다고 하시면서 잘 아신다고 하셨습니다.

 내 소개를 간단히 드리고 본격적으로 화두에 관한 문답을 나누었습니다. 선사께서는 화두들에 관한 나의 견해에 관해 아주 자상하게 하나하나 대해 주셨습니다. 특히 <무문관> 제14칙의 '남전참묘南泉斬猫'에 관한 문답을 통해 숭산 선사의 역동적力動的인 가풍家風을 낱낱이 살필 수 있었던 것은 필자의 선 수행에 또 하나의 새로운 한 획을 긋는 사건이었습니다. 그리고는 맨 마지막에 이제 바탕은 잘 길러졌으니 보다 세밀한데까지 철저히 살피라는 조언을 주셨습니다. 사실 이날 9시부터는 중요한 행사를 주관하시기로 되어 있었기 때문에 시자 스님이 빨리 필자와의 면담을 끝내라는 뜻으로 조실 방을 들락거려도 그 일을 1시간 뒤로 연기를 하시면서까지 친절히 점검을 해주셨습니다.

군더더기: 한편 필자는 이날 이후 보다 자신감을 가지고 입실 지도를 하게 되었으며 나의 수행의 깊이도 훨씬 깊어진 것을 몸소 느끼게 되었습니다. 이 지면을 빌어 다시 한 번 종달 선사님과 숭산 선사님의 법은法恩에 깊은 감사를 드립니다.

예비고사 출제와 참선 강연

    필자는 1992년 1월 3일 후기 예비고사 물리 분야 출제위원으로 선발되어 중앙교육 평가원에 출두했다가 외부와 차단된 모 호텔로 이동되어 격리 수용되었습니다. 출제를 무사히 마치고 1월 20일 오전 10시에 '참선이란 무엇인가?'라는 주제로 1시간 동안 출제위원 40여분에게 참선 강연을 했습니다.

    다음 날 점심식사 후, 출제한 시험문제 도난 사건이 알려져 다시 출제하기로 하고, 일단 저녁 7시쯤 2박3일 휴가를 받아 귀가했습니다. 1월 25일 9시 반쯤 다시 출제본부로 출두하여 오후 2시에 전체 회의를 한 뒤, 이미 출제 요령은 터득한 뒤라 곧바로 다시 출제하기 시작했습니다. 저녁 식사 후 혼자 시간을 내어 삼조승찬 스님의 저작으로 알려진 〈신심명信心銘〉을 정독하기 시작했습니다. 2월 1일 오후 6시 출제를 마치고 저녁 식사 후 잠시 휴식하였습니다. 2월 2일 오후 4시 큰 방을 빌려 지난번 참선 강연을 들었던 출제 교수 가운데 열 분과 참선 모임을 시작했습니다. 그 후 귀가 전날인 2월 9일까지 하루에 두 차례씩 참선 모임을 가졌었는데, 마지막 전날 저녁 식사 후 뜻밖에 참선에 참여했던 몇 분으로부터 참선 지도에 대한 감사의 뜻으로 녹차 선물을 받기도 했습니다. 2월 10일 예비고사가 끝나는 시각에 맞추어 귀가하니 오후 5시였습니다.

군더더기: 참고로 예비고사 문제 출제 과정에서 비록 예정에 없었지만 이때 행한 참선 특강은 필자가 선도회 지도법사직을 수행하면서 비회원을 상대로 한, 비공식 첫 번째 법문이었습니다. 덧붙여 출제 후 귀가하기 전까지 내내 술과 비디오 감상 등을 하며 시간을 보내던 분들은 귀가 때 매우 지쳐 보였으나 필자와 함께 참선을 하셨던 분들은 매우 평온한 모습이었습니다. 한편 필자는 매일 밤마다 잠자리에 들기 전, 선 수행을 하는데 매우 요긴한 문헌의 하나인 〈신심명信心銘〉을 몇 구절씩 사경寫經을 하다 보니 출제를 마치고 출소出所(?)할 무렵 〈신심명〉을 온몸에 각인하게 되었습니다. 그후 이 인연을 바탕으로 2007년 10월부터 12월까지 선도회 목동본원의 참선법회에서 〈신심명〉을 제창했습니다.

첫 번째 선 관련 기고

일반 대중을 위한 필자의 첫 번째 선 관련 원고인 '선禪과 시공時空의 초월超越'을 1992년 8월 28일 통나무 출판사에 우송하였습니다. 사실 선수행자이며 물리학자이기도 한 필자는 이 글을 통해 1990년 6월 종달 선사께서 입적하신 후 선도회의 지도법사로서 지금까지 재가 수행자들의 입실入室 지도를 해오면서 체험한 것과 한편으로는 그동안 이론물리학 교수로써 학생들의 교육 및 연구 지도를 해오면서 느낀 바를 바탕으로, 선과 물리학의 상호관계를 살펴봄으로써 놓치고 지나가기 쉬운 선禪의 여러 가지 측면을 일반인들께 보다 쉽게 나투고자 시도해 보았습니다.

군더더기: 참고로 이 글을 쓰는 과정에서 '선과 물리학'이란 융합 주제에 대해 두루 성찰하였으며, 훗날 불교 관련 잡지와 신문에 지속적으로 기고하는 원동력이 되었습니다.

대중 강연과 본격적인 글쓰기 시작

　필자는 '(사)우리는 선우'의 요청으로 1992년 9월 15일 오전 11시에 주로 젊은이들을 대상으로 한, 제1기 '선우교양강좌'의 세 번째 날 '생활 속의 선'에 대해 법문을 하였는데, 이는 필자가 선도회 제2대 지도법사로서 선도회 회원이 아닌 일반 대중을 위해 행한 공식적인 첫 번째 법문이었으며, 그후 불교라디오 방송, 불교 TV 등의 초청으로 대중 강연들을 이어갔습니다. 사실 두루 대중을 위한 선 강연을 이어가면서 축적한 경험을 바탕으로 1999년 3월부터 서강대학교 교양강좌로 '참선'을 개설하는 시초가 되었다고 여겨집니다.

　그후 선 강연을 위한 강연원고를 작성하던 글쓰기 체험을 바탕으로 필자가 1990년 종달 선사 입적 이후 3년간 선도회의 지도법사로서의 삶을 바탕으로 보다 자신감을 가지고 일반 대중을 위한 참선 보급을 보다 효율적으로 하기 위해 평소에 필자가 여기저기 기고했던 글들을 손질해 월간 <불광佛光>에 1993년 6월호부터 매달 4쪽 짜리 글을 게재하기 시작했습니다. 불광 6월호에 '재가불자의 선 수행을 위하여'란 글이 처음 나간 직후 몇 분이 전화 연락을 주시기도 했습니다. 이 무렵 하루 빨리 이런 관심 있는 분들이 자유롭게 왕래하며 진지하게 수행할 수 있는 선도회 선원禪院이 만들어졌으면 하는 마음 간절했었습니다.

군더더기: 참고로 이 연재를 통해 아마 필자가 본격적으로 성찰에 관한 글쓰기를 시작하게 되었으며 그 결과 글쓰기가 자기성찰에 매우 효과적이라는 것을 몸소 체험하고 이 체험을 바탕으로 선도회 회원들과 교양강의 수강생들께 인생지도를 포함해 두루 다양한 주제의 성찰의 글쓰기를 권하게 된 것 같습니다.

견주굴見主窟 모임을 시작하다

필자가 물리학과 학과장 자격으로 1994년 2월 하순 서강대학교 새내기 수련 대회에 갔다가 3년 전부터 관심을 보여 온 수학과 박성호 교수님(신촌제1모임 천흠天欽 법사), 화공생명공학과 박형상 교수님(신촌제2모임 천보天堡 법사) 등 몇몇 교수님들에게 참선의 기본자세를 알려 드린 후 1994년 3월부터 서강대 교목실의 호의로 성당 기도실(온돌방)을 빌려서 참선 모임을 시작하였으며, 지금은 선방을 방불케 하는 다목적실(강당에 딸린 큰 온돌방)에서 참선 모임을 갖고 있습니다. 그런데 이 분들의 열의가 대단해서 필자가 선도회 지도법사가 된 이후 처음으로 1995년 11월 25일 토요일 저녁 8시부터 일요일 새벽 5시까지 성당 부속 기도실에서 선도회 목동 모임 회원들과 함께 모두 열 분이 참석해 1박2일의 철야정진을 끝까지 진지하게 진행했습니다. 그런데 돌이켜 보니 이 날의 철야정진을 계기로 서강 모임인 견주굴 참선법회가 본 궤도에 오르게 되었다는 것을 알게 되었습니다.

한편 1년 뒤인 1996년 12월 20일(金)에는 견주굴 회원들의 강력한 요청에 의해 제2차 철야정진을 광덕 노사님의 고제 가운데 한 분이신, 송암 스님께서 창건한 경기도 안성 도피안사에서 가졌습니다. 주지 스님께서 철야정진할 새로 지은 '파라미타수행원'으로 우리를 안내하시며 소개해 주시는데, 십대제자, 십육성, 오백성, 독수성 등을 서양화가에게 부탁해 현대미술 기법으로 잘 모셔 법당 안이 마치 현대 미술관 같은 분위기였습니다. 참고로 수련회 일정은 오후 2시 서강대를 출발해 오후 4시쯤 도피안사에 도착, 오후 6시 저녁 예불, 6시30분 저녁 공양, 그리고 휴식을 취하다 9시부터 철야정진에 들어갔습니다. 50분 좌선, 10분 포행을 하면서 3시간 정진 후, 밤 12시 차 한 잔과 산책, 그리고 새벽 1시부터 다시 4시까지 정진을 한 후, 휴식을 취하다 6시에 아침공양, 7시30분 도피안사를 둘러싸고 있는 도솔산 산책, 9시 20분 녹차 한 잔, 10시에 출발, 12시 15분 서강대에 도착함으로서 나중에 온 분까지 합쳐 모두 열 분이 철야정진을 무사히 마쳤습니다.

군더더기: 참고로 '견주굴見主窟'이란 명칭은 1998년 5월 31일(日) 영세를 받는 동료 교수님들을 위한 미사에 참석했다가 문득 떠올랐습니다. 천주교 수행자의 경우 '主주님을 친견하는 곳'으로, 불교수행자의 경우에는 '주인공主人公을 친견하는 곳'이란 뜻으로 지었습니다. 그

런데 종교와 종파를 초월한 견주굴 모임은 점점 종교인들 간의 대화가 활발해져 가고 있는 요즈음 그 의의가 매우 크다고 생각됩니다.

월간 〈법시法施〉의 과월호를 기증 받다

1994년 5월 4일 선도회 초창기에 회장을 맡으셨던 삼소三笑 정규헌 거사님으로부터 "이사짐을 정리 중인데 선도회 관련 자료들을 들려서 가져가려면 가져가세요!"라는 전화를 받고 퇴근길에 종달 선사님의 자취를 더듬어 볼 수 있는 불교잡지 〈법시〉의 1968-1978년까지 발간된 거의 모든 과월호들을 기증받았습니다.

그런데 돌이켜 보면 이 덕택으로 〈법시〉에 게재되었던 종달 선사님의 옥고玉稿들을 최근까지 선도회 홈페이지에 거의 다 올리는 과정 속에서 당시 종달 선사님의 생애와 사상을 좀 더 깊이 이해하는 계기가 되었습니다. 덧붙여 당시 종달 선사님의 활약상은 활안 스님(한정섭 법사)께서 〈현대불교신문〉(2009.08.19.)에 기고한, '법시사 편집장 이희익 대선사' 란 제목의 글을 통해서도 잘 엿볼 수 있습니다.

법문을 시작하다

1994년 10월 15일 모임에서 지금까지 화두점검에 초점을 맞추어 선도회 참선모임을 진행해 왔으나, 지초智初 이영배 거사께서 참선모임 때 법문을 요청하셔서, 다음 모임부터 사홍서원四弘誓願을 염송한 다음 짧게 선 수행에 도움이 될 만한 법문을 하기로 하였습니다.

그후 5개월쯤 법문을 이어가던 1995년 3월 10일(金) 신촌모임에서 법문을 마친 다음, 필자 자신을 되돌아보며 반성의 시간을 가졌었는데, 이날 일기의 전문은 다음과 같습니다.

"맑다 눈오다 변덕이 심한 날이다. 지난 이월말로 물리학과 학과장직을 그만두고 나니 홀가분한 마음으로 생활할 수 있게 되어 후련하다. 개강하여 새롭게 맡게된 두 과목에 대한 강의 준비도 해가고 있는 등 이제 자리가 잡혀가고 있어 슬슬 연구도 본격적으로 해 가야겠다.

한편 15시 30분 성당 기도실에서 정동수, 박성호, 김원선, 장직현, 남성일 교수님들과 함께 45분 동안 참선모임을 가졌다. 참선을 마치고 오늘따라 바람이 많이 불길래 육조혜능 선사의 '비풍비번非風非幡' 일화와 '보보청풍기步步淸風起'에 대해 짧게 말씀드렸다. 그러나 과연 내가 가는 곳마다 청풍淸風은 일고 있는가? 자문해 본다."

미사 강론

당시 교직원 가톨릭 모임을 맡고 계셨던 박형상 교수님께서 강론을 부탁해와 1995년 4월 26일 오전 8시 서강대 교직원 미사에 참석해 강론을 했습니다. 이때 '평생에 단 한 번의 만남'이란 제목으로 매번 일주일마다 반복되는 것 같지만, 오늘의 미사는 평생에 단 한 번의 소중한 미사라는 것을 제창提唱하였으며 그 전문全文은 다음과 같습니다.

'평생에 단 한 번의 만남[一期一會]'

우선 보잘 것 없는 저를 교직원 미사의 강론 연사로 초대해 주신 데에 대해 진심으로 감사를 드립니다. 제가 말씀 드릴 주제는 '평생에 단 한 번의 만남'에 대한 것으로 이미 진실한 신앙인으로 하루하루를 열심히 살아가고 계신 여러분들을 위한 것이 아니라, 사실은 제 자신을 다시 간절한 마음으로 냉철히 돌이켜 보기 위한 것입니다. 물론 여러분 가운데에도 잠시 주님과 참 자기를 가끔 놓치고 살아가고 계신 분이 있다면 도움이 좀 되겠지만요.

먼저 미사를 보기로 들어보겠습니다. 사실 여러분들은 매주 1번씩 미사에 참석하고 계신데 비록 매번 반복되는 미사인 것 같지만 곰곰히 생각해 보면 매번 평생에 단 한 번뿐인 미사에 참석하고 계신 것입니다. 따라서 다람쥐 쳇바퀴 돌 듯이 반복되는 것 같지만, 심지어는 다음 주

미사에 오늘 참석 하신 분들이 그대로 다 모이신다고 하더라도 역시 평생에 단 한 번뿐인 미사인 것입니다. 사실 저 자신은 참선 수행을 해오고 있는 거사居士로 매주 미사에 참석하지는 않습니다만 집안에 천주교인들이 여러분 계셔서 가끔 참석합니다. 그러면 그럴 때마다 매번 똑같이 느끼는 것은 교인들이 평생에 단 한 번뿐인 이 소중한 미사들을 통해, 짧막한 제 1독서와 제 2독서 및 신부님들의 멋진 강론들을 가슴에 품고와 끊임없이 묵상하며 지난 한 주일을 반성하고 새로운 한 주일을 더욱 알차고 보람 있게 설계한다면, 여러분 모두 종교 간의 벽을 허물며 다른 종교인들과도 손을 맞잡고 이 사회를 보다 밝게 하는데 크게 기여하리라 확신합니다.

한편 비단 미사뿐만 아니라 어떤 만남도 늘 평생에 단 한 번뿐인 소중한 만남이란 것입니다. 따라서 그 어떤 만남도 늘 이런 마음 가짐을 가지고 살아간다면, 자기가 속한 공동체 내에서 주위 분들과 대립과 경쟁의 관계가 아닌 대화를 통한 화합의 정신을 바탕으로 자기의 맡은 바 직무를 다하리라 확신합니다.

참고로 '일기일회一期一會'는 <임제록臨濟錄>의 시중示衆 편이나 <무문관無門關> 40則의 평창評唱에 나오는 '一期'라는 선어禪語에 일본의 유명한 다인茶人이었던 나오스케[井伊直弼]가 '一會'를 덧붙여 임제臨濟 선사의 정신을 더욱 빛나게 한 말인데, 그가 어느 차모임[茶會]에서 말한 내용은 다음과 같습니다.

"이 차모임은 우리들의 일생 가운데 단 한 번의 만남입니다. 따라서 설사 여러 번 같은 주인과 손님[主客]이 만나더라도 오늘의 이 만남은 다시 없다는 것을 생각하면 결코 소홀히 할 수 없는 것입니다."

한 걸음 더 나아가 이 정신은 비단 다른 사람과의 만남뿐만 아니라 순간순간 피상적으로 살아가고 있는 자기와 참된 자기와의 만남의 소중함을 토로한 것이라 생각됩니다. 그래서 앞에서도 말씀 드렸듯이 오늘의 제 강론은, 사실은 참된 자기를 순간 순간 놓치고 살아가고 있는 제 자신에게 한 것입니다. 끝으로 여러분의 귀중한 시간을 빼앗지나 않았나 해서 정말 죄송합니다.

군더더기: 참고로 필자를 매개로 자연스럽게 천달 법사(서명원 신부)님의 도피안사 법문과 도피안사 주지이신 송암 스님의 서강대 교직원 미사 강론으로 이어지는 계기가 되었다고 봅니다. 한편 그밖에 1996년 10월 16일(水)에는 당시 아내(영세명: 아빌라의 데레사)가 나가던 청담동 성당의 부설 '성유대철 노인대학'에서 65세 이상 할아버지, 할머니들을 대상으로 '보람된 남은 여생'에 관해 강연하였는데 그 내용은 종교를 초월해 화목한 가정, 함께 더불어, 나눔에 대하여, 아랫배 호흡, 일일시호일日日是好日 등을 중심으로 생활선生活禪을 다루었습니다. 특히 할머니들이 많이 계셔서, 수산首山 선사께서 제창했던 '며느리는 나귀 타고 시어머니는 고삐를 쥐고 끌고 가네'라는 뜻의 '신부기려아가견新婦騎驢阿家牽'이란 선어禪語를 인용하며 시어머니와 며느리라는 이원적 분별심을 놓아버리면 고부간의 갈등은 저절로 사라진다는 것도 강조하여 박수를 받은 기억이 있습니다. 참고로 물론 이날의 강연료는 노인대학의 어르신들을 위해 쓰시라고 정중히 사양했습니다.

'대한불교선도회'를 '선도회'로 변경하다

 1994년부터 시작한 신촌모임에 주로 천주교인들이 꾸준히 선도회 회원으로 합류함에 따라 1995년 6월 6일 종달宗達 선사님의 제사를 계기로 종교를 초월한 성찰실천 운동을 전개하기 위해 단체 명칭을 '대한불교선도회'를 '선도회'로 변경하였습니다.

 참고로 오랫동안 선도회 회장직을 맡아 오셨던 법전法田 거사님께서 이날 오전 11시부터 시작된 제사의 진행을 맡아 종달 선사님의 제사를 모신 다음, 회원들이 안방과 마루로 나뉘어 앉아 점심을 들면서 그동안 못 뵈었던 분들과 자연스럽게 한담을 나누었습니다. 그러던 도중에 천주교인들도 참여하는 신촌모임을 언급하면서 필자가 자연스럽게 "이제는 '대한불교'라는 문구도 뺄 때가 된 것 같습니다."라며 선도회 호칭 문제를 거론하였습니다. 물론 반대하는 분도 계셨지만 법장法藏 거사님께서 적극 거들어 주셔서 '선도회'로 변경하게 된 것입니다.

군더더기: 사실 지속적인 자기성찰과 이어지는 깊은 통찰체험 및 이를 바탕으로 한 나눔 실천에 종교와 종파를 나눌 여지가 없겠지요.

'물리학과 선' 이란 제목의 특강

　1995년 11월 14일 서강대 물리학과에서 주관하는 일반강연에서 '물리학과 선'이란 주제로 주로 물리학 학부생들을 대상으로 교양강연을 했습니다. 학생들에게 꿈과 자신감을 심어주기 위해 필자가 물리학과에 입학한 후 참선 수행과 더불어 물리학이란 학문에 몸담아 오면서 체험한 바를 그리고 그 결과로 드러난 선속에 약동하는 삶을 살고 있는 '오늘의 나'를 있는 그대로 강연하였습니다. 당시 이과대학 교수님들도 몇 분 오셔서 흥미롭게 들으셨던 것 같습니다. 그리고 같은 주제로 1995년 11월 20일 구룡사에서 다시 불자들을 대상으로 보다 쉽게 특강을 하며 녹화를 한 적이 있는데, 불교 방송국의 'btn 불교영상특강'을 통해 수년에 걸쳐 여러 차례 방영되었습니다.

군더더기: 참고로 강연을 준비하면서 1974년 필자가 서강대 물리학과에 입학하면서 지금까지의 과정을 물리학과 참선 분야로 나누어 시간 순서에 따라 비교하는 기회를 가짐으로서 앞으로의 필자의 삶의 지표를 더욱 뚜렷하게 파악할 수 있는 계기가 되었으며 바로 이때 '인생지도'와 '수행지도'에 대한 견해가 뚜렷해졌습니다.

〈두 문을 동시에 투과하다〉 저술

필자가 종달 선사 입적 직후 선도회의 지도법사직을 승계해 회원들을 입실점검 하다 보니 초심자들을 위해 무언가 안내 책자가 필요한 것 같아 작은 책자를 하나 만들었습니다. 그후 이것이 바탕이 되고 또한 월간 〈불광佛光〉을 포함해 여기저기에 그동안 투고했던 글들을 엮어 1996년 11월 새롭게 책으로 출판하였는데, 이 책을 쓰게 된 구체적인 동기가 담긴 '들어가는 글'은 다음과 같습니다.

"요즈음은 참선에 관해 누구나 쉽게 접할 수 있는 그런 좋은 환경(참선에 관한 좋은 책들과 큰스님들의 많은 초청 법회)속에 살고 있으나 막상 재가 불자들이 의욕을 가지고 몸소 참선 수행을 하고자 하면 대다수는 곧 여러 가지 구조적 한계에 부딪혀 포기해 버리고 만다.

나는 평소에 이런 점을 늘 안타깝게 생각해 왔었는데 마침 불광 편집부에서 선 수행에 관한 연재를 부탁해 와 글재주는 별로 없지만, 지난 이십여 년 간 써 온 나의 수행일지, 여기저기에 기고했던 글, 그동안 월간 〈불광〉에 게재했던 글 및 선도회 지도법사로써 일반인들을 지도하는 과정에서 느낀 점들을 바탕으로, 내가 재가자在家者로서 선가禪家에 입문하게 된 구체적인 과정과 입문 후의 작지만 생생한 필자의 체험들을 있는 그대로 알려 재가자들의 참선 수행이 결코 어렵지 않다는 것을 확신시켜 드리고 싶다.

또한 참선 수행이 종교와 종파를 초월해 전문적인 직업을 갖고 살아가는 재가자에게 얼마나 많은 도움을 줄 수 있는지 나의 경우를 통해 널리 알리고자 한다. 그런데 나의 경우 직업이 물리학을 전공한 교수이기 때문에 참선 수행과 더불어 주로 물리학을 배우고 연구해 가는 동안 내가 겪었던 나의 체험을 열거하는 것이 되겠지만, 다른 전문직에 종사하는 분들도 충분히 공감할 수 있으리라 확신한다.

한편 해방 이후 지난 수십 년 동안 우리 모두 함께 겪었던, 일부 몰지각한 미꾸라지와 같은, 이 나라를 짊어질 젊은이들을 키워야 할 교수들의 입시 부정, 공정하게 법을 집행해야 할 판사 및 검사들의 타락, 나라의 건전한 경제 성장에 기여해야 할 재벌들의 땅투기 및 무분별한 외국 상품의 수입, 서민들의 삶의 질을 높이기 위한 제도를 만들어 나가며 민주 사회 건설에 앞장서야 할 정치인들의 정권 다툼, 공무원들의 부정부패 등 이 나라를 이끌어 가는 사람들의 원칙과 일관성이 결여된 무분별한 행동으로 인해 세상은 점점 더 혼란에 빠져 가고 있다.

그런데 이 책임을 대개는 특정 계층의 탓으로 돌리고 있으나 따지고 보면 우리 국민 각자의 탓인 것이며 아무리 좋은 법을 만든다 하여도 그것을 실행하는 사람들의 마음이 삐뚤어져 있으면 소용없는 일이기에 이 무질서한 세상을 바로 잡아가는 가장 빠른 길은 모두 각자 스스로의 마음을 닦는 일 밖에는 달리 묘책이 없는 것 같다. 그리하여 우리 모두 자기가 맡은 위치에서 닦아져 가고 있는 마음을 바탕으로 자기의 전문적 기질을 유감없이 나툴[發揮할] 때 정말 올바른 사회가 건설될 것이라 확신한다.

이런 확신 때문에 재가在家에 몸담고 있는 거사居士로서 비록 깨달음의 "깨"자字도 잘 모르지만, 지난 십 수년 간 종달宗達 노사老師밑에서 지도 받았던 나의 작은 참선 체험을 바탕으로 마음을 닦고자 뜻을 둔, 특히 재가在家에 몸담고 있는 사람들에게 도움이 될까 하여 이 글을 엮어 보았다. (감사의 글 부분 下略)"

군더더기: 한편 필자는 선 수행과 관련된 이 첫 번째 저술을 통해 선수행의 중요성을 널리 알리는 한 방도로 출판의 중요성을 새롭게 인식하고 지속적으로 저술활동을 이어가는 계기가 되었습니다. 사실 돌이켜 보면 종달 선사께서 일생을 통해 제자들의 입실점검과 병행해 선 관련 저술 작업을 지속해 오셨는데, 저도 모르게 자연스럽게 그런 분위기에 젖어들면서 저술의 길도 따라 걷게 된 것 같습니다.

btn 불교TV 대담 참여

1996년 3월 14일부터 매주 목요일마다 약 3개월간 btn 불교 방송국에서 '불교와 과학'에 대해 대담자로 참가하기 시작하였습니다. 그런데 첫 주제를 '시간'으로 잡은 것은 석가세존께서 '생로병사'를 접하시며 수행자적인 삶을 시작하셨기 때문입니다. 그 결과 이 시간적 흐름을 어떻게 이해하는 것이 바람직한가를 다루기로 한 것입니다. 첫 방송을 마치고 돌이켜 보니 선 수행에 관한 내용을 곁들이면서 나에게 할당

된 짧은 15분을 비교적 잘 활용했다고 생각됩니다. 다음 시간은 '공간'에 관한 주제를 다루기로 하였습니다.

군더더기: 사실 필자가 출간한 〈두문을 동시에 투과한다〉 가운데 제5장에서 '선과 물리학'이라는 주제를 다루며 불교와 과학에 대해 나름대로 이미 깊이 성찰을 했었기 때문에 따로 준비할 것도 없이 자연스레 방송 대담에 임했던 것 같습니다.

숭산 선사님과의 재회

〈두 문을 동시에 투과하다〉를 1996년 11월 8일 출간하고 1부를 숭산 선사님께 보내드렸는데, 책을 받으시고는 1996년 12월 10일 직접 집으로 전화를 주시면서 좋은 책 잘 받았다고 격려해 주셨습니다. 그러면서 내일 동남아 포교를 위해 홍콩으로 떠났다가 내년 1월 초에 귀국하니 그때 만나자고 하시면서 직통전화 번호를 알려 주셨습니다. 그래서 귀국하신 때에 맞추어 화계사로 연락을 드리고 1997년 1월 7일 오전 9시에 다시 찾아뵈었습니다. 이때 지난번 첫 번째 만남 때보다 화두에 대한 견해를 좀 더 세밀히 주고받았습니다. 오전 10시쯤 문답을 끝내고 작별인사를 드리니 선사께서 쓰신 몇 권의 책을 주셨는데, 특히 선사의 법어집인 〈산은 푸르고 물은 흘러간다〉의 표지 앞장 부분의 여백에 다음과 같이 친히 즐겨 제창하시던 게송을 적고 사인까지 해 주셨습니다.

청산자부동靑山自不動
백운자거래白雲自去來
운산본공리雲山本空裏
사오시이십四五是二十

푸른산[靑山]은 원래부터 움직이지 않고 있는데,
흰구름[白雲]만이 일없이 오락가락 하네.
(그렇지만) 백운과 청산 모두 본래 텅 빈 가운데
(필경畢竟) '사 곱하기 오'는 이십이로구나.

참고로 그 뜻은 같으나 <오등회원>에서는 '청산원부동靑山元不動'으로 되어 있으며, 여기서 '청산'은 참 본성[佛性]을 '백운'은 인연 따라 일어났다 사라지는 번뇌 망상을 뜻합니다. 그런데 숭산 선사께서는 당시 제3구를 통해 번뇌 망상뿐만이 아니라 불성조차 텅 비워버린 경계까지 철저히 체득하라고 저를 다그치셨던 것 같습니다.

필자도 이에 대한 답례로 <두문을 동시에 투과한다>의 인세로 받은 것 가운데 미리 준비해간 10만원을 선원 운영경비에 쓰시라고 드리고 학교로 출근했습니다. 이번 만남에서도 역시 지난번처럼 바탕은 잘 되어있으니 세밀한 데까지 철저히 살피라며 격려를 아끼지 않으셨습니다.

군더더기: 돌이켜 보면 매우 유익한 재회再會였고, 이때를 계기로 그 이후 더욱 철저히 성성惺惺하게 하루하루를 보내고 있습니다. 참고로 그 이후 선사님께서 입적하시기 직전까지 필자와 몇 차례 서신교환이 있었는데, 특히 매년 연초에 제자들과 찍으신 사진 연하장을 잊지 않고 꾸준히 보내주셨습니다. 비록 지금은 고인이 되셨지만 이 지면을 빌어 당시 숭산 선사님의 노파친절에 다시 한 번 깊은 감사를 드립니다.

종성宗成 선사와의 만남

　고불총림古佛叢林 방장方丈이셨던 서옹西翁 선사님의 고제高弟이신 종성 선사께서 필자가 지은 <두 문을 동시에 투과한다>가 출판된 지 얼마 안 되었을 때 이 책을 접하시고 "그 제목이 화두가 아니냐?"고 하시며 전화를 주셔서 "제가 새롭게 제창한 화두입니다."라고 답해 드렸습니다. 그러자 거사로서 애를 많이 쓰고 있다고 하시며 진심으로 격려를 해주셨습니다. 그 후 종성 선사께서 손수 편찬하신 <서옹선사법어집> I, II권과 그동안 이곳저곳에 투고하셨던 글들을 보내주셔서 필자도 답례로 종성 선사께서 주석하고 계신 관악산 임제선원을 직접 방문해 문안 인사를 드렸습니다. 그 때 종성 선사님 자신도 거사로 37세까지 수행하다 서옹 선사님을 친견하면서 출가했다고 하시며 거사로서도 깊은 수행이 얼마든지 가능하다는 점을 강조하며 격려해 주셨습니다. 그 이후로도 몇 차례 서신교환이 있었는데, 어느 때인가는 종성 선사께서 직접 쓰신 선필禪筆 '日日是好日'을 보내주시기도 했습니다.

군더더기: 참고로 종성 선사 입적 이후 선사의 법제자이신 법현 스님께서는 관악산 자락에서 경기도 하남시로, 다시 경북 상주로 임제선원을 이전하셨는데, 그런 가운데에서도 법현 스님과는 저술 및 법문 자료 교환을 통해 교류를 지속해 오고 있습니다.

삼박사일의 정기 여름 수련회 정착

종달 선사 입적 직후 직지사의 한 말사 암자에서 선도회 사상 처음으로 여름 참선 수련회를 가진 이후, 매년 정기적으로 3박4일의 수련회를 개최해 오고 있습니다. 한동안 대개 한 번은 전남 담양에 있는 혜정 김인경 노사님의 청와헌靑蛙軒(요즈음 설죽헌雪竹軒이라고도 부름)에서, 한 번은 경기도 안성에 위치한 도피안사(주지: 송암松菴 스님)에서 격년으로 수련회를 했었는데, 날짜도 거의 정해져 있었습니다. 직장인을 위한 동시에 '대한민국의 독립은 정말 이루어진 것인가?'라는 뜻을 화두처럼 가슴 깊이 새기며 민족의 독립기념일인 8월 15일을 끼고 8월 13일 또는 14일 시작해 3박 4일 동안이며, 이 가운데 둘째 날은 저녁 8시에 1시간 동안 법문을 하고, 저녁 9시부터 새벽 4시까지 철야 용맹정진勇猛精進을 하기도 했습니다.

군더더기: 참고로 최근 와서 8월 15일이 일요일인 경우 직장인들을 위해 2박3일로 하루를 줄여 여름수련회를 열고 있으며 또한 둘째 날 저녁에 하던 철야정진도 생략하는 대신 잠자는 시간을 4시간에서 5시간으로 줄여 수련회를 진행하고 있습니다. 이는 마지막 날 귀가할 때 졸음운전을 방지하는 뜻도 있습니다. 물론 운전을 하지 않는 30대 이하 회원들은 자발적으로 따로 모여 철야정진을 하기도 합니다. 그리고 2015년 3월부터 매달 1차례씩 선도회 거점모임 가운데 하나인 정안헌正眼軒에서 인달印達 거사님 주관아래 원하는 회원 분들끼리 자발적으로 1박2일의 철야정진 수행을 재개하였습니다.

한편 2013년부터는 여름수련회의 경우 초심자들을 위한 수련회를 양평에 위치한 정곡사(주지: 정곡正谷 스님)에서, 그리고 고참자들을 위한 수련회는 그동안 해온 대로 격년으로 광주거점모임(법사: 혜정慧頂 노사)에서 주관하며 개최해 눈높이에 맞추어 수련회의 효율성을 높이고자 하였습니다.

전자입실 점검 시작

필자가 강원대학교에 재직할 무렵인 1983년부터 철학과에 재직 중이시던 김지견 교수님 연구실에서 매주 불자교수 모임이 있었습니다. 그러다 친해진 역사교육과 신종원 교수(현 한국학중앙연구원 교수)께서 필자가 참선 수행을 해오고 있는 것을 아시고 참선 수행을 같이 하고 싶다고 하셔서, 필자 연구실에 돗자리를 깔아 놓고 입실지도를 해드리며 몇 해를 지냈는데, 1989년 9월 필자가 모교인 서강대로 전직을 하게 되면서 선 수행의 핵심인 직접적인 입실 지도가 어려워지자 필자가 인터넷 전자우편을 통해 입실을 해보자고 권했고, 자연스럽게 '전자입실電子入室'을 시작하게 되었는데, 이제는 수도권에 계신 분들이 모임이 빠질 때에나 지방에 계셔서 직접 모임에 참가하기 어려운 분들이 전자우편電子郵便으로 입실을 해오고 계십니다. 물론 비록 직접 입실할 때보다는 생생한 현장감이 떨어지나 직접 입실도 틈날 때마다 병행할 경우 직접 입실할 때나 별 차이 없이 수행 점검을 잘 받을 수 있습니다.

군더더기: 참고로 과학기술의 발달로 요즈음 세상이 참으로 편리해졌습니다. 〈무문관〉 제48칙의 송頌에 '미거보시선이도未擧步時先已到'란 구절이 있습니다. '아직 한 발짝도 내딛지 않았는데 이미 목적지에 도착해 있다'라는 뜻입니다. 오늘날 지구반대편에 떨어져 있는 사람들끼리 조차 한 발짝도 떼지 않았는데 인터넷 통신망을 통해 서로의 뜻을 이미 주고받고 있으니 참으로 옛 어른들의 혜안은 놀랍기만 합니다!

법사를 다시 배출하다

종달 선사께서 입적하시기 전까지 배출한 사가師家(화두 점검 지도가 가능한 선의 스승)는 모두 거사 10人이었고, 필자가 선도회 제2대 지도법사직을 승계한 이후, 드디어 1996년 6월 6일 처음으로 종달 선사께 입문해 〈무문관〉 과정을 반 정도 진행하시던 혜봉慧峰 거사와 입문은 종달 선사께 했지만 <무문관> 과정을 처음부터 필자 밑에서 수행하신 혜연慧淵 대자大姉 두 분께서 <무문관> 점검을 마치고 선사 입적 이후 1차로 선도회 법사에 위촉되셨습니다. 그리고 뒤이어 2000년 1월 2일 목동 모임의 혜운慧雲 거사와 지천智川 거사께서 <무문관> 점검을 마치고 2차로 선도회 법사에 위촉되셨는데, 현재 중학교 교감선생님인 혜운慧雲 법사님은 성남모임을, 법무사인 지천 법사님은 인천모임을 책임지고 있습니다.

군더더기: 참고로 1999년 9월부터 2000년 8월까지 필자가 대한교육협의회 국내교수교류 프로그램으로 연구차 대전에 있는 배재대 광혼돈제어연구단에 근무하는 동안, 매주 수요일 저녁 8시 연구단 소속 구성원을 중심으로 참선법회를 열었는데, 이때 대전 표준과학연구원에 근무하는 법근法根 김진태 거사도 참가하였습니다. 그러다 2000년 6월 6일 선도회 입문한지 22년(종달 노사문하에서 무문관 점검을 마쳐갈 무렵 해외 유학을 감)이 되는 법근 거사의 <무문관> 투과를 인가하고 선도회 대전 모임 법사로 위촉하였으나 현재는 개인 사정으로 선도회를 탈퇴해 대전 모임은 중단된 상태입니다.

한편 종달 선사 입적 이전에는 <무문관> 점검을 마치면 인가와 동시에 법사직 부여를 받았기 때문에 필자가 뒤를 이어 지도법사가 된 이후에도 한동안 이 전통이 지속되었습니다. 그렇지만 선도회가 2009년 8월 14일 사단법인 선도성찰나눔실천회로 인가를 받으면서 통찰과 나눔 이 둘이 아닌 '통보불이洞布不二' 가풍家風을 보다 철저히 선양해야하기 위해 새롭게 법사직 수여 전통을 확립하였습니다. 즉 점검을 마친 다음 먼저 부법사 직을 수여하고, 그런 다음 부법사 자격을 갖춘 분들이 지금까지의 간화선 수행을 통해 체득한 통찰체험을 바탕으로, 현재 있는 그 자리에서 나눔 실천적 삶도 적극적으로 살아가고 있는가를 면밀히 점검합니다. 그런 다음 선도회를 전면에서 이끌어가고 계신 노사님들로 구성된, 의결기구인 노사회의의 매우 엄격한 심의를 통해 법사 직을 부여하는 전통을 세워가고 있습니다.

견주굴 모임에서 거사를 배출하다

1994년 3월 견주굴 모임을 서강대에서 시작한 지 3년 만에 결실을 맺기 시작해 1997년 4월 22일 수학과 박성호 교수께 거사호 '천흠天欽'을, 1998년 4월 7일 전산과 장직현 교수께 '천서天惰'를, 화공과 박형상 교수께 천보天堡를, 1999년 4월 13일 예수회 서명원 신부神父께 천달天達을, 2000년 10월 17일 생명과학과 김원선 교수께 소성甦聲을, 2000년 10월 24일 수도자대학원에 재학 중인 유인식 회원께 건하乾廈를, 2000년 12월 12일 박선식 회원께 건허乾虛를 지어드렸습니다.

특히 천달 법사님과의 인연을 좀 더 부연하면 다음과 같습니다. 1996년 10월 15일(火) 서강대 견주굴 모임이 있던 날 아침 7:30 쯤 참선방 앞에서 키가 큰 서양인이 손에 참선할 때 엉덩이에 깔고 앉는 둥그런 방석을 들고 어슬렁거리고 있었습니다. 시간에 맞춰 몇 분과 같이 참선방으로 들어가려는데 이 분이 필자를 찾기에 인사를 하니 참선을 배우러 왔다고 해서 모임에 합류하게 되었습니다. 그날 입실을 받아 물으니 나름대로 여기저기 쫓아다니며 참선에 대해 기본적인 지식과 수행을 직접 해오고 있던 프랑스 예수회의 서명원(세네갈) 신부님이셨습니다. 그날 이후 매우 꾸준히 모임에 참가해 드디어 '시작하는 사람들을 위한 화두' 점검과정을 마치고, 1999년 4월에 법호法號를 천달天達이라고 지어 드렸는데, 이렇게 지은 이유는 천주교의 달도인達道人이 되시라는 뜻에서 입니다. 아울러 훗날 공부를 마치고 다시 프랑스로 돌아가 그곳 천주교 사회에서 예수회의 이냐시오 로욜라 성인聖人의 영성靈性 수련 체계와 조화를 이루며 선도회 가풍도 널리 드날리라는 염원도 담아 종달 선사의 법호 가운데 한 글자인 '달達' 자를 붙여 드렸습니다.

한편 2002년 5월 21일에는 천주교인이신 천흠 거사께서 선도회의 모든 점검과정을 마쳐 사가師家로서의 자격을 갖추시고, 2004년 3월부터 견주굴의 화요일 아침 7시 참선모임을 법사法師로서 주관하기 시작했습니다.

군더더기: 참고로 선도회에서는 천주교나 개신교와 인연이 있는 회원들께는 지금까지 하늘 천天 자字나 하늘 '건乾' 자 또는 하늘 '원圓' 자를 돌림 자字로 법호法號를 지어드리고 있습니다.

선정사상사禪定思想史를 강의하다

1997년 9월부터 서강대학교 수도자대학원(현재는 신학대학원으로 바뀜)에서 '선정사상사禪定思想史'의 강의를 시작했습니다. 대학 동창이며 필자와 절친인 예수회 심종혁 신부님께서 수도자대학원 원장직을 맡고 계실 때 수도자 대학원의 공통 강좌로 참선과 관련된 '선정사상사'와 '선어록강독禪語錄講讀' 두 강좌를 개설하며 격년으로 강의를 부탁하셨습니다. 우선 1997년 9월에 '선정사상사'를 강의했었는데, 이때 이 강좌의 준비를 통해 그동안 필자가 선 수행자의 입장에서 조각조각 알고 있던 선정사상사를 한 꼬치에 꿸 수 있는 계기이기도 했습니다.

군더더기: 참고로 필자의 경우 매 학기 강의가 끝날 때마다 수강 소감을 받는데 종교 간의 대화가 점점 활발해져가고 있는 시점에서 '선정사상사'를 수강했던 예수회 소속 수사님 한 분의 수강 소감을 소개하면 다음과 같습니다.

"저는 수사이기 때문에 여러 면에서 많은 도움을 받았습니다. 동양적인 심성을 갖고 서양철학과 신학을 배우면서 막연히 동경을 갖게 되는 불교사상을 접할 수 있었던 것도 큰 만남이었고, 특별히 잘 알지 못하던 선 수행을 수도자들에게는 꼭 한 번쯤 접해야할 것이라는 확신도 갖게 되었습니다. 많은 부분들이 우리 천주교 수도자들이 선 수행을 접함으로 해서 매우 풍요로운 수행을 할 수 있으리라 믿어 의심치 않습니다. 해서 저는 이번 강의를 수강하면서부터 만나는 모든 천주교 수도자들에게 선 수행의 필요성을 역설하곤 합니다. 아직 선 수행을 잘 하지는 못하지만 저는 꼭 선 수행을 통해서 하느님을 깊이 체험할 수 있으리라 믿습니다. 그리고 선의 실천 사상은 또한 우리 수도자들이 해야

할 목표라고 생각합니다. 실제 우리가 쓸데없는 분별심과 집착을 통해 얼마나 속세의 고락에 빠져 있었던가를 생각해 봅니다.

　강의 방법은 좋았다고 생각합니다. 이론과 실습을 함께 할 수 있어 좋았습니다. 다시 강의를 하신다면 저희가 노트한 것을 강의록으로 만들어 주셨으면 좋을 것 같습니다. 감사합니다."

선어록강독을 강의하다

　그리고 1년 뒤인 1998년 9월에는 수도자대학원에서 '선어록강독'을 강의했는데 이때 송나라 때 무문혜개 선사가 지은 <무문관無門關> 원문을 교재로 한 학기 동안 48칙 가운데 30칙을 제창提唱하였습니다. 아울러 마테오 리치 신부께서 서양의 영적 스승들의 금언金言들을 엮어 한문으로 저술한 <이십오언>도 함께 제창하며 대부분 천주교 신자인 수강생들이 한문으로 된 천주교 문헌에 보다 친근감을 가질 수 있도록 했습니다. 참고로 이때 수강했던 평신도 한 분이 선도회에 입문하셨는데 지금도 함께 하고 계신 이 분이 바로 현재 남대문모임을 책임지고 계신 건허乾墟 법사님입니다.

군더더기: 참고로 필자가 수도자대학원에서 '선어록강독' 강의를 마치자, 당시 수사님과 수녀님을 포함해 주로 천주교 교인인 수강생들 일동이, 비록 재가수행자인 필자에게 선사라는

호칭이 매우 낯설지만 무거운 책임과 보람을 동시에 느끼게 하는 편지를 보내 주셨습니다. 종교와 종파를 초월해 깊이 성찰해볼 내용이라 판단되어, 이 지면을 빌어 소개를 드리면 다음과 같습니다.

편지 전문:

박영재 선사님께
물의 본성은 부드럽고 돌의 본성은 단단합니다.
하지만 돌 위에다 물이 가득 담긴 병을 매달고
한 방울 한 방울 계속 떨어지게 하면,
그 돌에 구멍이 생길 겁니다.
그와 마찬가지로 교수님의 가르침은 부드럽고
우리의 마음은 단단합니다.
하지만 교수님의 말씀을 자주 듣게 되면,
우리들의 마음이 열려 빛을 볼 수 있으리라 믿습니다.
한 방울씩 떨어뜨려주시는 따스한 가르침에
조금씩 변화하는 저희들의 모습을 스스로 느끼며 교수님께 늘 감사합니다.
진지하게 학문의 여정에 임하겠습니다.
수도자대학원 학생 한 사람 한 사람의 마음을 교수님께 드립니다.

서강대 학부에서 참선 강의를 시작하다

1999년 3월부터는 학부 교양강좌로 '참선'이란 과목이 개설되면서 당시 최희남 체육주임 교수님께서 필자에게 강좌를 부탁해 대학생들에게 매주 선종사禪宗史 1시간 강의 및 좌선 실수實修를 1시간(초심자들이라 20분 앉고 10분 쉬고 다시 20분 앉음) 지도했습니다. 그런데 호응이 좋아 이 강좌는 매년 개설되고 있는데, 필자가 몇 학기를 강의한 후 2반으로 늘려 수학과 천흠天欽 박성호 교수님, 화공생명공학과 천보天堡 박형상 교수님 및 필자가 돌아가면서 지금까지 강의를 진행해 오고 있습니다.

참고로 강좌는 매 학기마다 열리고 있으며 첫해 필자에게 수강했던 한 학생(학부 4학년생)의 수강 소감은 다음과 같습니다.

"이번 강의는 정신이 매우 혼란한 상태에서 듣게 되었지만 혼란한 상황을 어떻게 해결해 나가야 할지 고민하던 차에 뜻밖에 좋은 해결책을 찾을 수 있게 된 시간이었던 것 같습니다.

이번 학기 강의 시간을 통해 가장 좋았던 점은 20분에서 30분 동안 아무 생각을 하지 않고 나 자신을 차분하게 돌아볼 수 있었던 좌선 시간이었습니다. 매우 조급하게 생활했던 저에게는 평소 갈구했었던 참된 여유란 것이 무엇인지 그리고 그러한 여유가 그리 멀지 않은 곳에 있다는 것을 깨달을 수 있었던 뜻 깊은 기회였습니다.

다음에 들을 수강생들을 위해 개선할 점은 불교 역사에 관련된 여러 관련 지식을 짧게 강의해 주셨는데 솔직히 남는 것이 없었습니다. 솔직히 꼭 남는 것이 있어야 의미가 있다고 보지 않지만, 불교의 전문 내용보다는 오히려 간간이 들려주시는 (꼭 불교에만 국한되어 생각할 필요 없는) 내용이 오히려 더 도움이 많이 되었었습니다. 제 생각에는 불교의 역사에 관련된 내용보다는 오히려 성찰하게 해주는 짧은 이야기를 좀 더 많이 해주셨으면 합니다. 제 경우 그러한 이야기를 통해 얻었던 것들이 굉장히 많았습니다.

끝으로 이 강의를 통해 확립된 인생관은 앞에서도 잠깐 언급했지만 고등학교 시절부터 갈구해 왔던 여유라는 것을 알았습니다. 그리고 그러한 여유를 이제는 맘껏 누릴 수 있는 방법(?)도 익혔습니다. 즉, 마음먹기에 따라 세상이 얼마나 달라 보일 수 있는 지를 이제야 알았습니다. 앞으로 이러한 깨달음을 잊지 않고 살아갈 것입니다. 즉 조급함과 초조함을 과감히 떨쳐 버리고 언제 어디서든 나를 잊지 않는 여유로운 그리고 주체적인 삶을 살아갈 수 있을 것 같습니다."

군더더기: 참고로 이 수강 소감을 반영해 그 이후 맡은 '참선' 강의에서는 (선)불교의 역사는 꼭 필요한 내용을 빼고는 대폭 줄였습니다.

동국대학교 정각원 토요법회 초청법문

필자가 당시 동국대학교 정각원장이셨던 종호 스님의 초청으로 2008년 10월 11일 동국대학교 정각원 토요법회에서 '간화선의 이해와 수행: 선 속에 함께 더불어 사는 인생'이란 제목으로 1시간 동안 법문을 했었습니다. 그런데 이때의 법문(정각원 웹페이지에서 동영상을 볼 수 있음) 내용이 이 책의 여기저기에 들어 있어 중복되기 때문에 소주제들만 소개하면 다음과 같습니다.

- 과학(비유의 또 다른 보고)과의 만남: 모두 소중한 존재 이해하기
- 선과의 만남: 모두 소중한 존재 체득하기
- 간화선 수행의 출발: 수식관數息觀 수행 선행先行 필수
- 세 분 스승께 귀의하기(귀의삼사歸依三師)
- 지속적으로 스승께 점검받기(입실점검入室點檢)
- 이른 아침 잠깐 앉은 힘으로 온하루를 부리기(좌일주칠坐一走七)
- 선속에 함께 더불어 사는 인생

군더더기: 참고로 종달 선사의 핵심 수행 가풍의 세 요소인 귀의삼사, 좌일주칠, 입실점검은 사실 유기적으로 연결되어 있습니다. 즉 스승이 없으면 누가 점검을 해 줄 것이며, 스승이 있다하더라도 지속적으로 수행을 하지 않는다면 제시할 경계가 서지 않아 점검 받을 필요가 없기 때문입니다.

한편 이 가풍을 따라 행한 지속적인 자기성찰과 그 결과로 체득되는 깊은 통찰체험 및 이 통찰체험을 바탕으로 함께 더불어 죽는 날까지 이어지는 나눔 실천의 삶을 제창하고 있는 이 법문의 요지는 그 틀이 결코 바뀔 수 없습니다. 그래서 그 이후 비록 수강대상에 맞추어 예시들을 다르게 들기는 했지만, 주된 강의의 골격은 대부분 같기 때문에 한국장학재단에서 선발한 100명의 장학생들을 위한 3시간 특강, 금강대학교 종강법회, 서강대 경영전문대학원 가톨릭 최고 경영자 과정, 2014년 숨도 소극장 개관 기념 특강 및 가장 최근에는 2015년 3월 18일 서강대 교양과목인 '인성과 영성' 특강 등에서도 유사한 내용의 법문을 이어갔습니다.

사단법인 인가 기사 소개:

자아성찰과 나눔은 하나

재가在家 중심에서 출발한 종교법인 (사)선도성찰나눔실천회는 2009년 8월14일부터 16일까지 안성 도피안사에서 성찰과 나눔을 주제로 여름 수련회를 개최했다. 대표적인 재가 참선단체인 선도성찰나눔실천회(회장 이창훈, 이하 선도회)가 최근 문화체육관광부로부터 사단법인 인가를 받았다. 8월 14일 사단법인 설립인가를 받은 선도회는 종교와 종파를 초월해 일상생활 속에서 지속적인 좌선수행과 나눔 실천 문화의 삶을 선도하는 본보기가 될 전망이다.

사단법인 설립인가 이후 더욱 활발한 활동을 예고하고 있는 선도회는 14일 '성찰과 나눔'을 주제로 여름수련회를 개최한데 이어 8월 22일 성남시립정성노인의집에서 위문 음성공양, 생필품 전달 및 유쾌한 노년을 위한 특강을 실시했다.

선도회는 전국적인 지부 확장을 통해 사회문화 공동체 기반조성에도 나설 계획이다. 서울 목동 본회를 중심으로 서울 8곳, 인천, 충북 제천, 전남 담양, 광주에 이어 대구, 부산, 경기, 강원도 지부를 설치한다는 방침이다.

특히 창립목적에 따라 성찰실천운동 및 나눔실천운동 전개에 진력할 예정이다. 귀의삼사歸依三師, 입실점검入室點檢, 좌일주칠坐一走七 수행가풍을 이어 정기 좌선모임과 지부간 네트워크 활성화로 성찰실천운동에 앞장선다.

선도회는 또 각 지부별 성찰과 관계된 음성공양, 미술전시, 결식아동을 포함한 소외계층 돕기 등 나눔 실천 분야를 특화해 나눔 실천의 노하우 공유, 나눔 문화 진작 등을 선도할 예정이다.

그 밖에도 선사상 및 선문화의 연구, 전통 종교 및 타종교와 대화·협력, 선수행 공동체 운동, 시민운동 단체 및 봉사 단체 지원 활동, 성찰·나눔 실천문화의 홍보 및 출판 등을 전개한다.

선도회의 박영재 지도법사(서강대 물리학 교수)는 "사단법인 인가는 종달 이희익 노사의 유훈 하나를 해결한 것으로 이제부터가 시작"이라며 "삶 속에서의 지속적인 성찰 실천은 바른 통찰체험으로 이어지고, 이 통찰체험을 원동력으로 나눔 실천이 이어지지 않으면 통찰체험은 무의미"하다고 말했다. 이어 박 법사는 "지도법사로서 남녀노소를 불문하고 선도회와 백천만겁난조우의 희유한 인연으로 만난 모든 분들에게 잃어버린 꿈을 깨워주거나, 꿈을 갖게 하는 일, 허황된 꿈은 버리게 하는 일을 지속적으로 해 나갈 것"이라고 다짐했다.

선도회는 1963년부터 조계종 소속 임의단체로 출발해 철야정진, 정기 참선법회, 정기 수련회 등을 통해 선불교 수행전통을 이어오고 있다. 현재 제1대 지도법사인 종달 이희익 선사님의 유지를 받아 법경 박영재 교수가 제2대 지도법사로 활동 중이며 17명의 법사와 200여 회원이 정진하고 있다. 종교와 종파를 초월해 선종어록인 <무문관>을 수행의 나침반으로 좌선 수행을 통해 생로병사와 사회 제반의 문제를 선불교 수행전통의 시각에서 깊이 통찰하고 새로운 방향을 제시하고 있다.

- 〈현대불교신문〉 이상언 기자 (2009. 8. 27)

군더더기: 사단법인으로 인가를 받은 직후에 때맞추어 통찰과 나눔이 둘이 아닌 '통보불이洞布不二' 가풍家風을 포함해 두루 (사)선도성찰나눔실천회에 대한 홍보기사를 다루어주신 현대불교신문 관계자 여러분들께 이 지면을 빌어 다시 한 번 깊은 감사를 드립니다. 한편 회원분들과 지인 분들의 통찰에 관한 수행체험기나 요양원, 군부대 및 교도소 방문을 통해 이루어진 나눔에 관한 체험기 등을 포함해 통보불이의 구체적인 실천 활동들은 선도회 홈페이지

(http://seondohoe.org/)를 통해 자세히 접할수 있습니다.

선도회의 향후계획

2015년 11월 현재 필자의 나이가 만으로 60세이니 아직 정년퇴직까지는 5년이 남아 있으며 나와 뜻을 같이 하는 분들도 대부분 5년 전후로 정년을 맞을 예정으로 있어, 종달 선사님의 염원에서 언급했듯이 수도권에 설립할 선도회의 총본부로서의 전문선원 건립도 5여 년 후에 이루어지면 가장 적당한 시기로 생각됩니다.

왜냐하면 첫째로 인력 면에서 무보수의 법사들에 의해 운영되고 하루 종일 개방될 선원이기 때문에 정년을 맞이한 법사들이 충분히 많이 있어서 돌아가면서 하루나 이틀 정도 씩 상주하며 찾아오는 일반인들을 언제든지 지도할 수 있게 될 때라야 되기 때문입니다. 둘째로 현재 선도회 회원들이 정성껏 모금하고 있는 선원 건립 기금은 사후 기증을 포함해 5억 원 정도이기 때문에 앞으로 대략 5년 동안 지금처럼 회원이 늘어가면서 점차 모금도 늘어 가면 충분히 선원 건립과 운영 기금을 확보할 수 있으리라 생각됩니다.

그밖에 각 지역의 선도회 지부는 이미 광주거점모임을 맡고 계신 혜정慧頂 노사님께서 담양군에 다목적 주택, 즉 살림집 겸 작업실 겸 개인 선원을 건립하여 본을 보였듯이 그 지역에 거주하고 계신 선도회 법사들의 가정집이나 기존의 주변 공간(사찰, 성당 및 교회 기도실, 도장, 직장회의실 등)의 빈 시간대를 활용하여 참선 모임을 갖는 것이 바람직하다고 봅니다. 덧붙여 선도회 전문선원專門禪院은 문하생들이 은퇴한 이후 본인(배우자 포함)이 원할 경우 이곳에 머물면서 수행과 나눔 실천적 삶에 전념할 수 있는 다목적 공간으로 활용할 계획입니다.

군더더기: 참고로 전문선원이 건립되면 간화선 수행 진작을 위해 2013년 설립된 부설 연구소도 활성화하여 선도회 법사님들과 함께 종달 선사님의 저술과 기고문 및 관련 자료들을 세밀히 검토해 선사의 삶과 사상을 지속적으로 정립해갈 예정이며 또한 종교와 종파를 초월해 보다 적극적으로 좋은 이웃 수행전통과의 교류 확대를 통해 간화선 수행 전통에 바탕을 둔, 누구나 쉽게 입문할 수 있는 생활선 수행체계를 현실에 맞게 계속 개선해갈 예정입니다.
한편 선도회는 필자가 1975년에 입문했을 당시에 지속적으로 참여하던 문하생이 열 분(모두 50대 이상) 정도였는데 이 가운데 1980년 무렵 네 분(현재 세 분은 입적入寂)이 선도회 사상 최초로 함께 인가를 받았습니다. 그 후 1987년 9월 입문 12년 만에 필자가 인가(당시 32세)를 받으면서 젊은 세대들이 자연스럽게 선도회 전통을 이어갈 수 있는 바탕을 마련했으며 현재까지 〈무문관〉 점검을 마치고 입실점검을 주관할 수 있는 법사는 모두 22人(본래 28인이나 1인은 출가出家, 3인은 입적入寂, 1인은 은퇴隱退, 1인은 퇴회退會)입니다.
 그런데 선도회가 이렇게 뿌리내리기까지 어려움도 적지 않았습니다. 앞에서도 언급했듯이 1963년 조계사에서 첫 출발을 했지만, 재가 수행자분들에 대한 적지 않은 출가수행자분들의 편견으로 성약사, 불심원 등 여러 법당을 떠돌아다녔으며, 나중에는 결국 법당을 구하지 못해 종달 선사님의 자택에서 모임을 갖게 되었습니다. 그러나 어려운 여건 속에서도, 도반 가운데 조선대 김인경 교수(광주거점모임 혜정 노사)님께서 1분간의 입실 점검을 받기 위해 여러 해 동안 매주 토요일 비행기를 타고 상경하는 등 문하생들의 이런 치열한 구도열은 지속되었습니다. 그 결과, 1990년 종달 선사 입적 이후 필자가 제2대 지도법사를 맡으면서 오늘에 이르기까지 선도회는 확고하게 틀을 갖춘 입실점검 시스템을 바탕으로 종교와 종파를 떠나 대학생, 예술가, 종교인, 교수 등 각계각층의 사람들로 이루어진 약 200여 분의 회원들을 입실 지도하는 전국(목동, 성북, 광주, 독립문, 신촌, 인천, 인사동, 양평, 영주, 제천, 여주, 부산, 강남, 영천) 규모의 지부모임 및 프랑스 디종의 국제지부(2014년 개원)로 점차 성장해 가고 있기 때문에, 앞으로 좋은 점검시스템을 갖춘 선도회의 활성화는 간화선 전통에 바탕을 둔, 생활선의 대중화를 위한 좋은 현대적 활용 사례가 될 수 있으리라 판단됩니다.

나가는 글

  의사 집안의 2대독자로 1955년 11월 11일에 태어나 형편없는 마마보이로 성장했던 필자는 대학 입학 후 1년 간 방황하다가 20세인 1975년 7월 27일 종로서적에서 법정 스님께서 번역하신 <숫타니파타>를 접하며 인간 석가에 매료되었습니다. 직후 불교에 관한 책들을 섭렵하다가 '독화살의 비유'를 접하며 방황을 멈추고, 같은 해 10월 18일에 서강대 불교동아리인 혜명회를 통해 선도회 종달 이희익 선사 문하로 입문하며 선 수행자의 길을 걷게 됩니다. 마침내 1987년 9월 스승께서 설정해 놓으신 간화선 점검과정을 모두 마칠 무렵, 선도회 법사직과 본업인 교수직이 둘이 아니라는 것을 온몸으로 체득하면서 하루 24시간이 선정禪定 속의 삶이라는 것을 철저히 자각하게 되었습니다. 즉, 늘 있는 그 자리에서 필자가 속한 공동체(가정, 직장, 선도회 등)의 구성원들과 '함께 나누며' 주어진 일(교육과 연구, 선도회 활동 및 가장으로서 할 일)에 거의 100% 전념할 수 있게 되었습니다. 참고로 그 결과 좌선을 통해 길러진 아랫배의 힘을 바탕으로, 교수직에 재직해오고 있는 지난 33여 년 동안, 필자가 학자적인 소양이 뛰어나서가 아니라 동료 및 제자들과의 원만한 공동연구를 통해 SCI 등재 국외저명학술지에

170여 편의 논문을 게재해오고 있으며, 아울러 박사학위 수여 제자도 14명 배출해오고 있습니다. 또한 35세인 1990년 종달 선사 입적 이후 선도회의 지도법사직을 수행하면서 문하생들을 꾸준히 지도해온 결과 간화선 수행을 지도할 수 있는 필자와 똑같은 자격을 갖춘 법사도 14명 배출해 오고 있습니다. 특히 2009년 8월 사단법인 선도성찰나눔실천회로 새롭게 출범하면서 전국적으로 열 개 이상의 활성화된 지부를 중심으로 통찰수행뿐만이 아니라, 선도회 회원들이 직접 참여하거나 또는 후원금을 전액 나누는데 사용하는 (사)나마스떼코리아 같은 NGO 단체들을 후원하면서 나눔 실천의 영역을 점점 넓혀나가며 오늘에 이르고 있습니다.

그런데 이제 어느덧 저도 올해 만60세가 되었습니다. 그래서 앞으로 남은여생 동안 제가 특히 역점을 두고 있는 것은 21세기 다종교 다문화 시대에 걸맞게 종교와 종파를 초월해 종달 선사님께서 일생을 통해 온 몸으로 드러내 보이셨던 통찰과 나눔이 둘이 아닌 '통보불이洞布不二' 가풍家風을 힘닿는 데까지 널리 선양하는 것입니다.

한편 지금까지 일상의 삶 속에서 지속해온 필자의 개인적인 학문적 및 선적禪的 체험을 언급했는데 이런 필자의 수행여정이 비록 선도회와 인연 있는 분들 대부분에게는 매우 효과적이었다고 여겨지나 결코 모두에게 최상最上의 길이라고는 생각하지 않습니다. 사실 대도에는 따로 문이 없어서 천 갈래 만 갈래 그 어느 길로도 이를 수 있다는 '대도무문大道無門 천차유로天差有路' 란 선어禪語처럼, 비단 참선뿐만 아니라 종교를 초월해 바른 자기성찰의 길은 헤아릴 수 없이 많습니다. 그러니 부디 모든 분들이 각자 나름대로 자신과 코드가 맞는 최선의 선택을 통해 함께 더불어 살아가는 확고부동한 인생관을 확립하는데, 저의 졸고拙稿가 조금이나마 도움이 되기를 간절히 바랍니다.

끝으로 비록 제가 종달 선사님 문하에 입문해 참선 수행을 시작한지 40년이 지났지만, 앞으로도 초심자初心者의 자세로 늘 겸허하게 날마다 하루를 돌아보며 반성하고 한 걸음 한 걸음 향상向上의 길을 걸어가기를 간절히 염원念願 드립니다.

아울러 아직도 갈 길이 먼, 제 자신을 다그치고자 지난 40년을 참회하며 '옛날을 돌이켜 보니' [반조석일返照昔日]란 어설픈 게송으로 이 글을 마치고자 합니다.

옛날을 돌이켜 보니[반조석일返照昔日]

(아!) 선도禪道에 든 지 (어느덧) 사십년
늘 (입으로는) 통보선洞布禪을 제창했건만
실제로는 (전혀) 통찰洞察한 바도 없고
누굴 위해 (결코) 보시布施한 바도 없었네.

입도사십년入道四十年

상창통보선常唱洞布禪,

실무유소통實無有所洞

역무소보인亦無所布人.

단기 4349년(불기 2559년, 서기 2015년) 11월 11일

무난헌無難軒에서 거사居士 통보법경洞布法境 합장

군더더기: 사실 '옛날을 돌이켜 보니'란 제목의 위 게송은 제가 한문을 정식으로 배운 세대가 아니기 때문에 먼저 어설프게 우리말과 한문으로 게송을 지은 다음, 현재 미국에서 활동 중이신 선도회 지인이며 한시漢詩에 조예가 깊은, 치곡治谷 스님의 자문을 받아 다듬은 것입니다. 이 지면을 빌어 치곡 스님의 노고에 다시 한 번 깊은 감사를 드립니다.

후기

초성超聲 발문跋文

(사)선도성찰나눔실천회(이하 선도회) 지도법사인 법경法境 노사老師(박영재 교수)께서는 대학시절부터 입문한 참선수행의 체험으로 인해 성찰의 중요성을 일찍이 깨우치시고, 종파를 초월하여 많은 대학생들이 성찰문화를 익힐 수 있도록 1999년부터 서강대학교에 정규수업 시간을 개설하여 지금까지 이어져 오고 있다. 현재 젊은이들의 미래에 대한 절망감은 N포세대라는 신조어가 생겨날 정도로 심각한 지경에 이르렀으니, 이러한 시대상황에 비추어 볼 때 이미 오래전부터 대학생들의 인생지도 그리기와 자기성찰을 통해 수처작주隨處作主, 즉 가는 곳 마다 주인공인 삶을 살아가기 위해 스스로 활로를 개척할 수 있도록 가르침을 펼치신 것은 필경 법경 노사의 시대를 조망하는 선견지명先見之明이라 아니할 수 없다.

이제 그 젊은이들이 겪고 있는 어려움을 외면치 못해, 학교라는 울타리에서 벗어나 이 땅의 모든 젊은이들이 종교를 초월해 자기성찰 문화의 큰 흐름에 참여할 수 있도록 그간 가르침의 과정들을 한권의 책으로 엮으셨다. 이 책 속에는 각 개개인이 처해 있는 일상 속에서 통찰과 나눔이 둘이 아닌 '통보불이洞布不二'의 가치 있는 삶을 살아가는데 반드시 필요한 자기성찰의 안내 지도와, 가정과 국가를 떠받치는 인재로 성장하는데 밑거름이 되기를 바라는 바, 간절한 노파심절老婆心切이 곳곳에 배어 있다. 따라서 이 책을 항상 옆에 두고 자기성찰의 교과서로 삼아 성찰의 삶을 지속해 나간다면 어떠한 어려움도 무난히 헤쳐 나갈 수 있는 큰 힘을 얻게 될 것이다.

　법경 노사께서 이미 앞서 발간한 책과 비교 해보면 일부 중복되는 부분이 있으나, 이는 법경 노사께서 개인적인 역사적 진실만을 기록하려는 소신의 발로가 아닌가 생각되며, 그 외 새롭게 추가된 부분도 상당히 발견되는 것을 볼 때 그간의 글들을 종합 정리했을 뿐만 아니라, 보다 더 체계적으로 구성하고자 심혈을 기울인 것으로 보인다. 실로 글이 살아있다 함은 그 책 속의 내용이 달라진다고 해서 이루어지는 것이 아니라, 똑같은 글이라 해도 그 글을 읽는 독자들의 마음가짐에 따라 그때그때 해석도 달라지는 것을 의미한다고 본다면, 비록 중복되는 부분이 있더라도 다시금 깊이 음미한다면 여태까지 씹어보지 못한 새로운 자미滋味가 우러날 것이다.

　전체적으로 성찰과 관련하여 언어자체를 부드럽고 평이한 일상어로 기술하여 남녀노소를 막론하고 초심자들도 이해하기 쉽도록 구성하였다. 그러나 여기서 말하는 성찰은 단지 머리로만 헤아리는 관념덩어리가 아니라, 몸과 마음 그리고 실천이 다 함께 어우러져 행해지는 참된 의미의 성찰을 전제로 하므로, 제1부 초심자를 위한 첫걸음에서 성찰을 위한 이론과 실천편이 딱딱하게 느껴질 경우, 제2부 성찰태도 익히기를 먼저 일독하여 동시대를 호흡하고 있는 대학생들의 체험담을 통해 무한경쟁시대를 100세까지 살아내야 하는 젊은이들과 공감대를 형성하여 동기부여를 한 후, 제1부로 되돌아와서 성찰의 구체적 방법을 살펴보는 것도 이 책을 효과적으로 활용할 수 있는 하나의 방법이 될 것이다.

책 내용의 대강을 기술하면, 우선 제1부 제1장 성찰을 위한 이론편에는 선도회의 핵심 가풍이자 동시에 자기성찰을 위한 기초 핵심 3요소인 귀의삼사歸依三師, 입실점검入室點檢, 좌일주칠坐一走七 등과 사은四恩 및 다종교시대를 맞이해 이웃종교를 이해하기 위한 동서고금의 영적 스승들의 성찰배경을 소개하여 초심자들로 하여금 왜 성찰이 필요한지 느낄 수 있게 하였다. 제2장 성찰을 위한 실천편에서는 수식관數息觀, 신사홍서원新四弘誓願 및 화두참구 등을 소개하면서 구체적으로 어떻게 성찰할 수 있는지 그 방법적 측면에서 접근할 수 있도록 친절하고 상세히 설명해준다.

이 책의 제2부 제3장 '넉 달 간의 집중 참선 수업'에는 서강대학교 학생들이 실제로 성찰을 익힐 수 있는 수업시간에 참여하는 과정을 처음부터 끝까지 낱낱이 밝혀서 성찰을 통해서 그들이 변화해 나가는 과정을 살펴볼 수 있게 하였다. 특히 수강신청 이야기에서는 수강신청을 못해서 적극적으로 수강허가를 받고자 노력하는 모습을 통해서 고리타분할 것만 같은 참선 강좌가 얼마나 인기를 끌고 있는지 단적으로 보여주고 있어서 신선한 충격으로 다가오기도 한다.

수업에 참가한 대학생들의 생생한 체험담을 통해 참선을 어려워하거나 시작하고 싶은 사람들에게 큰 용기를 불러일으키게 할 것이다.

참고로 나의 경우, 금년에는 청소년 방과 후 돌봄 교실인 지역아동센터에 합창교육을 위해 지원 멘토를 하고 있는데, 이곳에서 만나는 학생들은 대부분 어려운 가정형편이기에 앞으로 무한경쟁 속에서 누구보다도 더 치열하게 스스로 살아남아야 할 짐이 부과되어 있으므로 여러 가지로 자기성찰[참선]이 절실히 필요하다. 이 책이 출간되면 그들과도 함께 나눌 것을 기대해 본다.

제3부에서 다루는 법경 노사의 성찰여정은 어릴 적에 '어머니 장롱에서 돈을 훔치다' 라는 고백으로부터 시작된다. 법경 노사께서는 선 수행을 하기 전에는 형편없는 마마보이였다고 스스로 단정함에도 불구하고, 다른 한편으로는 어린이답지 않은, 의젓한 자기성찰을 보이기도 한다. 1975년 대학교 2학년 여름방학 때 <숫타니파타>를 접하면서 시작된 불교와 인연에 이어 선도회의 종달宗達 이희익李喜益 선사禪師로부터 참선지도를 받으면서, 인가印可 및 선도회의 제2대 지도법사직을 승계하는 과정을 비롯하여, 이후 숭산 선사님과의 만남, 대중 강연 및 본격적인 성찰의 글쓰기 그리고 2009년 8월14일 재가在家 중심의 종교법인 (사)선도성찰나눔실천회 설립인가까지 쉼 없이 달려온 성찰과 나눔의 40년간 여정을 일목요연하게 소개하고 있다.

결론적으로 이 책에서 보여주고 있는 서강대학교 수강생들의 성찰에 대한 진지한 열망과 법경 노사의 지난 40년간의 치열한 수행여정은 이

시대 사람들의 성찰과 나눔의 삶을 향한 좋은 길잡이가 될 것이라 확신한다. 아울러 나 또한 노사께서 걸어오신 40년 수행의 자취가 오롯이 담긴 게송 <옛날을 돌이켜 보니>를 조용히 읊으며 마음에 새겨본다. '아, 나도 어서 정신 차리고, 노사님께 부끄럽지 않은 삶을 살아가야 할 텐데...' 나태한 마음을 다잡게 된다.

끝으로 이 책을 저술하시느라 애쓰신 노고에 찬탄을 올리면서, 제가 참선여정에 참여할 수 있도록 기회를 주신 노사님과 서강대 제자 분들을 포함하여 종달 선사님과 법경 노사님의 법은法恩에 오체투지의 예로써 감사를 올린다.

2015. 11. 14. 초성超聲 합장 공경

부록 1. 연보 年譜

대학생 시절

1974년 3월	서강대학교 이공대학 물리학과 입학
1974년 7월-1975년 6월	정신적 방황기
1975년 7월-1975년 8월	방황에서 벗어나기 위해 독서讀書에 매달림
1975년 9월	불교동아리 '혜명회慧命會' 입회
1975년 10월 18일	종달宗達 선사 문하로 입문, 수식관數息觀 익힘
1976년 3월-1981년 9월	독거獨居 수행의 시기
1976년 3월-1977년 2월	선禪 수행과 함께 학업에 전념
1977년 3월-1978년 2월	이웃종교 이해의 시기

대학원생 시절

1978년 3월-1980년 1월	서강대 물리학과 대학원 석사
1978년 11월	서강 교지에 첫 인쇄글인 '나와 禪' 게재
1979년 3월-1983년 2월	한국과학재단 연구장학생
1979년 8월	禪수행 위해 서강대 박사학위과정 진학 결심
1980년 3월-1983년 2월	서강대 물리학과 대학원 박사

교수 시절

1983년 3월-1989년 8월	강원대 물리학과 교수 역임
1983년 3월-1987년 8월	서강대 방문 연구 및 입실점검 지속
1983년 7월	이태리 국제이론물리학센터 방문연구
1987년 9월 5일	종달宗達 선사로부터 인가印可 받음.
1987년 9월-1988년 8월	뉴욕주립대(스토니브룩) 연구원
1989년 9월-현재	서강대 물리학과 교수
1990년 6월-현재	선도회 제2대 지도법사
1991년 8월 20일	숭산崇山 선사와 1차 독대獨對
1993년 6월-1995년 12월	월간 〈불광〉 연재: '재가의 선 수행을 위하여'
1994년 3월-2004년 2월	선도회 신촌제1모임(서강대 내) 법사
1994년 1월	〈죽음을 초월하는 마음의 과학〉 (전파과학사) 옮김.
1995년 8월	박사 1호 제자 배출
1996년 6월	선도회 법사 1호, 2호(첫 여성) 제자 배출
1996년 11월	〈두 문을 동시에 투과한다〉 (불광) 지음.
1997년 1월 7일	숭산崇山 선사와 2차 독대獨對
1997년 6월	독일 하이델베르그 대학교 방문연구
1997년 9월	수도자대학원(現 신학대학원)에서 '선정사상사' 강의
1998년 9월	수도자대학원에서 '선어록강독' 강의
1999년 3월	교양강좌 '참선' 개설
2001년 12월	〈이른 아침 잠깐 앉은 힘으로 온 하루를 부리네〉 (운주사) 엮음.

2002년 5월	천흠 법사(천주교인, 수학과 박성호 교수) 배출
2004년 11월	〈두 문을 동시에 투과한다〉 (불광 개정판) 지음.
2005년 6월	천보 법사(천주교인, 화공생명학과 박형상 교수) 배출
2006년 6월	천달 법사(예수회 회원, 종교학과 서명원 신부님) 배출
2009년 8월 14일	종교법인 (사)선도성찰나눔실천회 출범
2010년 6월	통방通方 법사(정곡사 정곡 스님) 배출
2010년 6월	〈삶과 수행은 둘이 아니네〉 (본북) 엮음.
2011년 4월	〈석가도 없고 미륵도 없네〉 (본북) 지음.
2011년 12월	〈무문관: 온몸으로 투과하기〉 (본북) 엮음.
2013년 7월	〈온몸으로 읽는 지구촌효이야기〉 (본북) 엮음.
2016년 5월 현재	물리학 박사 14인 배출, 선도회 법사 14인 배출.
2016년 5월 현재	국외 SCI 학술지에 170편의 연구논문 게재.

부록 2. 신사홍서원 악보와 작곡이야기 / 초성超聲 법사

신사홍서원 악보

新四弘誓願
신사홍서원

作詞:法境
作曲:超聲

뜻을 새기며 차분하게 ♩=62

날마다 한가지 선 행을 행하오리다

날마다 한가지 집 착을 버리오리다

날마다 한구절 법 문을 익히오리다

날마다 한차례 화 두를 살피오리다

copyright:201112 超聲

작곡 이야기

 이 곡은 누구나 잘 부를 수 있도록 쉽게 쓰는 것에 중점을 두었으며, 법경 노사님의 서원(가사)을 최대한 살리려고 노력했습니다. 도반님들께서 뜻을 잘 이해하시고, 하루하루 실천하시길 바라는 마음으로 작곡 이야기 조금 들려 드리겠습니다.

 이 곡을 부르실 때는 뜻을 음미 하는 것에 중점을 두시고, 템포는 크게 구애받지 않으시길 바랍니다. '날마다 한 가지"로 시작하는 부분은 하루하루를 한 걸음 한 걸음 눌러 걷듯, 한 박자 단위의 리듬을 사용하여 하루하루를 충실히 사는 모습을 표현했습니다.

 첫 번째 서원 '선행을'은 음률을 부드러운 느낌으로 표현했으며, '행하오리다' 는 의지를 나타내고 있으니, 이 부분에서는 결연한 의지를 담아 서원해 주시기 바랍니다.

 두 번째 서원 '집착을' 은 음률 자체가 흐르지 않고 약간 상승하면서 집착이란 말을 표현했습니다. 그리고 '버리오리다' 는 툭 던져 내려놓는 것을 묘사했습니다. 이 부분을 부르실 때는 욕심 또는 집착, 속박, 분별 등을 툭! 내려놓으시기 바랍니다.

 세 번째 서원 '법문을' 에서는 Word painting의 전형을 보여줍니다. 법문(가르침)을 높은 음을 써서, 법의 수승함을 표현하였으니 이 부분에서는 존경하는 마음, 법을 받들어 올린다는 생각으로 부르시면 됩니다.

네 번째 서원 '화두를'은 내 마음 안으로 깊숙이 들어가는 것을 묘사합니다. 화두를 든다 함은 밖으로만 바쁘게 내달리던 복잡한 마음을 거두어 들여 내 안으로, 내 안으로... 깊이 들어가 잠재의식 너머 저편의 본래면목을 보는 것이라고 생각해서 그렇게 표현했습니다.

한 가지 부연할 것은, 여기에서 '날마다 한 가지'란 말씀은, 하루에 여러 번 할 수 있는데도 불구하고 딱 한번만 실천하라는 말씀이 아니라, 이것마저도 안할 것을 염려하시어 하루에 한 번만이라도 꼭 지키자는 의미에서 이 서원을 하셨으리라 생각됩니다. 그러니 기회 닿는 순간마다 음미하고 실천해 나가시면 좋겠습니다.

모쪼록, 많은 분들의 삶속에 신사홍서원을 함께하며 마음이 풍요로운 날들 되시기를 바랍니다. 초성 서수일 합장

※ Word painting - 가사 그리기. 음으로 그림을 그리듯 가사를 묘사합니다. 예를 들어 'high(높은)'이란 단어는 가장 높은음으로, 'low(낮은)'이란 단어는 가장 낮은음으로, 성가곡 등에서는 God라는 단어는 가장 높은 음으로... 이렇게 가사를 음으로 표현 합니다.

부록 3. 신사홍서원 시화詩畵 이야기/ 묘진描眞 대자

1. 날마다 한 가지 선행을 행하오리다.

2014년 하계수련회 때 만들어 정곡사에 기증했던 새타운에 새들이 입주해 알을 낳고 무사히 길러 이소했다는 소식을 접하고, 우리 선도회 나눔활동의 결실에 보람을 느꼈습니다. 그래서 선도회 나눔 활동의 상징으로 새끼를 안전하게 기르고 있는 새집을 그려 선행을 표현해 보았습니다.

2. 날마다 한 가지 집착을 버리오리다.

우리가 아름답다고 여기는 나비는 알, 애벌레, 번데기를 거쳐 성충(나비)으로 거듭 납니다. 현재 상태 또는 내 몸, 나에 집착하지 않고 허물을 벗어 새롭게 거듭 태어나는 나비의 모습으로, 집착을 떨쳐 버리고 새롭게 변화되는 수행자를 표현하였습니다.

3. 날마다 한 구절 법문을 익히오리다.

지구상에 없어서는 안될, 작지만 강한 힘을 가진 근면의 상징인 곤충, 부지런한 벌을 의인화해서 매일매일 부지런히 법문을 익히는 모습을 표현했고, 법문집이 백지임은 종교를 초월해 수없이 많은 법문들(무궁무진한 다함이 없는 법문)을 익힌다는 의미를 가지고 있습니다.

4. 날마다 한 차례 화두를 살피오리다.

　시공간을 초월한 선의 세계를 광활한 우주로 표현하고, 섬광처럼 빠른 세월속에서도 자기성찰을 지속적으로 이어갈 수 있다는 점을 드러내기위해 로켓에 다리틀고 앉아 선정에 들어 시공을 초월함을 표현했습니다.

　덧붙여 꽃은 개개인의 수행의 결실을 의미하며 날마다 신사홍서원을 실천하는 수행자의 삶은 "일일시호일日日是好日"의 삶이기에 꽃을 보고 즐거워하는 모습으로 표현해 넣었습니다. 아울러 선도회의 통찰과 나눔이 둘이 아닌 통보불이 가르침이 전 세계로 뻗어 나감을 지구로 표현하였고, 지구를 에워싼 꽃나무는 선도회의 통찰과 나눔 정신이 모든 고통과 슬픔을 감싸안아 꽃을 피우는 것으로 승화시킨다는 의미를 함께 담아 보았습니다. 묘진 합장

군더더기: 이 책의 뒷표지 배경으로 쓴 이 그림과 작품 의도를 담은 성찰글은 약 1년 전 쯤 필자가 일반 대중 분들이 선도회가 제창하고 있는 날마다 실천 가능한 신사홍서원新四弘誓願을 좀 더 친근감을 가지고 접할 수 있도록 묘진描眞 대자님께 부탁드렸던 결과물입니다. 이 지면을 빌어 바쁘신 가운데에서도 멋진 그림을 그려주신 묘진 대자님께 다시 한 번 깊은 감사를 드립니다.

부록 4. 독서 후기後記

성찰배경: 선도회 부산지부인 불문선원의 적천滴穿 거사님께서 바쁜 직장 일과에도 불구하시고 2015년 12월 5일에 출간한 <날마다 온몸으로 성찰하기>(비움과소통)의 초판을 읽고, 지금까지의 수행체험을 바탕으로 또한 현재 서강대 종교학과 박사학위 과정에 재학하며 익힌 학문적 태도까지 담아 멋진 독서 후기後記를 보내주셨기에 소개를 드립니다.

한편 2015년 2학기에 필자의 '일반물리2'를 수강했던 철학 및 컴퓨터공학 전공 2010학번의 독후감도 함께 소개를 드립니다.

사유와 통찰 그리고 실천과 나눔
적천滴穿 이상호 거사

성찰의 본질

데카르트(Rene Descartes, 1596~1650)의 "나는 생각한다. 고로 존재한다. Cogito, ergo sum"는 말은 인간이 사유하는 존재임을 명백히 밝힌 명제다. 이와 함께 그의 유명한 저서 ≪제1철학에 관한 성찰 Meditationes de prima philosophia≫에서 '나는 사유하는 동안만 존재한다'고 언급한다. 데카르트의 성찰은 철저한 회의懷疑적 사유를 통하여 제1원리에 도달하는 것이다. 이와 같이 성찰은 철학적인 형이상학의 주제가 될 수도 있지만, 일반적으로 자신의 잘못을 반성하며 깊이 생각할 때 주로 사용하는 용어다.

한편, 불교에서 선禪이라는 말은 산스크리트의 디야나dhyāna를 중국어인 선나禪那로 음역한 준말이고, 정려靜慮(고요히 생각함) 또는 사유수思惟修로 의역한다. 선불교禪佛敎의 참선參禪은 화두를 깊이 참구하는 것인데, 일반적으로 '화두를 성찰한다'거나 혹은 '화두를 사유한다'는 말을 하지는 않는다. 자칫 사량분별과 혼란을 초래할 수 있기 때문일 것이다.

(사)선도성찰나눔실천회의 지도법사인 박영재 교수님(이하 저자)의 ≪날마다 온몸으로 성찰하기≫에서는 성찰의 의미를 흔히 사용하는 도덕적 자기반성이나 철학적이고 관념적인 형이상학의 세계 속에 매몰시키지 않는다. 반면에 사유를 중심으로 하는 성찰의 범주 속에 깨달음을 중시하는 화두참구와 오랜 불교전통에서 하나의 수행법이 되어 온 수식관을 포함시키는 것으로 볼 때, 이 책에서 제시하는 성찰의 의미는 기존의 그 어떤 영역에도 국한되지 않고, 개념적 한계의 틀을 벗어버리면서 그 패러다임이 확 바뀌어 버린다. 마치 성찰이 반성적 사유로만 그칠 때, 그것은 진정한 성찰이 아니라고 말하는 듯하다.

특히, 저자가 말하는 '온몸으로 성찰하기'는 깊은 사유를 통한 통찰 및 그 실천과 나눔으로 변화를 이끌어내는 것이다. 구체적인 행위로 드러내지 않으면 안 될 실천적인 성찰이고, 단지 자신에게로만 향하지 않고, 이웃과 함께 나누는 성찰이다. 그것은 과거를 되돌아 볼 뿐만 아니라, 현재를 직시하고, 미래의 삶을 향해 열려 있다. 그래서 이 책은 온몸으로 하루하루 깊은 사유를 통해 얻는 통찰을 일상 속에서 실천하며, 이웃과 함께 나눔의 생활로 이어가는 사람들의 구체적인 삶의 이야기다.

이럴진대 만약 종교인이라면, 자기 종교에만 국집할 것이 아니라 이웃종교에 대한 열린 마음으로 존중과 나눔을 실천하는 것이 당연한 순리다. 여기서는 '이웃종교 이해하기'를 통해 동서고금을 막론하고 다양한 분야에 걸쳐 풍부한 자료와 사례를 들어 편협한 성찰의 딱딱한 껍질을 깨뜨리고 새로운 지평을 열어 간다. 저자는 이것을 '통보불이洞布不二'라고 명료하게 정의한다.

붓다의 외도外道에 대한 포용, 일본의 엔도 슈사쿠의 '예수의 일생'이라는 저작을 통한 이웃종교의 이해, 화산대의 선사의 살신성인, 이탈리아 마테오 리치의 중국문화의 존중, 조선시대 실학자 이덕무의 다독多讀을 통한 이웃종교의 통달, 동서양의 차별 없는 영성을 아우르는 인도의 앤서니 드 멜로 신부, 베트남 틱낫한 스님의 종교를 초월한 새로운 전통의 모색, 세계일화世界一花를 실천한 한국의 숭산 선사 그리고 서강대학교의 개강미사에서 보이는 이웃종교와 열린 교류 등 동서고금을 막론하고 다양한 시대와 문화적 배경 속에서 종교를 초월한 통찰과 나눔의 행적들을 살펴보면, 궁극적으로 성찰이 무엇을 지향해야 하는지를 알 수 있게 된다.

성찰의 방법론

넉 달간의 참선 수업시간에 성찰의 기술적인 방법론으로 소개된 것은 수식관과 화두참구와 같이 불교의 참선수행법이지만, 결코 불교라는 특정 종교의 국한된 시각에 머물지 않고 개신교, 천주교, 무교 등 종교와 종파를 초월하여 누구나 보편적으로 접근할 수 있도록 시도한다. 특히, 학생들 개개인의 종교적 신념을 존중하여 기독교의 기도나 향심관向心觀 또는 유교의 정좌靜坐 등의 성찰방법을 배제하지 않는다. 다만, 저자는 종교적 신념에 관계없이 수식관에 기초한 보편선을 제창하면서 가장 기본적인 성찰 방법으로 실천하기를 권한다.

'온몸으로 성찰하기'는 기술적인 수행방법으로만 완성되지 않는다. 저자는 일상생활의 전인적인 실천방법으로 '신사홍서원新四弘誓願'을 제창한다. 이 신사홍서원은 매일 한 가지씩 생활 속에서 자연스럽게 실천할 수 있는 매우 구체적인 행위 양식이다. 그래서 평소에도 하루 동안 빠뜨린 것은 없는지 스스로 점검할 수 있으므로 끊임없이 이어나가는 과정 그 자체만으로도 성찰의 삶을 이룰 수 있게 된다.

궁극적으로 온몸으로 성찰하기는 자기 개인의 차원에 머물지 않고 타자와 나눔이라는 데 까지 나아가지 않으면 안 된다. 이 나눔은 효孝와 같이 부모의 은혜뿐만 아니라 이웃, 나라, 스승 등 사은四恩에 대하여 깊이 성찰하면서 보은의 실천을 행하는 것이 기본적인 태도다. 그러나 사은에 대한 성찰이 단지 보은만을 위함은 아닐 것이다. 이 시대, 이 땅에 태어나 역사적 존재로서 부여받은 자기 소명의 실현을 위해서는 자기로부터 벗어나 가정과 사회, 국가, 나아가 전 인류와 우주로 까지 그 인식의 범주를 넓혀야 함을 의미한다.

참선수업과 생활선

성찰에 대한 이론적 배경과 방법론을 바탕으로 서강대학교의 정규수업시간표에 편성된 넉 달간의 집중 참선 수업의 분위기는 학생들의 수강신청에서부터 강의평가에 이르기까지 전 과정에 걸친 에피소드를 통하여 파악할 수 있다. 특히 수업과정에서 학생들의 건의사항을 기탄없이 받아들여 활용함으로써 학생들의 입장을 충분히 배려하는 모습은 성찰을 매개로 하는 수업의 열려 있는 세계관을 그대로 보여준다. 그 속에서 펼쳐진 성찰의 새로운 가능성은 수강한 학생들의 솔직한 체험담을 통해 고스란히 드러난다.

그들의 소감문에는 개신교, 불교, 천주교 등 특정 종교인들뿐만 아니라 종교가 없거나 탈북한 학생과 같이 전혀 이질적인 사회문화 환경에서 자란 학생들의 학기초 인생지도와 학기말 수정된 인생지도가 들어 있어서, 이 두 가지를 동시에 살펴보면 넉 달간 어떤 변화가 있었는지 입체적인 관점으로 비교해 볼 수 있다. 또한 평소에는 깊이 생각해보지 않았던 부모님께 대한 효를 성찰함으로써 평소 자식으로서 자기 모습과 말 못하는 부모님의 심정을 이해할 수 있도록 하고, 개강미사 참관기를 통해서 아예 접근조차 하지 않던 이웃 종교에 대한 수용적 이해를 통해 종교간 대화의 참된 의미를 실감할 수 있게 한 사례도 엿보인다.

분석적이고 객관적인 통계를 바탕으로 한 성과 중심의 사고에 젖어 있는 현대인들의 관점에서는 이런 강좌를 정규수업시간으로 편성한 것 자체에 의구심이 들 수도 있겠지만, 그런 우려를 한 방에 날려버리듯 그 수업시간이 학생들에게 미치는 영향은 즉각적이고 또 효과적으로 나타나고 있음을 확인할 수 있다. 앞날의 인생에 어떤 영향을 미칠지 추측하기 힘들 정도로 깊은 감명을 주었다는 학생들의 진지한 소감문은 단지 성적을 위한 과제물이라고만 치부하기는 어렵다.

사실, 한 인간의 전 인생기에서 대학생활은 심리적으로나 혹은 사회적 역할의 측면에서 매우 큰 영향을 미치는 전환기임에 틀림없다. 이때를 어떻게 보내느냐에 따라 치열한 사회생활 속에서 자기인생의 주인공으로 살아갈지 아니면 늘 무언가에 쫓기듯 얽매인 삶을 살게 될지 알 수 없는 유·무형의 토대가 형성되기도 한다. 참선수업에 참여한 학생들의 소감문에 의하면, 매일 성찰의 결과로 마음이 안정되고 집중력이 좋아져서 성적도 높아지고 이전보다 훨씬 주도적인 일상생활을 영위하게 되어서, 훗날 자신의 삶을 뒤돌아 볼 때 잊을 수 없는 값진 경험과 인생의 소중한 자산이 될 것임을 이미 스스로 알고 있다는 말을 하고 있다.

필자의 입장에서도 이들과 비슷한 경험을 하여서 그들의 심정이 결코 일시적이지 않음을 너무나 잘 안다. 다만, 약 34년 전 그때는 지금과 같은 정규수업시간이 아니라 홀로 고군분투하였다는 차이점이 있지만, 그때의 경험이 지금까지의 인생에 떼려야 뗄 수없는 영향을 미쳤음은 두말할 필요가 없다.

  그러나, 저자는 매우 중요한 한계점을 지적한다. 넉 달간의 집중 참선 수행이 그 이후에도 지속되지 않을 경우, 한 때의 경험만으로 그치고 다시 제자리로 돌아가는 한계가 있음을 언급한다. 그것을 대변하듯, 한 번 성찰의 길에 들어섰다가 중도 포기한 후 다시 성찰의 길과 인연을 맺은 사람들의 사례가 소개되는데, 이는 성찰의 삶이 언제나 필요하고 또 가능하지만, 끊임없이 이어져야 할 필요가 있음을 반증해 준다. 저자는 지속적인 성찰의 삶을 위해서는 성찰에 대한 조기교육 도입과 보편선普遍禪으로서 수식관의 실천을 통하여 일상 속의 생활선이 되어야 한다고 역설한다.

성찰 속에 던져 놓는 인생

  사실, 이 책만큼이나 성찰에 대한 폭넓은 범주와 그러면서도 구체적인 실천행위, 그리고 무엇보다 성찰의 본질적인 의미를 드러내어 주는 책은 보지 못했다. 이제껏 성찰은 자기 잘못에 대한 반성 정도라고 생각하는 사람들에게 이 책은 그야말로 성찰에 대한 신천지를 보여준다.

  제3부에서 저자의 자서전 형식으로 어릴 적부터 현재까지 성찰의 삶에 대한 일대기를 소개하는데, 이는 성찰의 지속적인 실천을 통해서 어떤 깨달음과 변화를 이룰 수 있는지, 그리고 주인공으로서 삶이 어떻게 펼쳐지는지 여실한 표본標本으로 삼을 수 있다.

  성찰로 만들어 가는 삶은 각 개개인마다 천차만별로 전개되어 각각의 개성 있는 삶을 이루게 될 것이지만, 취미삼아 하는 성찰로는 큰 효과를 기대하기 어렵다. 저자는 '목숨을 걸고 일상 속에서 성찰' 하고 있는지, 그리고 '있는 그 자리에서 일생을 버릴 만한 가치가 있는 꿈과 목표를 세워놓고 부단히 노력' 해가고 있는지 통렬하게 묻는다. 만약 그와 같이 성찰 속에 전 인생을 던져 놓고, 혹은 전 인생을 성찰로 가득 채울 각오를 굳건히 세우고 그 실천을 게을리 하지 않는다면, 과거에 대한 후회나 현재에 부닥치는 불만족 그리고 미래에 대한 불안감 등도 눈 녹 듯이 사라지지 않을까?

성찰문화가 그 어느 때보다 절실히 필요한 시대상황은 지금의 대한민국이 아닌가 생각한다. 일자리를 구하지 못하고 인생의 목표를 잃어버린 수많은 젊은이들뿐만 아니라, 한 평생을 가정과 사회를 위하여 나름대로 애썼던 사람들이 맞이하려는 노년기의 삶은 결코 그들에게 약속처럼 보이던 미래가 아니다. 도대체 무엇이 잘못되었을까? 아니, 어디서부터 잘못되었을까? 스스로 그 답을 찾아가는 길에서 지속적인 자기 성찰은 최소한 지금 여기서 무엇을 해야 할 지 그 방향을 가늠할 수 있도록 도움을 줄 것이라고 믿는다.

특히, 젊은 시절부터 성찰문화가 필요하다는 것은 두말할 나위가 없다. 뒤늦게 입문하여 어느 정도 경지를 이룬 사람들은 한결같이 좀 더 일찍 성찰문화를 접하지 못한 것을 아쉬워하는 것을 자주 보아왔다. 지금의 기성세대가 그렇듯이 젊은이들도 자기 인생뿐만 아니라 가정과 사회, 그리고 국가의 앞날을 짊어져야 할 시기가 반드시 올 것이다. 각자 제대로 방향을 잡아서 모두가 행복의 나눔으로 살아가는 세상이 되기를 바라마지 않는다.

성찰문화 대중화의 필요성

지금은 인터넷이나 혹은 모바일을 활용한 SNS 등의 발달로 개인 또는 공동체의 의사소통이 시간과 공간에 관계없이 즉각적으로 이루어지는 시대에 살고 있다. 이 책에서는 그런 소통매체들을 긍정적으로 활용한 사례들을 보여주는데, 예를 들어 전자입실과 카톡 대화방을 통한 성찰 등이다.

그러나 간혹 미처 거르지 못한 거친 언사들이 한번이라도 공중에 노출됨으로써 개인적으로 돌이킬 수 없는 상처를 입거나 혹은 공적으로 사회적인 문젯거리가 되는 경우도 많다. 만약 조금만 더 진지한 성찰문화가 선행되었더라면 충분히 피할 수 있는 사건들이 허다하게 벌어지는 것을 볼 때, 이제 성찰의 문화는 개인적 차원을 넘어 사회 공동체에서 관심을 가져야 할 문제라고 하지 않을 수 없다.

더욱이 날이 갈수록 물질문명에 사로잡혀 정신적인 황폐화로 사람들 간의 관계마저 인색해져가고 있는 이 시대에, 후세들에게 물려줄 이 나라를 생각한다면 사유와 통찰에서 실천과 나눔으로 이어지는 성찰문화의 필요성은 더욱 더 커진다. 현대 문명을 잘 활용한다면 다양한 통로로 성찰문화의 대중화를 실현시킬 수 있는 방법이 있을 것이다. 그러자면 우선 온몸으로 성찰하기를 보편적인 가치로 인식할 수 있도록 조기에 공교육 과정에 도입하여 국민의 정서 속에 녹아들도록 하는 것이 시급하다. 이를 위해 뜻있는 사람들의 관심과 지원이 절실히 필요한 시점이다. 이 책을 통해서 그 중요성을 일깨우게 된 것은 큰 수확이 아닐 수 없다.

결론

이상에서 저자가 제시하는 성찰에 대한 새로운 패러다임을 읽을 수 있었다. 이 책에서 말하는 성찰은 매일 깊은 사유로 통찰하고, 행동으로 실천하며, 나눔의 행을 펼치면서 살아가는 것이다. 이러한 성찰은 평생에 걸쳐 자기를 던져 놓을 수 있는 유익한 삶의 한 방식이다. 그것은 진지한 사람들만의 전유물이라거나 일시적인 유행과 같은 것이 아니라, 앞날에 꿈과 희망을 갖고 살기를 원하는 사람이라면 누구라도 제대로 배우고 지속시켜서 풍요롭고 행복한 삶을 만들어 가게 하는 필수 조건이다.

비록 그 방법은 각각의 전통과 문화양식에 따라 다를 수 있겠지만, 그 본질적인 측면을 놓쳐서는 안 된다. 자기만의 유희적 사유로 그칠 것이 아니라, 통찰과 실천 및 나눔의 삶으로 이어져서 대중의 성찰문화로 자리잡을 때, 우리가 몸담고 있는 사회는 서로 함께 행복한 삶을 살아갈 수 있는 좋은 터전이 될 것이라는 희망을 품어 본다.

간화선이라는 선불교적 수행전통을 계승한 저자가 불교의 틀을 벗어나 개신교, 천주교, 무교 등 특정 종파와 종교에 국한되지 않는 보편적인 가치관을 표방한 것은 역설적이게도 불경에 나오는, '강을 건넜으면 타고 온 뗏목을 버려야 한다.'는 뗏목의 비유를 가장 충실하게 이행한 결과가 되었다. 동시에 온갖 격식을 벗어난 진정한 선불교의 정신을 구현하였다.

그럼에도 불구하고, 어릴 적 자신의 내밀한 이야기를 감추지 않고 성찰과 함께 살아온 인생을 고스란히 보여줌으로써 종교나 종파와 관계없이 성찰이 우리 삶에 무엇을 줄 수 있는지, 그리고 일상에서 어떻게 주인공으로서 살아가야 할 것인지 간곡히 호소하는 것을 볼 때, 불교니 선불교니 하는 것들은 이미 거추장스런 누더기에 불과해졌다.

2016. 02. 25. 적천 합장

내 삶의 주인이 된다는 것

2015년 2학기 '일반물리2' 수강생(철학 전공 2010학번)

2015년 스물다섯이라는 주변 친구들에 비해 늦은 나이에 컴퓨터공학이라는 새로운 전공을 시작하면서 나는 항상 불안함을 느꼈다. 내가 늦게나마 도전한 것이 옳은 일인지, 내가 정말 이 전공을 원하는지, 취업을 위해 도망친 건 아닌지. 그래서 전에 없던 우울증과 불면증이 생겼고 그 여파로 만나던 친구와도 헤어졌다. 그렇게 정신없는 1학기가 지나갔고 여름방학을 거치면서 나는 굉장히 우울한 사람이 되어있었다.

그래서 2학기를 맞이했을 때 학기를 잘 마칠 수 있을지 걱정이 많았다. 그런데 가장 어려워하던 물리 수업에서 뜻밖의 희망을 얻었다. 선생님께서 강의 중간 중간 해주시는 참선이야기를 듣다보니 지금 나에게 필요하다는 생각이 들었다.

2학기가 끝나고 참선에 관심이 있다는 메일에 선생님은 나를 연구실로 부르셨고 직접 쓰신 책을 하나 선물해주셨다. '날마다 온몸으로 성찰하기'는 종교를 초월해서 자신을 성찰하는 삶에 대해서 다룬 책이다. 그동안 철학을 공부하고 여러 강의를 들으면서 어떻게 살아가는 것이 바람직한 삶인가에 대해서는 나름대로의 밑바탕을 정리했다고 생각했다. 하지만 문제는 배운 바를 실천하지 못한다는 것이었다. 예를 들어, 욕심을 버리고 살아야한다는 것은 배워서 알지만 현실에서는 눈앞의 이익에 욕심이 났다. 또한 여러 종교가 각자의 역할이 있고 서로 상생해야한다는 것을 배웠지만 살면서 갖게 된 개신교에 대한 부정적인 인식과 편견은 버릴 수가 없었다.

하지만 책을 통해 선생님 그리고 참선 수행하시는 분들의 이야기를 들어보니 참선을 통해 내가 가야할 길의 방향을 제대로 잡을 수 있겠다는 생각이 들었다. 참선을 통해 아랫배의 힘을 기르면 어떤 어려움이 다가와도 묵직하게 나의 길을 갈 수 있을 것 같다. 특히 책 전반에 걸쳐 강조되는 '통보불이' 사상은 한국 사회를 이끌어가는 위치에 있는 사람이라면 반드시 몸에 익혀야한다고 생각한다. 신문이나 TV뉴스를 통해 정치인들의 언행을 보고 있자면 그들이 정말 우리나라의 미래를 위해 일하는 것인지 의심이 들 때가 많다. 내 눈에는 그들이 자신의 영달을 위해서만 일하는 것처럼 비춰진다. 그들이 성찰하고 나눔을 실천한다면 한국은 지금보다 더 살기 좋은 나라가 될 것이다.

또한 참선의 장점으로 생각된 것은 하루를 내 의지대로 부릴 수 있다는 점이다. 새로운 전공을 시작하고 가장 힘들었던 것이 끝나지 않는 공부였다. 공부 계획을 짜놓기는 하지만 언제나 공부 이외의 일상 때문에 계획대로 살아가는 것이 힘들었다. 결국 시험 전에 밤을 새워 공부하는 패턴이 반복되었다. 하지만 하루를 시작할 때 참선을 통해 일과를 정리하고 마감할 때 참선을 통해 오늘을 반성하는 모습은 내가 나아가야 할 방향을 제시해주는 것 같았다.

마지막으로 책에서 가장 인상 깊었던 것은 입실점검이었다. 일정기간동안 화두를 참구하고 생각하고 또 생각한 그 결과를 점검받는데 그 과정이 정답을 확인하는 것이 아니라 자신이 지어놓은 경계를 지워가는 작업이라는 것이 마음에 들었다. 평소에 노자와 장자의 자유를 갈망하는 철학을 좋아했는데 막상 현실에서 실천하기가 쉽지 않았다. 살면서 내 마음속에 지어진 경계들을 참선을 통해 지워나가면서 어떠한 편견도 지니지 않은 아기처럼 말랑말랑한 사람이 되고 싶다.

물론 이러한 결과가 단시간에 나올 것이라고 생각하지 않는다. 참선을 하는 동안에도 계속 내가 지어놓은 경계들의 영향을 받을 것이다. 다만 바라는 것은 포기하지 않고 꾸준히 참선을 해서 어느새 모든 경계를 허물고 어디에도 얽매이지 않은 무애의 삶을 사는 것이다. 어렵겠지만 그 어떤 일보다 내 인생에서 가치 있는 일이 될 것이기에 끊임없이 정진하고 싶다.

2016년 2월 26일